경기선소리산타령

유 영 환 편저

지우출판

머 리 말

  18세기 사회구조의 변화에 따라 음악의 수용층이 다양해지면서 이전과는 다른 새로운 양식의 음악이 발생하게 되었다. 가성(假聲)을 사용하던 이전 방식과는 다르게 자연스러운 발성법을 써서 인간의 감정(感情)을 자연스럽게 표현함으로써 듣기 좋은 노래가 좋은 음악이라는 새로운 음악관이 생겨났다. 이러한 영향으로 새로운 가창 방식이 등장하는데, 이는 선소리(立唱)와 판소리이다.

선소리(立唱)는 앉아서 부르는 좌창(坐唱)의 대비 개념으로 서서 부른다는 의미에서 '선소리' 또는 '입창(立唱)', 산천경개를 노래한다고 해서 '산타령(山打令)' 등으로 불리다가, 1968년 국가무형문화재로 지정되면서 '선소리산타령'으로 공식화되었다.

선소리산타령의 초대 예능보유자는 이창배, 정득만, 김순태, 김태봉, 유개동이며, 1992년 황용주, 2010년 최창남이 예능보유자로 지정되었다.

선소리산타령은 두 옥타브쯤 되는 넓은 음역(音域)과 높이 질러내는 음을 많이 쓰며, 음과 음사이가 2도에서 3도쯤 되는 음들로 이어지는 순차진행보다 4도가 넘는 음들로 이어지는 도약진행을 많이 쓰고 있어 씩씩하게 들리고, 장단 짜임새의 변화가 많고, 일정하지 않으면서도 독특한 장단 양식을 써서 특별한 형식미를 갖추고 있다.

전문가나 학계에서는 선소리산타령을 경·서도창 중에서 세련되고 수준 높은 노래로 인정하지만, 일반에게는 선소리산타령이 잘 알려지지 못한 것이 사실이고, 예술학교나 대학에서 전공으로 가르치지 않아 계승과 발전에 많은 어려움이 있다.

 이 책은 저자의 스승 황용주명창이 2001년 출반한 경기선소리산타령 음원을 기준으로 선소리산타령을 음악적으로 고찰하고 오선보로 채보한 것이다. 이 책이 나오기까지 자상하게, 때로는 엄하게 소리의 길로 인도해 주신 황용주 스승님께 큰절을 올리며, 소리꾼에게 국악 이론에 눈을 뜨게 해주시고, 최초로 황용주 선생님의 선소리산타령 실음을 오선보에 채보할 수 있도록 가르쳐주신 유대용 교수님께도 깊은 존경의 마음을 표한다. 그리고 정성을 다해준 장광혁 편집주간께도 심심한 사의를 전한다.

2023년 겨울에
방헌재에서 유영환

축 사

선소리산타령은 소리꾼들이 서서 노래한다고 하여 선소리라고 하며, 여러 명의 소리꾼들이 늘어서서 가벼운 몸짓과 함께 소고를 치며 합창하는 노래입니다. 노래패의 우두머리인 모갑이가 장구를 메고 앞소리를 부르면 나머지 소리꾼들은 소고를 치면서 여러 가지 발림(손짓, 발짓을 섞은 동작)을 곁들여 뒷소리를 받는데, 산타령이란 곡명은 가사의 내용이 산천의 경치를 주제로 하고 있기 때문에 붙여진 것이며, 느리게 시작하여 뒤로 갈수록 점차 빨라지는 구조로 구성되어 있습니다.

경기12잡가가 방안소리 즉 실내에서 부르는 노래라면, 선소리산타령은 문밖소리 즉 야외에서 부르는 노래입니다. 따라서 확성장치가 없던 시절이라고 가정 할 때, 방안소리 창법은 평온한데 반하여, 문밖소리 선소리산타령의 창법은 고음으로 질러내는 창법을 많이 씁니다. 그래서 마이크가 흔한 현대사회에서는 여러 명이 조름목으로 고음을 질러서 노래하는 선소리산타령 창법에 대한 일반인의 이해가 어려운 것입니다.

선소리산타령은 1968년 국가무형문화재로 지정되었고, 초대 예능보유자로 이창배, 정득만, 김순태, 김태봉, 유개동선생이 활동했으며, 1992년에 황용주선생이 2010년 최창남선생이 2세대 예능보유자로 지정되어 활동하였으나, 2022년 두 분 모두 타계하셨습니다. 현재, 전승교육사로 방영기, 이건자, 최숙희, 이장학선생이 활동하고 있으며, 유영환선생을 비롯한 많은 이수자들이 열과 성을 다하여 선소리산타령의 보급과 전승에 힘을 기울이고 있습니다.

그러나 선소리산타령은 판소리나 경기좌창에 비하여 활발하지 못한 것이 사실입니다. 여러 가지 이유가 있겠지만, 고음으로 질러내는 고도의 숙련된 창법을 구사할 수 있어야 하기 때문에 제맛을 내기 어렵고, 불규칙 박자도 많아 배우기가 까다롭습니다. 사설의 내용도 산천경개와 자연의 풍광을 노래하는 것이 대부분이라 현대인의 기호에 부합하기 어려운 점이 있습니다. 열악한 환경에서 스승 황용주선생의 실음을 채보하고 음악적 분석을 더한 경기선소리산타령 교재를 발간한 유영환선생의 노고에 같은 길을 걸어가는 동학(同學)의 입장에서 박수를 보냅니다. 이 책이 선소리산타령의 올곧은 전승과 결바른 발전에 일익을 담당할것이라 믿습니다.

2023년 12월 선소리산타령 전승교육사 방영기

목 차

I. 선소리산타령의 기원과 전승

1. 선소리산타령의 기원

18세기 초까지 소리꾼들은 노래에 감정(感情)을 솔직하게 드러내지 않고, 절제(節制)해야 한다는 관념 때문에 몸을 크게 움직이지 않고, 질러내는 소리도 가성(假聲)으로 조심스럽게 해야 된다고 생각했다. 그러나 18세기 이후 음악관(音樂觀)이 달라지면서 감정을 드러내서 적극적으로 표현한 노래, 즉 듣기 좋고 즐기는 노래가 훌륭한 노래라는 생각으로 바뀌었다.[1]

18세기 전통음악사(傳統音樂史)에 나타난 음악양식의 변화처럼 시대사조(時代思潮)가 달라지자 음악이 빨라지면서 노래 부르는 양식에 변화(變化)가 생겼는데, 그것은 바로 서서 노래하는 방식이 생긴 것이고, 그 대표적인 것이 산타령이다. 따라서 지금껏 앉아서 노래하는 것이 관례였던 때는 좌창(坐唱)과 입창(立唱)의 구별이 필요 없었으나, 서서 부르는 노래가 등장하자 구별이 필요해서 산타령에는 서서 노래한다는 뜻의 선소리 혹은 입창(立唱)이라는 말이 붙여진 것이다.[2]

선소리산타령의 발생에 관한 견해는 통일되어 있지 않다. 사당패소리에 연원을 둔다는 설(說)과, 의택이와 종대를 시조(始祖)로 서울을 중심으로 발전했다는 주장도 있다. 앞의 주장은 오늘날 선소리산타령의 래퍼토리 중에서 〈놀량〉이 사당패소리의 〈놀량〉과 연관이 있다는 이유로, 〈앞산타령〉 이하의 곡들도 사당패 음악의 영향으로 형성된 것으로 보고 있다.[3]

선소리산타령 사당패 유래설과 관련하여 신재효의「박흥보가」와「변강쇠가」의 사설에 선소리가 등장한다.

실근실근 거짐 타니 사당의 法이란 게 그 中에 연게ㅅ당압셔는 法이엇다. 허튼낭자 쩌무든 옷 박통 밧긔 썩 나셔니 놀甫가 짐작 놀너, "이게 西施 나오노라 한임 몬져 나오다." 內外를 시기기로 禁雜人이 大端ㅎ야 울役軍모도 모라 門밧으로 보니고셔, 揮帳이 모지러니 홋이불, 이불 안팟, 돗자리, 門발이며 甚지에 空石까지 담쑥 둘너 막어더니 그 뒤에 西施덜이 쑤역쑤역 나오나듸 낭자도 ㅎ여스며, 고방머리 곱게 찌고 쥬사 手巾 紫紬手巾 머리도 동여스며, 軟桃色 적고리의 진 담부터 물어시며, 쏘라오는 김군들은 곱게 절은 오장치에 이불보, 尿缸, 망틱, 기름瓶도 다라 지고, 쑤역쑤역 나오더니 놀甫 보고 절을 하며, "召史 問安이오. 召史 等은 京畿 安城 靑龍寺와 嶺南 河東 목골이며, 全羅道로 議論ㅎ면 咸悅에 成佛庵, 昌平에 다쥬庵, 潭陽, 옥텬, 井邑, 동막, 咸平에 월앙山 여긔 져긔 잇습다가 近來 凶年 살 슈 업셔 江南으로 갓습더니 江南 皇帝 分付內에, '네 나라 朴놀甫가 三國 有名 富者라니

---

1) 백대웅,「잡가발생의 시대적 당위성과 전개과정:경기잡가에서 판소리까지」,『한국공연예술연구논문선집』제 5집, 한국공연예술연구회, 2002년, 12쪽.
2) 백대웅, 앞의 논문, 12쪽.
3) 장휘주·김혜리, "선소리산타령"(국립문화재연구소, 2008), 42쪽

박통 타고 그리 가셔 *數千 兩*을 쓰더 니되, *万一* 젹게 주걸랑은 다시와셔 아루여라.' *分付*
되고 나와시니 *厚*이 차하호옵소셔." 놀甫가 하릴업셔 제 손죠 눌키것다. [4]

위 인용문을 살펴보면, 사당패의 근거지는 '경기 안성 청룡사, 영남 하동 목골, 전라도 함열 성불암,
창평 다주암, 담양·옥천·정읍·동막·함평 월양산' 등이었다고 추정할 수 있다.

"나오든 *中上*이로다. 너의덜 장기티로 *念佛*이나 잘 하여라." 사당 거스 죠와 라고 거스들
언 *小鼓* 치고 스당의 제츠티로 연게 스당 몬져 나셔 발님을곱게 호고, "*山川草木*이 다
*成林*호되 *求景*가기 길겁도다. 어야여, *長松*은 *落落*, 기럭이 훨훨, *落落長松* 다 쩌러진다.
성황당 어리궁 벽궁시야 이 *山*으로 가며 어리궁 벽궁 져 *山*으로 가며 어리궁 벽궁." "이
아 잘 논다 너 일홈이 무엇이냐." "*初月*이오." 쏘 혼 년 나셔면셔, "*綠楊芳草* 다 져운날에
히는 엇디 더듸 가며, *梧桐夜雨* 성굿비에 밤은 엇디 질어난고, 얼수졀수 말 드러 보와
라. *海棠花* 그늘 속에 비 마진 졔비갓치 이리로 흔들 져리로 흔들, 흔들흔들 넘논단다.
이리로 보와도 *一色*이오, 져리 보와도 *一色*이라."

(중략)

혼춤 셔로 농창치니 놀甫딕이 강쓰가 낫구나. 천도머리 돔방치마 속옷 가리 푸러노코 버
신발 평나무신 왈칵쑤여 셥더 셔 셔 놀보 압에 안지면셔, "나난 눌만 못 흐기에 스당 보고
밋쳐나냐." 놀甫가 *前ㄱ*트면 보리 금이 곳 날테나, 스당에게 우셰될가 미운 말노 별시호야
"찰인 *衣服* 싱긴 뵙시 *丁寧*혼 *官物*이제. *風流郎*들 보와시면 열엇 펴가식이것다. *念佛*흐든 스
당들이 에쑤기도 흐거니와 *江南 皇帝* 보닉시니 *忽待*홀 슈 잇것나냐." [5]

위 인용문을 살펴보면 거사들이 소고를 치고 사당들이 발림과 노래를 부르는 장면을 묘사하고 있는
데, 현행 선소리산타령 놀량 사설과 일치한다. 신재효가 『박타령』을 지은 시기를 1870~1873년으로
추정하고 으니, 이미 이 시기에 선소리는 성행하고 있었던 것이다. 그러나 현행 선소리산타령의
음악적 유래가 사당패 소리에 있다는 주장은 과장이다. 즉 현행 선소리산타령(놀량, 앞산타령, 뒷산
타령, 자진산타령, 개구리타령) 중 사당패 소리와 관련있는 곡은 '놀량' 한 곡 뿐이고, 사설이 같을
뿐이지 음악적 연관성은 검증되지 않았기 때문이다.

선소리산타령의 의택이와 종대 유래설과 관련하여 초대 예능보유자 이창배는 200여 년 전, 의택
이라는 명창이 있었고, 30년쯤 후배로 종대가 이를 잘 불렀으며, 역시 50년쯤 후배인 신낙택이 이를

---

4) 신재효, 『흥부전/변강쇠가』, 김태준 역주, (고려대민족문화연구소, 1995), 94~95쪽.
5) 신재효, 『흥부전/변강쇠가』, 김태준 역주, (고려대민족문화연구소, 1995), 94~95쪽.

이었다[6]고 주장한다. 또한 경기 잡가의 명창 박춘재는 의택이는 종대보다 어린 나이이지만, 산타령을 먼저 배워 선배 노릇을 했는데, 종대의 후계자로 1840년경에 살았던 신낙택이 있었고, 신낙택이 1900년경에 뚝섬 살던 이태문과 진고개 월선이를 가르쳤다[7]고 한다. 두 증언을 종합할 때, 신낙택은 1840년경 인물이므로 이보다 50년쯤 선배인 종대나 의택이는 1790년경의 인물이고, 의택이가 이창배의 증언처럼 종대보다 30년 선배라면, 의택이는 1760년경 인물이다. 따라서 선소리산타령의 시조(始祖)로 언급되는 의택이와 종대의 활동 연대에 대해 이창배와 박춘재의 증언이 서로 다르긴 하지만, 적어도 18세기 말경 선소리산타령은 성창(盛唱)되고 있었다는 이야기이다.

박춘재와 이창배의 증언은 우선〈산타령〉을 주된 래퍼토리로 삼던 서울·경기지방에 산타령패가 있었고, 이들은 사당패와는 별개의 단체였다는 점을 나타내고 있다. 따라서 선소리산타령패와 산타령의 명창들이 활동하던 시기를 1760년경으로 추정하기는 무리이다. 또한『교방가요』에 〈산타령〉이라는 곡명이 등장하는 점[8] 등으로 볼 때, 18세기 후반에서 19세기 초 선소리산타령을 부르는 연희패들이 있었던 것이다.

선소리산타령은 의택이나 종대와 같은 산타령 명창들이 살았던 1700년대 후반에서 1800년대에 형성된 것이며, 가장 왕성한 활동을 하던 시기는 1800년대 후반에서 1900년대 초이다.

선소리산타령의 첫 곡〈놀량〉이 사당패소리와 유사하더라도, 선소리산타령의 핵심 래퍼토리인 〈산타령〉은 한강 일대에 거주하던 산타령패가 발전시킨 음악이라 할 수 있다.

---

6) 이보형, 「무형문화재 전수실태 조사」 (9), 『월간 문화예술』 통권 100호 (한국문화예술진흥원, 1985), 장휘주·김혜리, 앞의 책, 51쪽 재인용.

7) 장휘주·김혜리, 앞의 책, 51쪽.

8) 방영기, 「근대시기의 선소리연구」 (중앙대학교 대학원 석사논문, 2002), 17쪽.

2. 선소리산타령의 전승

선소리산타령은 서울·경기지역 노래 중 예술성(藝術性)이 뛰어난 악곡(樂曲)으로 20세기 초에는 거사, 사당 등 유랑예인(遊浪藝人)들 뿐만 아니라, 민간에서도 성창(盛昌)되어 서울 주변의 각 지역(地域)에 선소리패가 성행하였다.

경기선소리산타령의 선소리패는 역사적(歷史的)으로 볼 때, 국가적으로도 인정되어 경복궁 중건 때 초청(招請)공연을 했을 정도로 대중화된 음악 장르였다.[9] 또한 조선후기 서울 주변의 오강(五江)지역인 마포, 용산, 서강, 한남동, 서빙고를 중심으로 많은 소리패들이 존재하여 성행(盛行)되었던 것이 역사적으로 고증(考證)된 사실이다.[10]

초기의 선소리산타령 담당층이었던 사당패들은 안성의 청룡사나 하동의 목골, 함열의 성불암, 함평의 월야사라는 사찰 등을 근거지로 하면서 기예(技藝)를 익히고 팔아서 연명(延命)을 하였다. 이러한 기예의 주요 소비처는 물화(物貨)의 유통이 풍부한 도시공간이다. 19세기 사당패들은 장시(場市)에서 가무(歌舞)를 팔았고, 장시뿐만이 아니라 경강 주변을 다니면서 놀량과 같은 산타령을 불렀음을 알 수 있다. 조선 후기에 서울은 상업의 중심지였고, 시장(市場)과 함께 수운(水運)이 발달하였다. 즉 사당패들은 도시들을 돌며 선소리산타령을 불렀으며, 서울에서도 사당패들이 모여들어 장마당에서 판을 벌였던 것을 붙박이 예인(藝人)이며 전문 소리꾼들이 이것을 따라 부른데서 부터 서울의 산타령이 비롯되었다고 할 수 있다.

사당패는 19세기 중·후반에 음악적인 기교가 좀 더 덧붙여져 기층(基層)의 민요와는 다른 양상(樣相)을 띠었다. 사당패나 각설이패와 같은 유랑(流浪)예능인은 놀이판에서 청중의 기호(嗜好)에 맞추기 위해 기층(基層)의 선소리산타령이나 민요 등을 불렀으나, 그들의 역량(力量)에 맞도록 다양하게 변모(變貌)시켜 나갔을 것으로 추측할 수 있다. 이것이 전문소리꾼인 선소리패들에게 전승되면서 더욱 다듬어지고 인기를 얻으면서 대중적으로 크게 유행하게 되었다.[11]

위에서 살펴본 바에 따르면 산타령은 사당패에서 선소리패로 그 담당층이 전이(轉移)되고, 여러 선소리산타령 명창(名唱)도 나오게 되었다.

선소리산타령을 부른 사람은 조선(朝鮮) 왕조 후기 성은 알 수 없고 이름만 전하는 '의택'과 '종대'에까지 거슬러 올라갈 수 있다. 이들의 뒤로 서울과 그 근교에는 선소리꾼이 많이 활동했는데, 보통 대여섯이나 예닐곱 사람이 모여 선소리패를 이루었다. 서울의 선소리패로는 뚝섬패, 과천패, 방아다리패, 왕십리패, 진고개패, 자하문밖패, 성북동패, 용산개패가 있었는데, 뚝섬패와 과천패가 가장 유명했다고 전한다.

---

9) 방영기, 앞의 논문, 15쪽.

10) 이영환,「경기 선소리산타령 창법에 관한 고찰」, 선소리 산타령의 예술적 가치 , (서울, 한국전통음악학회 2008), 74쪽.

11) 방영기, 앞의 논문, 28-30쪽, 재구성.

　이 소리꾼들의 우두머리를 '모갑이'라고 하는데, 소리패의 유명도를 결정하는 모갑이는 장고를 치고 앞소리를 메겼으며, 다른 사람들은 소고를 치고 뒷소리를 받았다. 이들 선소리패들은 음력 정월 보름날의 답교놀이 때면, 다리 밑 모래사장에서 소리판을 벌였고, 그 밖에 오월 단오날과 같은 명절(名節)과 마을의 잔칫날에도 소리판을 벌였다.[12)]

　1869년대에는 뚝섬패의 이태문, 동막패의 권춘경이 유명했고, 잡가의 명창인 박춘재도 선소리의 일가를 이룬 사람이다. 1880년대에는 이태문 문하에서 황기운, 이동식, 이동운이 이름을 날렸다.

　일제(日帝)강점기를 지나 광복(光復)이 되자 예전에 이름을 알렸던 선소리산타령의 명인들이 타계하고, 유개동, 김태봉, 정득만, 김순태, 이창배 등 몇몇 사람들에 의해 선소리산타령이 전개되었다.

　선소리 산타령 예능보유자였던 이창배는 200여년 전 의택이라는 명창을 시조로 삼는다. 그의 후배 박종대와 후계자 신낙택이 있었으며, 1900년경 신낙택은 뚝섬에 살던 이태문과 진고개 월선이를 가르쳤으며, 이태문의 아들 동운과 동식, 그리고 황기운 등을 길러내어 선소리산타령의 전성시대를 열었다고 한다.

　이 선소리산타령 패들은 보통 10인 내외로 한 단체가 구성되며, 이 단체를 이끄는 모갑이는 기예가 가장 뛰어나고 명창의 소리로 처음에 메기는 도창(導唱)이자 대표적 인물이어야 했다.

　당시에 서울 경기지방의 민속음악으로서 가장 화려한 전성기를 누리던 선소리산타령도 일제강점기 시련을 겪고, 6. 25전쟁과 급속히 밀어닥친 왜래 풍조(風潮)에 밀려 위기까지 왔다. 그러나 다행스럽게도 경기산타령은 1968년 중요무형문화재 제19호 '선소리산타령'으로 지정되었다. 초대 예능보유자는 이창배, 김태봉, 유개동, 김순태, 정득만 등 5인이었다.

　이듬해인 1969년부터 전수생을 가르치기 시작하여, 이은미, 지화자, 최애자, 정현정, 최영란 등 여자 5명이 전수생이 되었다. 1972년에는 남자들로 대체되어 최창남, 황용주, 백영춘, 박태여, 조순자, 윤종평을 전수장학생으로 지정하였다. 1974년 1월부터 김현규, 현범수가 전수 장학생으로 추가 지정되어 선소리산타령 전수사업을 진행하고 있다.

　선소리산타령의 제1세대 예능보유자였던 다섯 분의 타계 후 전수조교로 있던 황용주가 1992년 7월, 2세대의 많은 남성 명창들 가운데 유일하게 중요무형문화재 제19호 선소리산타령 예능보유자로 인정받아 선소리산타령 전승에 전념하고 있다. 2009년에는 최창남이 무형문화재 제19호 선소리산타령 예능보유자로 지정(指定)되어 전승(傳承)에 전념하고 있다.

---

12) 선소리산타령, 한국 브리테니커,
　　<http://preview.britannica.co.kr/bol/topic.asp?article_id=b12s0291a>

3. 황용주명창의 예술세계

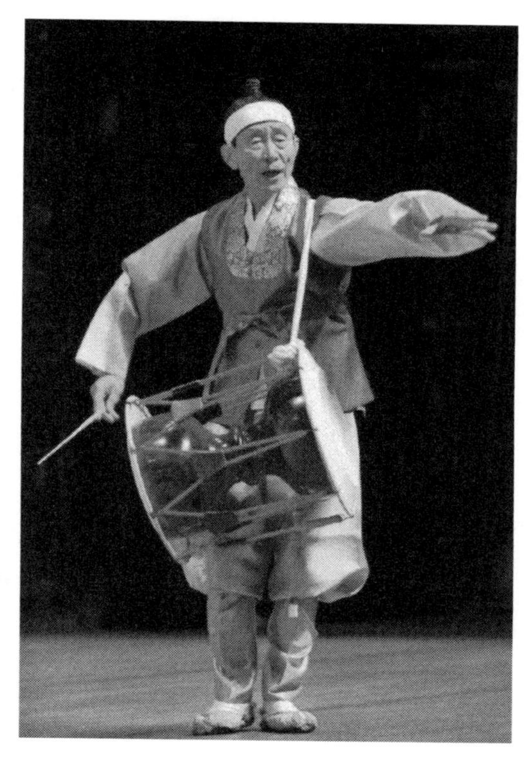

황용주명창은 1938 년 충청남도 공주 출신이다. 시조(時調)의 기초를 배우면서 1959 년 23 세때 이창배가 운영한 청구고전성악학원에 들어가 정득만에게 경서도소리와 선소리산타령을 학습했다. 3 년 동안 산타령을 학습하고 3년 동안 조교활동을 하다가 그가 서른한 살 되던 해인 1968 년 가을에 종로5가에 대한민족예술학원을 개설하고 후학을 지도하기 시작했다.

황용주는 꾸준히 후진 양성에 힘써 1976 년 한국고전음악선집을 편저하여 2001 년까지 제9판을 발행했다. 또한 1991 년 한국 경·서도창악 '선소리산타령편'을 편저했으며, 1992 년 한국 경·서도창악대계를 편저하고, 2006 년 한국고전음악선집을 19 판까지 발행하였다.

음반 취입으로는 1983 년 한국브리테니커사의 '뿌리깊은 나무 팔도소리'에 '선소리산타령', '휘모리창'을 녹음했으며, 1993 년 황용주 국악전집(카세트 8개)을 출반하고, 1993 년 국립국악원 사업의 일환으로 국악영구보존용 황용주 음반(CD 3장)을 출반하였다. 또한 1994 년 오아시스레코드사에서 선소리산타령과 휘모리창을 취입하고, 1996 년 문화재관리국 사업으로 선소리산타령과 희모리창을 국가영구보존용으로 취입하였다. 1999 년 신나라레코드사에서 선소리산타령과 각도 민요를 취입하였다.

2014 년 선소리산타령 전판을 오선보로 채보하여 최초로 국악관현악 반주에 선소리산타령 음반을 출반하였다. 또한 선소리산타령 반주음악을 제작하여 공연화에 힘쓰고 있다.

황용주는 1992 년 한국국악협회 공로상을 수상했으며, 1996 년 한국예술문화단체 총연합회 공로상을 수상하였다. 1997 년 제38회 전국민속경연대회에서 문화체육부장관상, 1998 년 서울특별시장 표창, 문화체육부장관상, 2001 년 서울시 문화대상, 2005 년 한국국악대상, 2011 년 미국 UCLA 총장 표창장,2016년 키르기스스탄예술대학에서 명예 예술학 박사학위를 받았다

중요무형문화재 제19호 선소리산타령 예능보유자인 황용주는 현재 서울특별시 종로구 종로3가에 '황용주 경서도소리학원'을 개설하여 그동안 갈고 닦은 소리를 후학들에게 전수하였으며 2022년, 향년 85세에 노환으로 별세하였다.

Ⅱ. 선소리산타령의 음악 구조

1. 놀 량

가. 구 조

놀량의 악곡 구조는 사설을 엮으면서 사설 구조에 따라 음을 불규칙적으로 진행하는 통절형식이다. "산
천초목이 무성한데"는 선창자가 독창으로 부르고, 나머지는 소리를 메기는 사람과 받는 사람이 합창으로
부른다. 1단락은 1마디부터 28마디까지이며, 2단락은 29마디부터 55마디까지이고, 3단락은 56마디부터
88마디까지이며, 4단락은 89마디부터 143마디까지이고, 5단락은 144마디부터 176마디까지다.

<표 1> 놀량 악곡 구조

	마디	사설	비고
1단락	1 - 28	산천초목이 ~ 아무리	
2단락	29 - 55	에헤나하 ~ 이얼네로구나	
3단락	56 - 88	디이이 ~ 이얼네로구나	
4단락	89 - 143	에 말들어도봐라 ~ 이얼네로구나	
5단락	144 - 176	종일가도 ~ 이얼네로구나	

나. 장 단

놀량의 장단은 처음 1단락 내는소리(사설 : 산천초목이 다 무성한데)에서 3분박 계열의 약 ♩.=48의
속도(Tempo)로 6/8박자로 시작한다. 또한 2단락에서 6/8박자 중심으로 약 ♩.=110의 속도로 점점
빨라진다. 가사의 붙임에 따라 9/8박자와 12/8박자 등 변박을 자유롭게 구사한다.

<악보 1> 놀량의 장단과 리듬

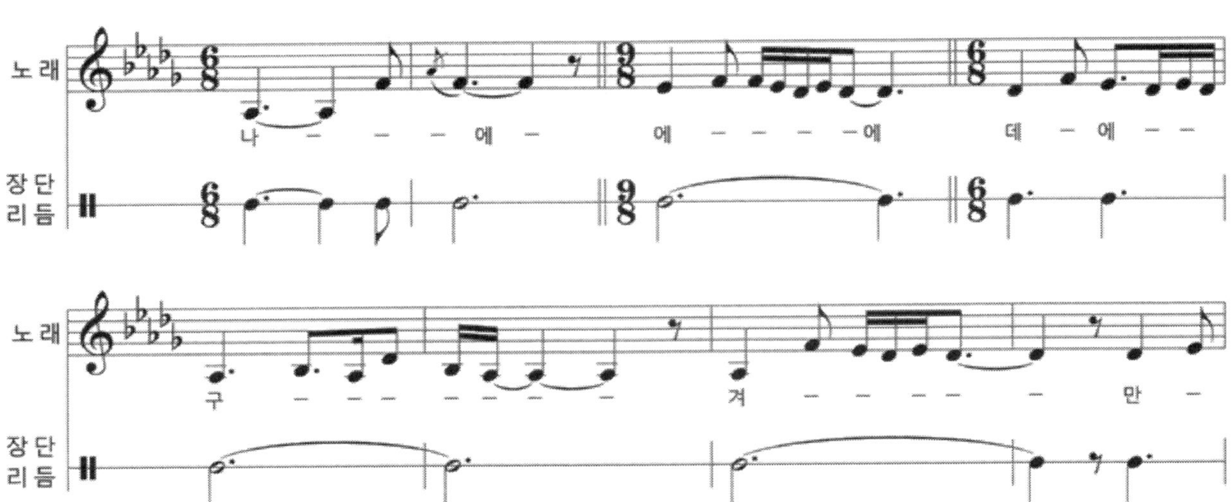

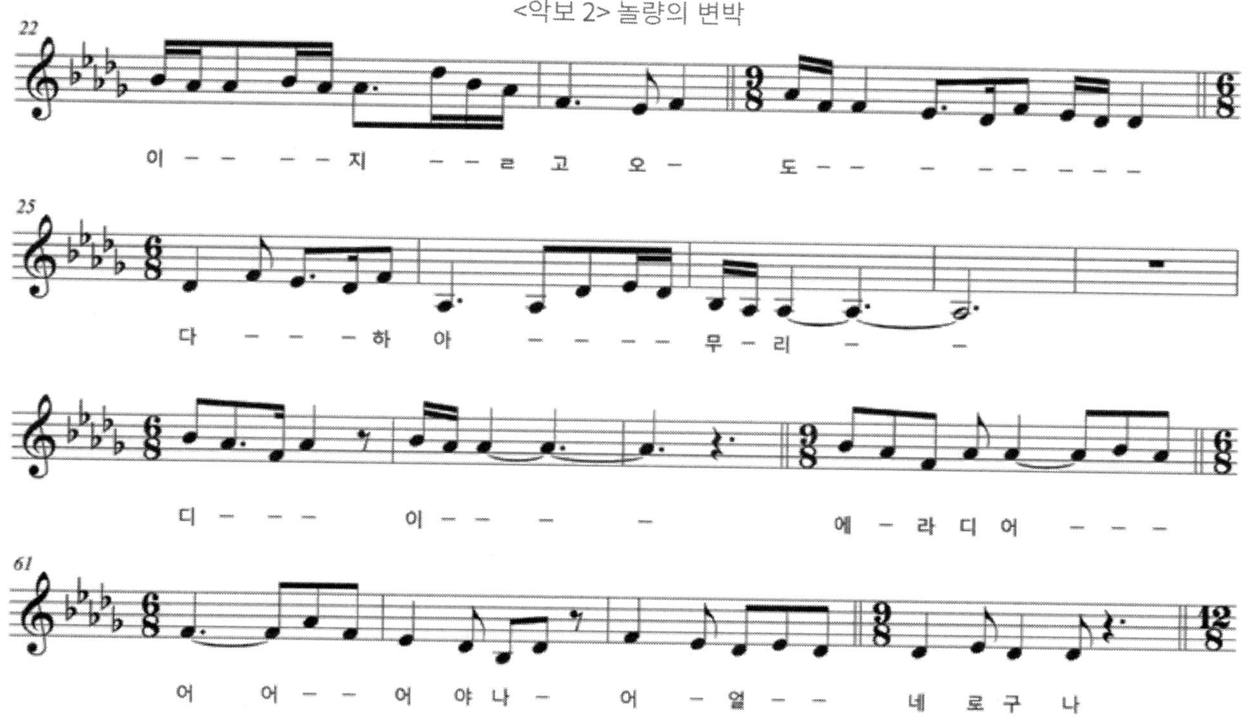

다. 선 율

놀량의 음계는 Db본청 솔음계(솔-라-도-레-미)이고, 음역은 다음과 같다.

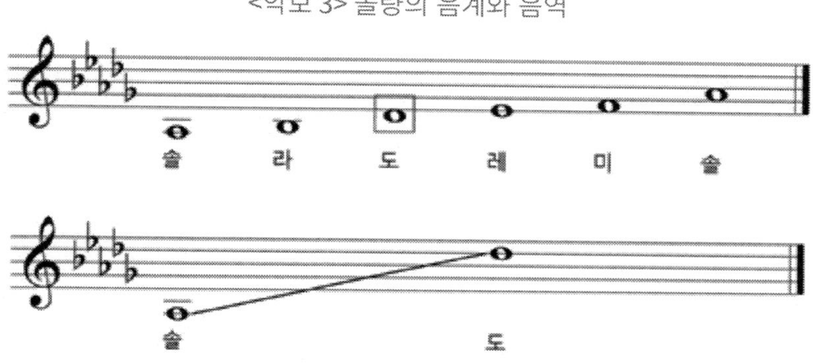

특징적인 선율로는 음계의 제일 아래음인 솔(Ab)에서 미(F)까지 6도 상행하는 것을 볼 수 있다. 4도 상·하행이 주를 이루는데, 이는 경기민요 솔음계의 전형적인 진행이라 볼 수 있다.

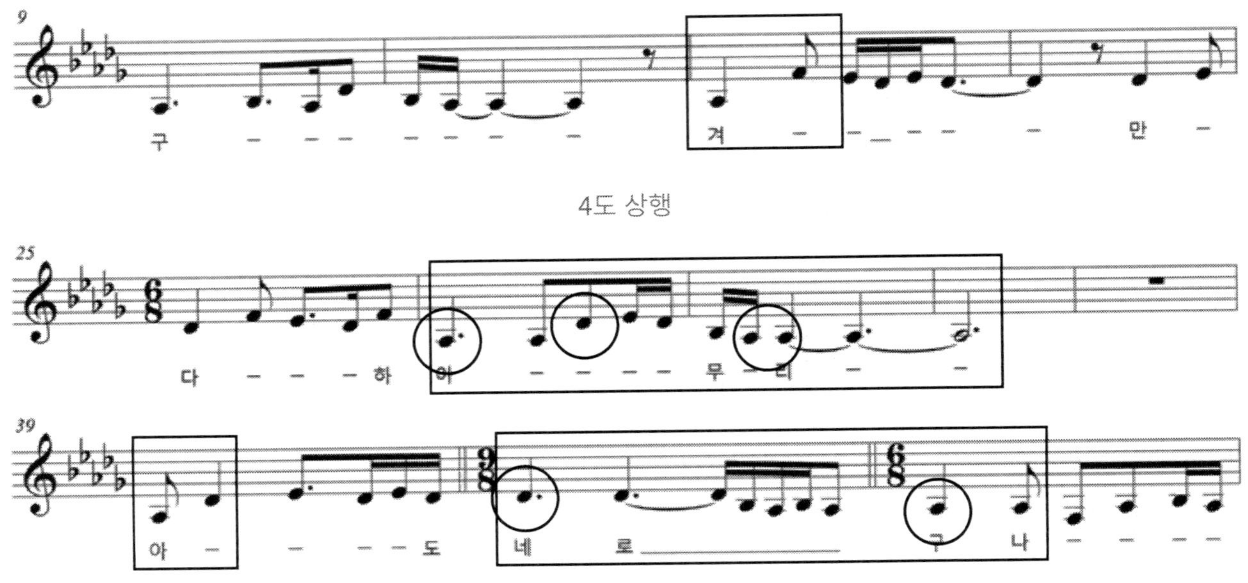

놀량 음계의 가장 높은 음인 도(Db)를 속소리로 내는 것도 특징의 하나이다.

<악보 5> 놀량의 속소리
△=속소리

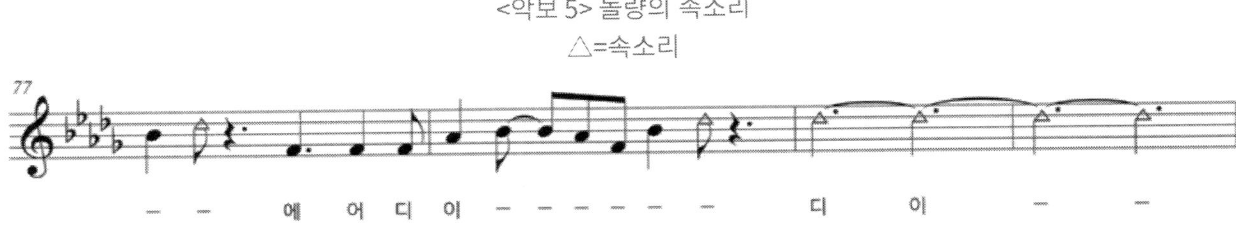

놀량의 종지형은 5단락으로 나눌 수 있는데, 1단락의 종지사설인 '아무리'를 제외하고 2·3·4·5단락은 '이얼 네로구나'라는 사설이 붙는다. 이는 통일된 후렴구로 단락감을 주는 종지형이다.

<악보 6> 놀량 1단락 종지형

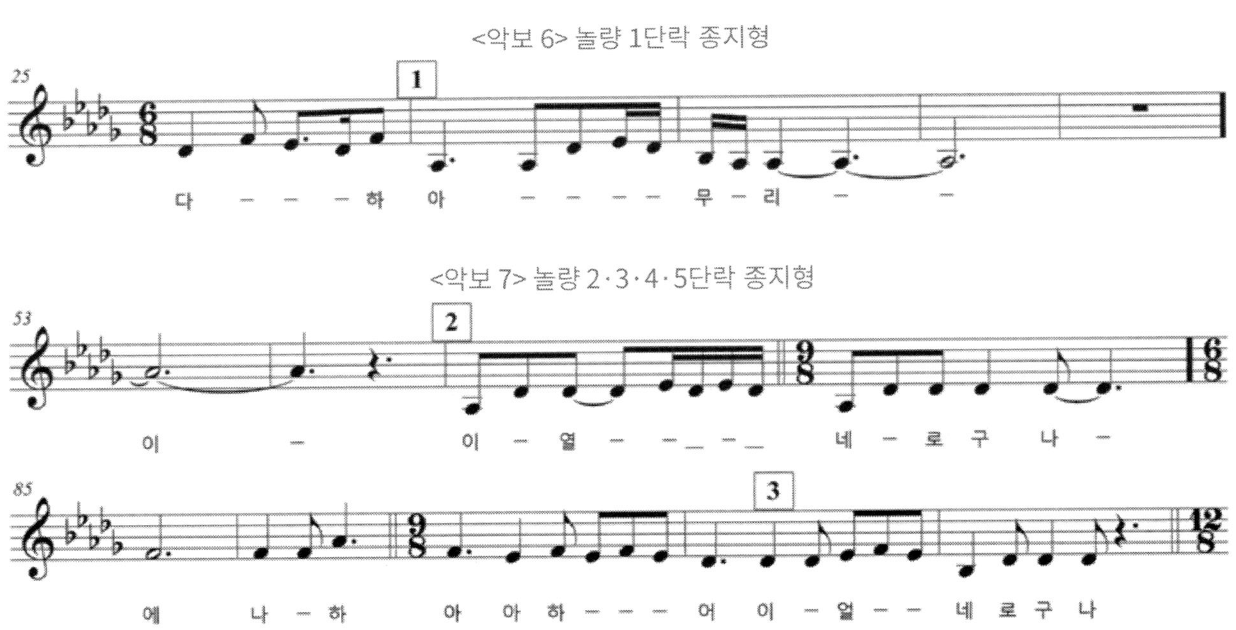

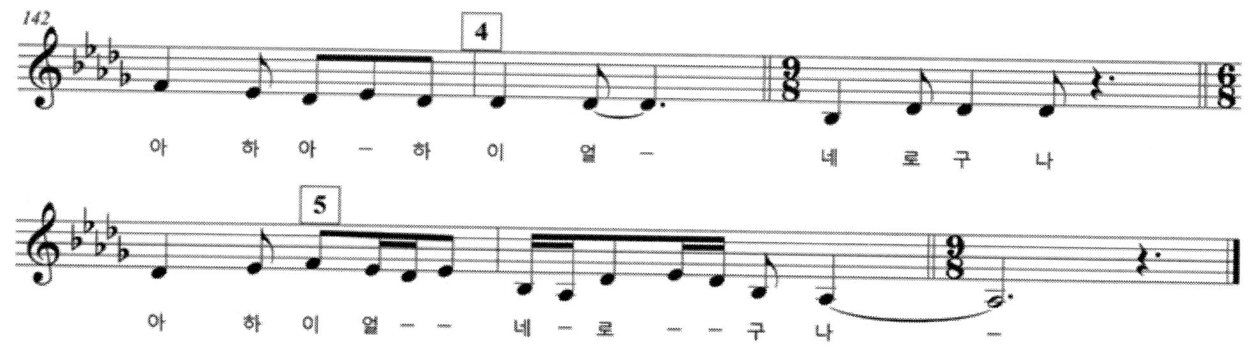

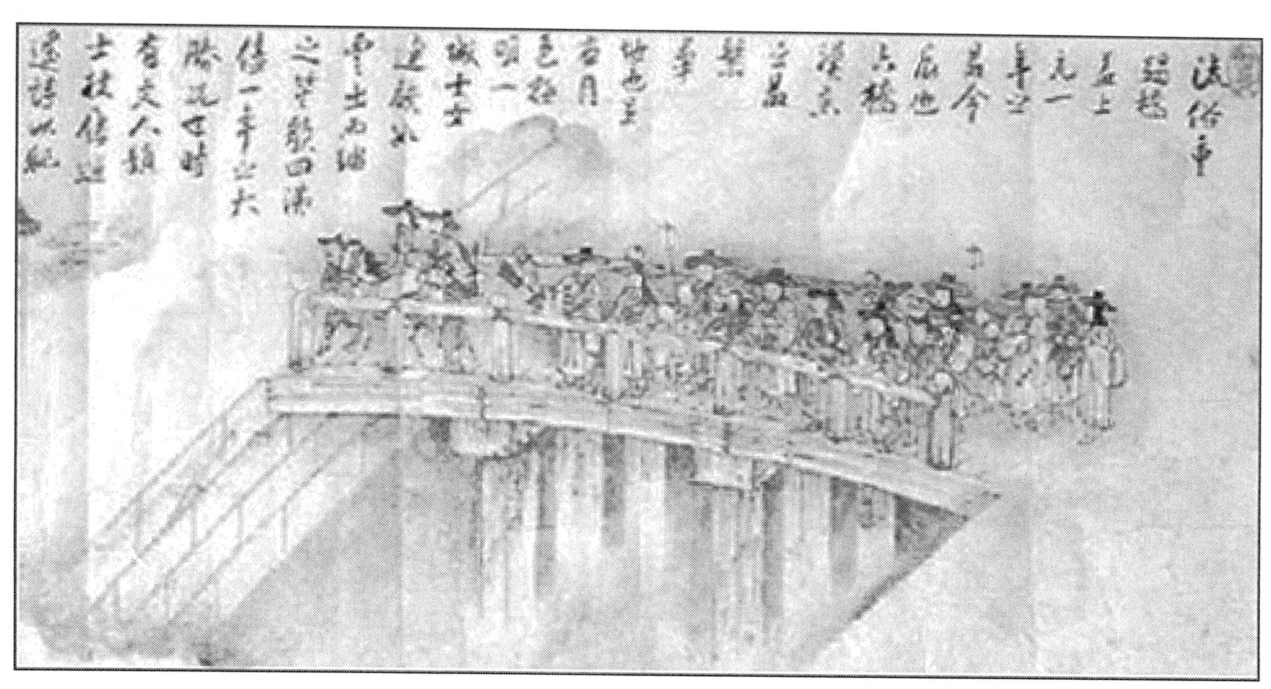

광통교 답교놀이

2. 앞산타령

가. 구 조

앞산타령은 유절 형식으로 선창자가 6/8박자 중심으로 사설을 메기고, 여럿이 제창으로 받는 구조이다. 앞산타령의 악곡 구조는 각 절마다 사설에 길이에 따라 선율이 변화한다. 그리고 앞산타령의 7~11절의 사설은 황용주가 창작하였다.[13]

앞산타령은 총 11절로 첫 후렴은 1마디부터 17마디이고, 1절은 18마디부터 39마디까지이며, 2절은 40마디부터 64마디까지이고, 3절은 65마디부터 83마디까지이며, 4절은 84마디부터 103마디까지이며, 5절은 104마디부터 123마디까지이며, 6절과 7절은 24마디부터 143마디까지이고, 8절과 9절은 144마디부터 163마디까지이며, 10절은 164마디부터 183마디까지이고, 11절은 184마디부터 203마디까지이다.

<표 2> 앞산타령 악곡 구조

	마디	사설	비고
첫 후렴	1 - 17	나너 - 산이로구나	
1절	18 - 39	과천 - 산이로구나	
2절	40 - 64	단산봉황 – 다 둘러 있다	
3절	65 - 83	동불암 – 다 둘러 있다	
4절	84 - 103	성절덕절 – 염불만 한다	
5절	104 - 123	저 달아 보느냐 - 가리웠더냐	
6·7절	124 - 143	6. 팔도로 돌아 - 낳단말가	선율 동일
		7. 남산북악은 – 이 아니냐	
8·9절	144 - 163	8. 팔도명산 - 진산이라	선율 동일
		9. 수로천리 - 어리었다	
10절	164 - 183	백두산 – 둘러있다	선율 유사
11절	184 - 203	지리산 - 낳단말가	

---

13) 황용주, 2017년 3월 7일, 서울시 종로구 선소리산타령보존회 사무실에서 대담.

나. 장 단

　앞산타령의 장단은 처음 1단락 내는소리(사설 : 나너 니나노)에서 3분박 2개의 약 ♩.=45의 속도 (Tempo)로 6/8박자로 시작한다. 가사의 붙임에 따라 6/8박자와 9/8박자로 변박을 자유롭게 구사 한다.

<악보 8> 앞산타령의 장단과 리듬

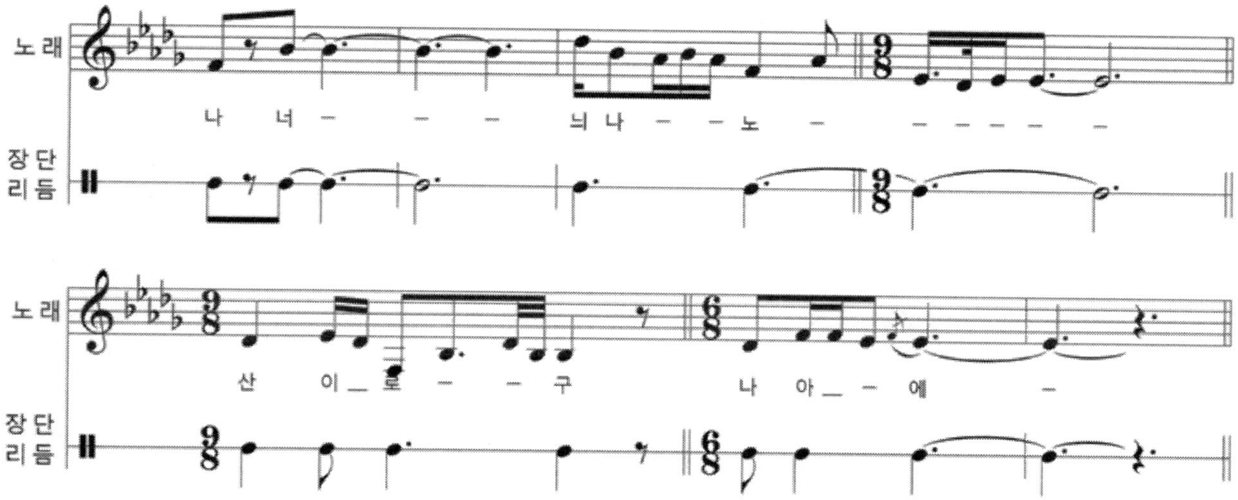

<악보 9> 앞산타령의 변박

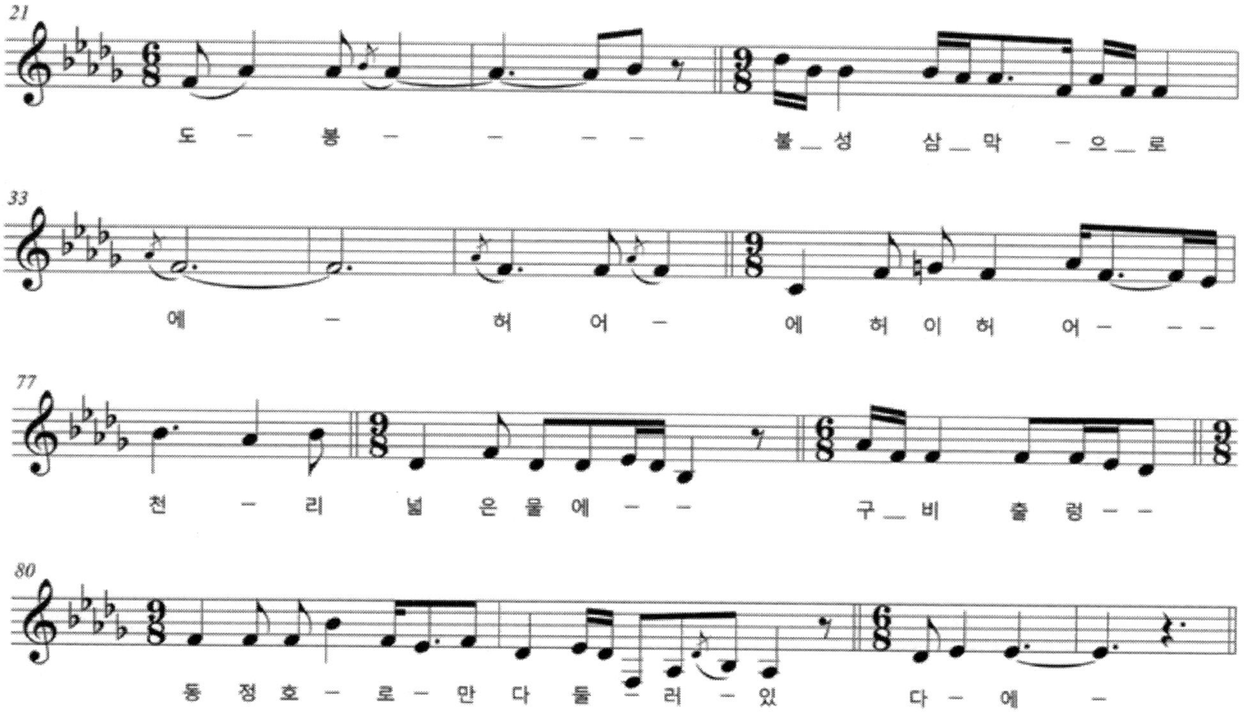

다. 선 율

앞산타령의 음계는 Bb본청 미음계(미-솔-라-도-레-미)이고, 음역은 다음과 같다.

<악보 10> 앞산타령의 음계와 음역

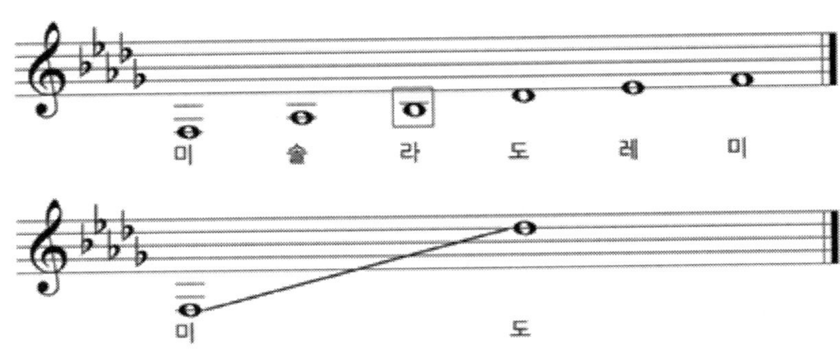

특징적인 선율로는 제창으로 받는 후렴부에서 음계의 제일 아래음인 미(F)까지 6도 하행하고, 다시 본청인 라(Bb)로 4도 상행한다.

<악보 11> 앞산타령의 6도 하행과 4도 상행

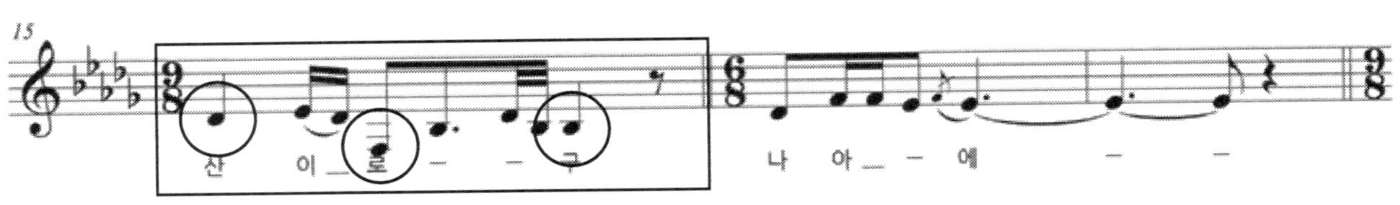

특히 포르타멘토(portamento)[14]를 이용해 떠는목을 자연스럽고 유려하게 구사하는 선율이 돋보인다.

<악보 12> 앞산타령의 포르타멘토

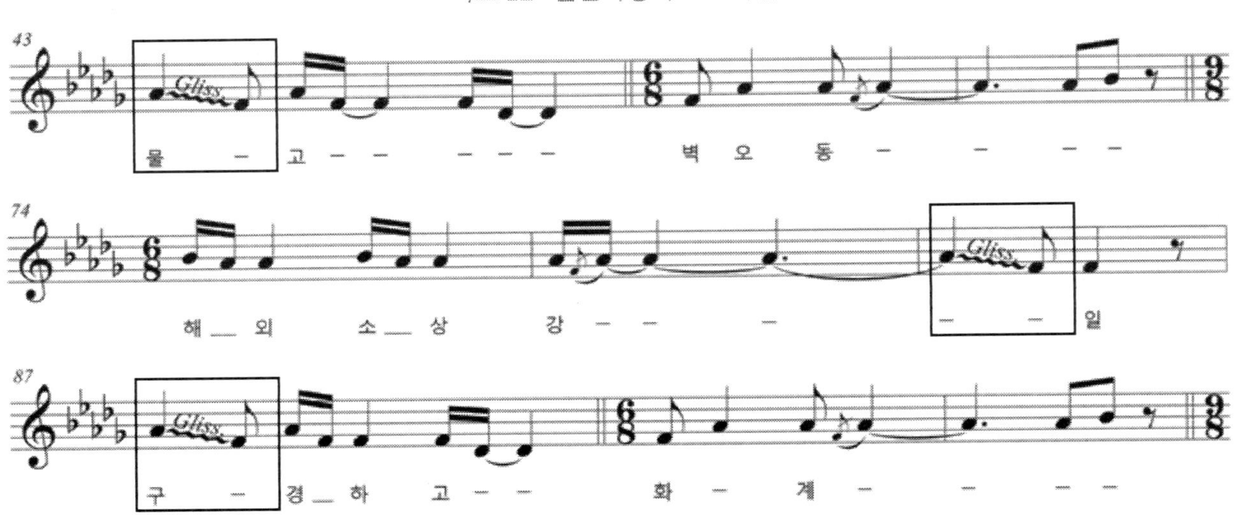

---

14) 한 음에서 다른 음으로 이동할 때 매끄럽게 부르거나 연주하는 방법.

앞산타령은 각각의 절마다 메기는 부분 독창종지형과, 받는 부분 중간종지형·제창종지형 세가지로 나뉜다. 메기는 부분 종지형은 솔-미-도(Ab-F-Db)로 하행종지하고, 받는 부분 중간종지형은 도-미-레-미(Db-F-Eb-F)로 상행종지하며, 제창종지형은 도-레-레(Db-Eb-Eb)로 상행종지한다.

<악보 13> 앞산타령 메기는 부분 독창종지형

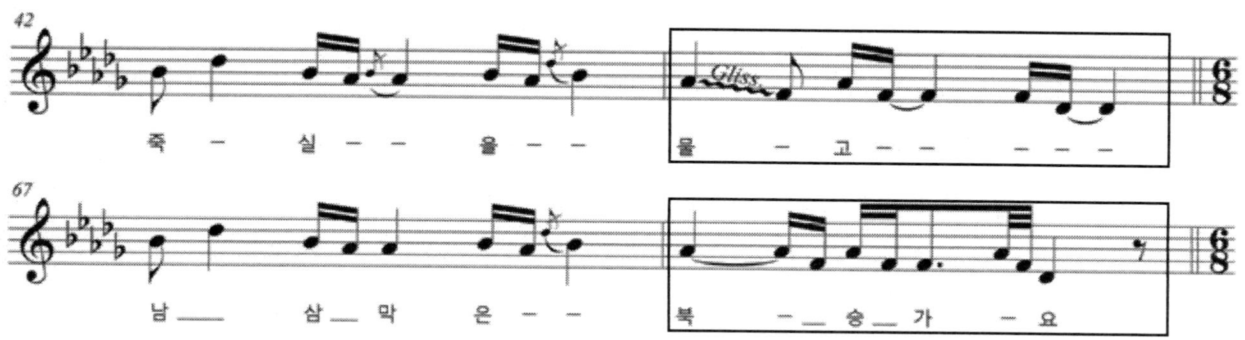

<악보 14> 앞산타령 중간종지형과 제창종지형
중간종지형

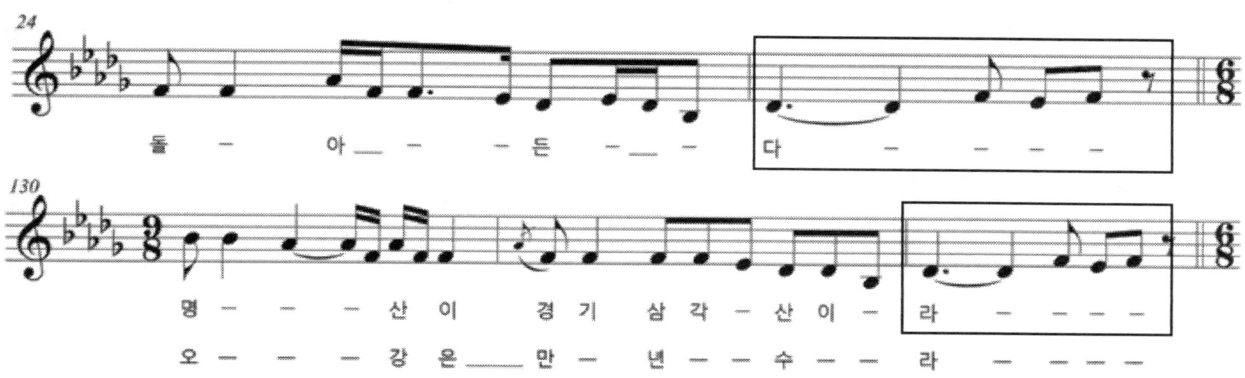

제창종지형

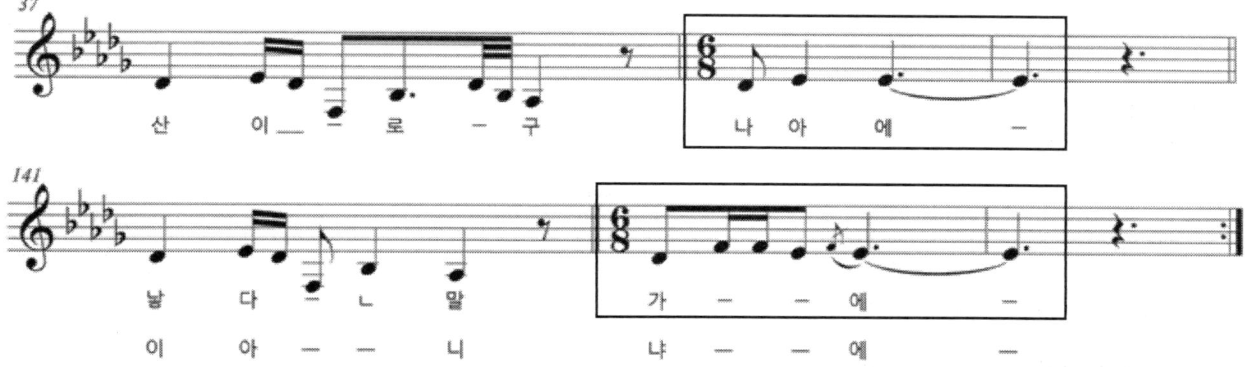

3. 뒷산타령

가. 구 조

　뒷산타령은 유절 형식으로 선창자가 6/8박자 중심으로 사설을 메기고, 여럿이 제창으로 받는 구조이다. 뒷산타령의 악곡 구조는 각 절마다 사설의 길이에 따라 선율이 변화한다. 그리고 뒷산타령의 7~9절의 사설은 황용주가 창작하였다.

　뒷산타령은 총 9절로 첫 후렴은 1마디부터 12마디까지이고, 1절은 13마디부터 40마디까지이며, 2절과 3절은 41마디부터 66마디까지이고, 4절과 5절은 67마디부터 92마디까지이며, 6절과 7절은 93마디부터 118마디까지이고, 8절은 119마디부터 144마디까지이며, 9절은 119마디부터 170마디까지이다.

<표 3> 뒷산타령 악곡 구조

	마디	사설	비고
첫 후렴	1 -12	나지나 - 산이로구나	
1절	13 - 40	강원도 - 천축사라	
2·3절	41 - 66	2. 계명산 – 둘러있다	선율 동일
		3. 삼각산 - 안산이라	
4·5절	67 - 92	4. 수락산 - 둘러있다	선율 동일
		5. 백두산 - 돌아든다	
6·7절	93 - 118	6. 동두천 - 장관이라	선율 동일
		7. 수양산 - 분명하다	
8절	119 - 144	남산에 - 분명하다	
9절	119 - 170	인왕산 - 분명하다	

나. 장 단

　뒷산타령의 장단은 처음 1단락 내는소리(사설 : 나지나 산이로구나)에서 3분박 계열의 약 ♩.=45의 속도(Tempo) 6/8박자로 시작한다. 가사의 붙임에 따라 6/8박자와 9/8박자로 변박을 자유롭게 구사한다.

<악보 15> 뒷산타령의 장단과 리듬

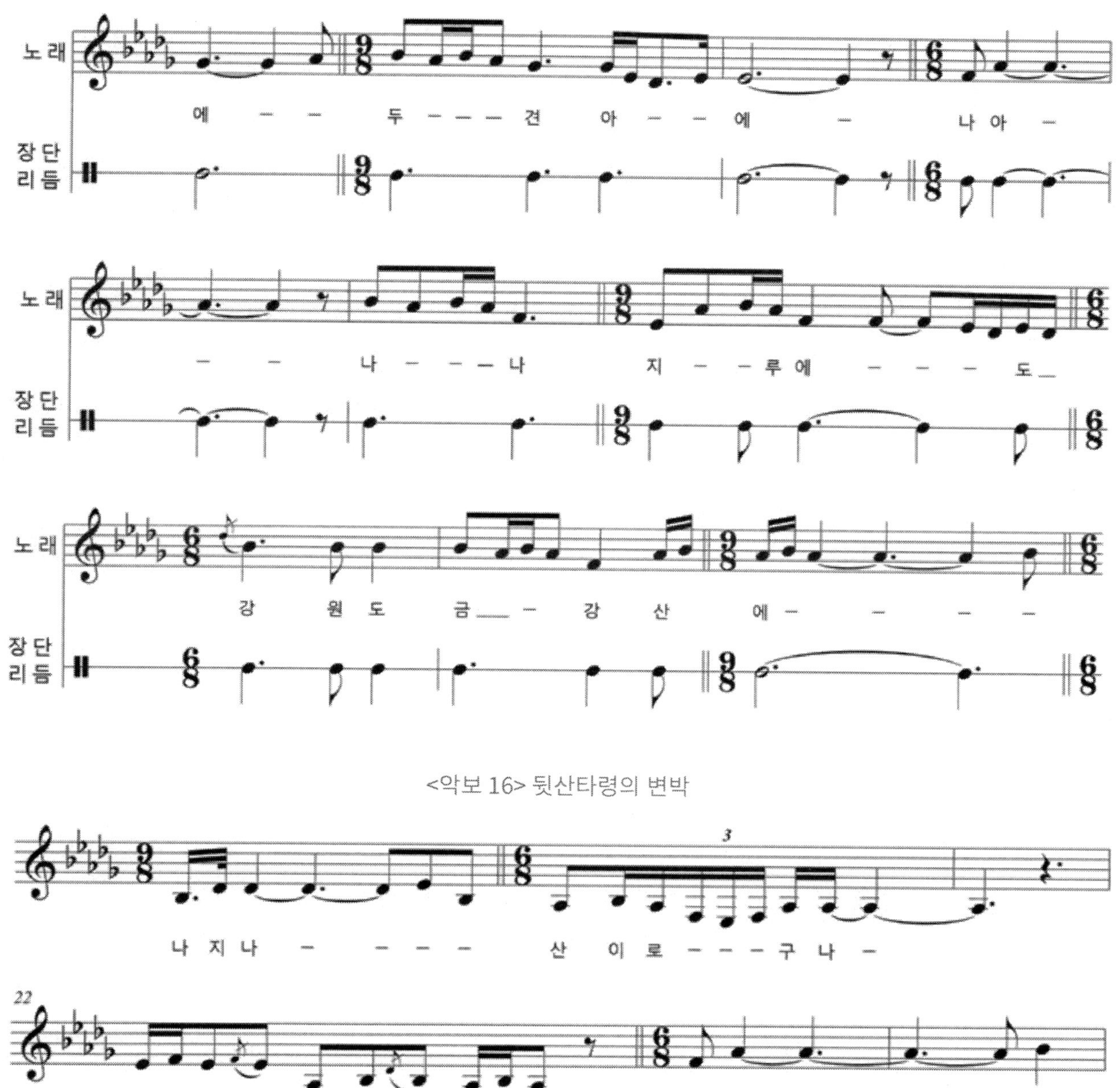

<악보 16> 뒷산타령의 변박

다. 선 율

뒷산타령의 음계는 Db본청 솔음계(솔-라-도-레-미)와 Bb본청 미음계(미-솔-라-도-레)이고, 음역은 낮은 레(Eb)와 미(F)의 출현이 1회 있으며, 다음과 같다.

<악보 17> 뒷산타령의 음계와 음역

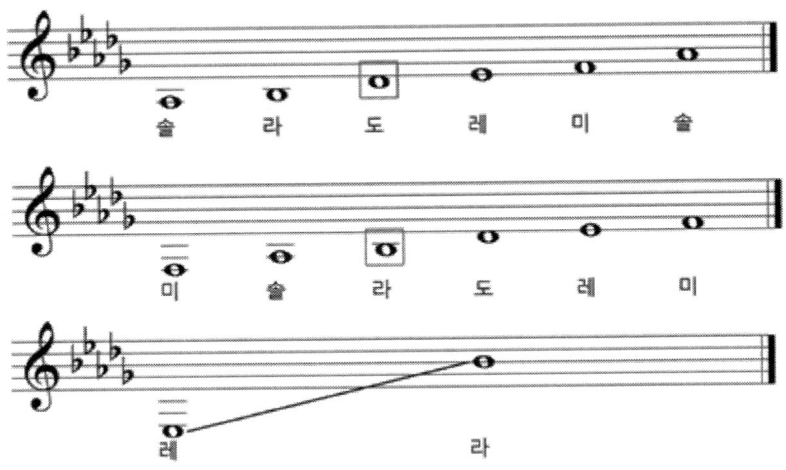

특징적인 선율로는 대체로 낮은 음역의 부드러운 선율이다. 낮은 음역의 레(Eb)와 미(F)가 1회만 출현하고, 낮게 읊조리는 선율의 유려함을 볼 수 있다.

<악보 18> 뒷산타령의 낮은 음역 레(Eb)와 미(F)

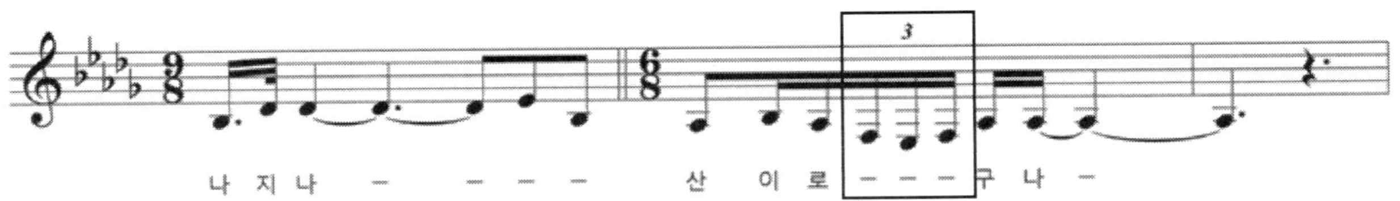

뒷산타령은 각각의 절마다 메기는 부분 독창종지형과, 받는 부분 제창종지형 2가지로 나뉜다. 메기는 부분 종지형은 솔-미-도(Ab-F-Db)로 하행종지하고, 받는 부분 제창종지형은 도-라-솔-도(Db-Bb-Ab-Db)로 4도 상행종지한다.

<악보 19> 뒷산타령 메기는 부분 독창종지형

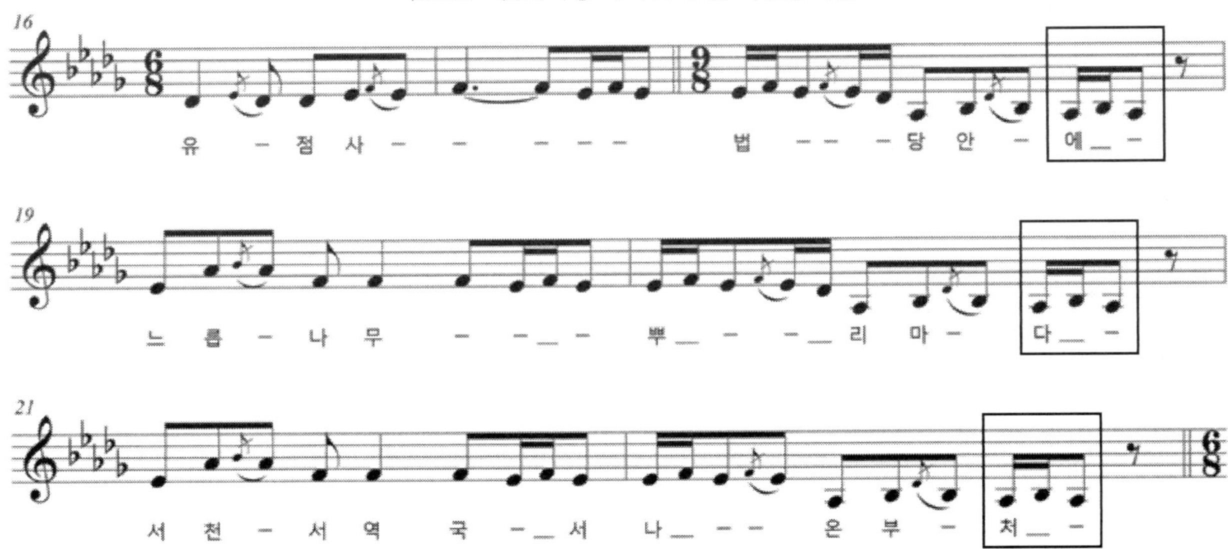

<악보 20> 뒷산타령 받는 부분 제창종지형

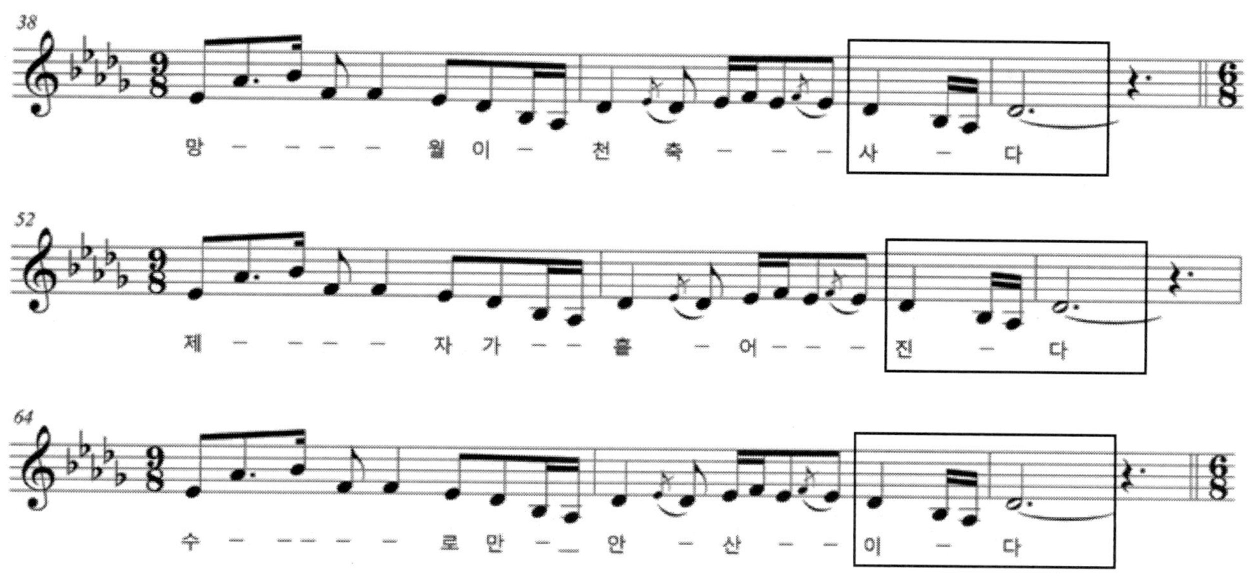

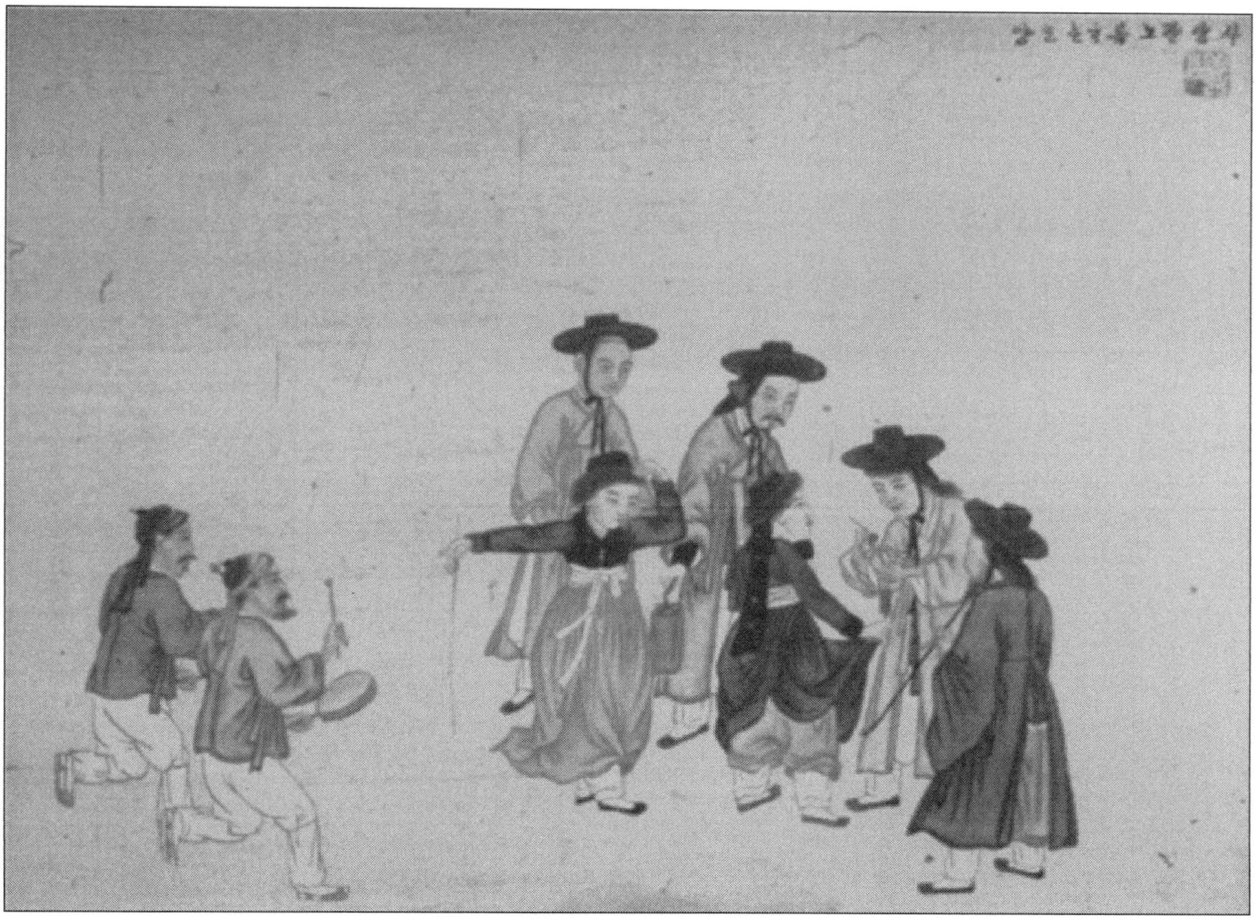

사당 판놀음

4. 자진산타령

가. 구 조

자진산타령은 유절 형식으로 선창자가 12/8박자 중심으로 사설을 메기고, 여럿이 제창으로 받는 구조이다. 자진산타령의 악곡 구조는 각 절마다 사설의 길이에 따라 선율이 변화한다. 그리고 자진산타령의 6·7·8절은 황용주가 창작하였다.

자진산타령은 총 11절로 1절은 1마디부터 38마디까지이고, 2절은 39마디부터 82마디까지이며, 3절은 83마디부터 131마디까지고, 4절은 132마디부터 180마디까지이며, 5절은 181마디부터 230마디까지며, 6절은 231마디부터 278마디까지이며, 7절은 279마디부터 326마디까지이고, 8절은 327마디부터 374마디까지이며, 9절은 375마디부터 424마디까지이고, 10절은 425마디부터 458마디까지이며, 11절은 459마디부터 529마디까지이다.

<표 4> 자진산타령 악곡 구조

	마디	사설	비고
1절	1 - 38	청산의 - 모여든다	
2절	39 – 82	산천경개 - 놀기좋다	
3절	93 - 131	홍문연 - 모였더라	
4절	132 –180	임당수 - 야속한다	
5절	181 - 230	초당에 - 분명하다	
6절	231 - 178	사명산 - 분명하다	
7절	279 - 326	마니산 - 물소리라	
8절	327 - 374	서산에 - 빛나리라	
9절	375 - 424	항쇄족쇄 - 만나볼까	
10절	425 - 458	만물초 - 솟아온다	
11절	459 - 529	공명이 - 돌아간다	

나. 장 단

자진산타령의 장단은 처음 1단락 내는소리(사설 : 청산의 저 노송은...)에서 3분박 계열의 약 ♩.=45의 속도 12/8박자로 시작하며, 받는부분부터 빠르고 경쾌하게 바뀐다. 가사붙임에 따라 헤미올라(he-miola)[15]를 사용하며, 6/8박자를 자유롭게 구사한다.

---

15) 헤미올라(hemiola) : 2박자 대신에 3박자, 3박자 대신에 2박자를 쓰는 변형박자.

<악보 21> 자진산타령의 장단과 리듬

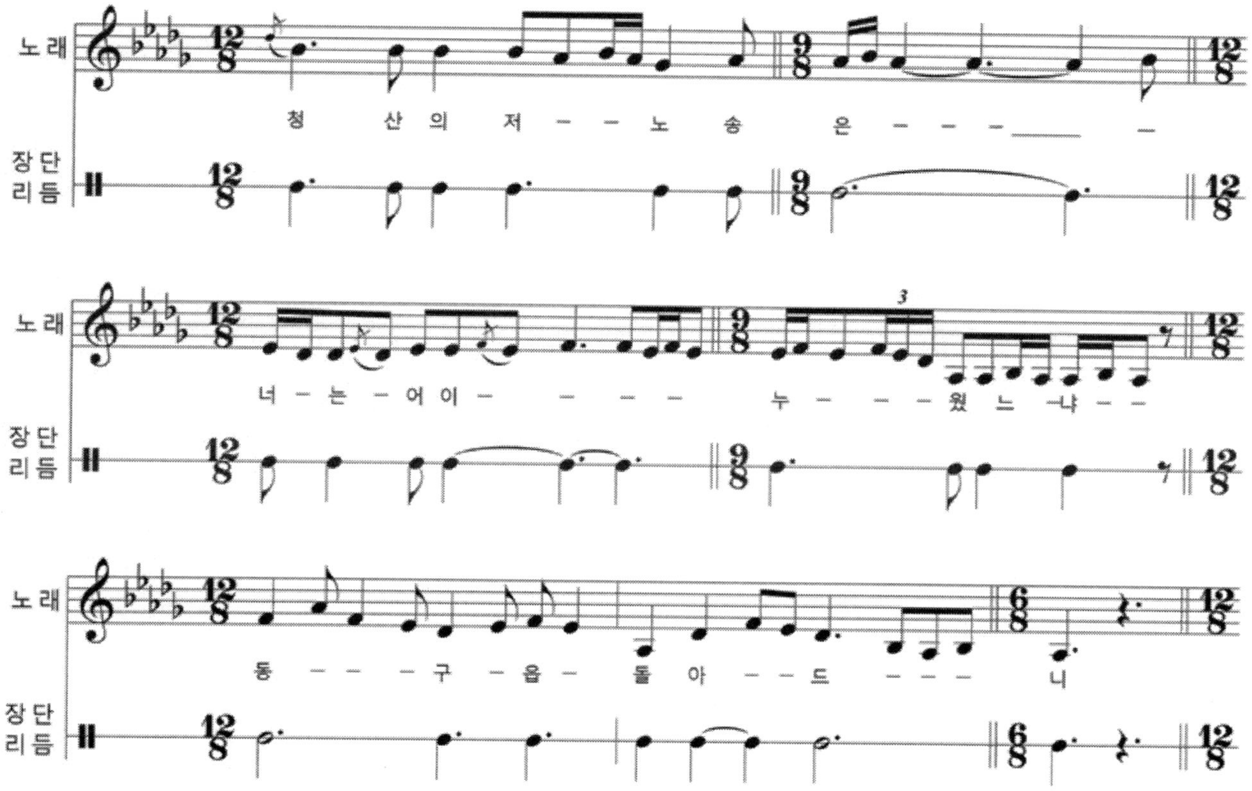

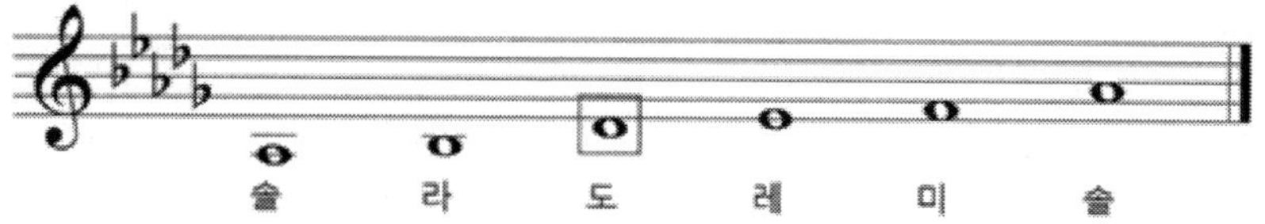

<악보 22> 자진산타령 헤미올라

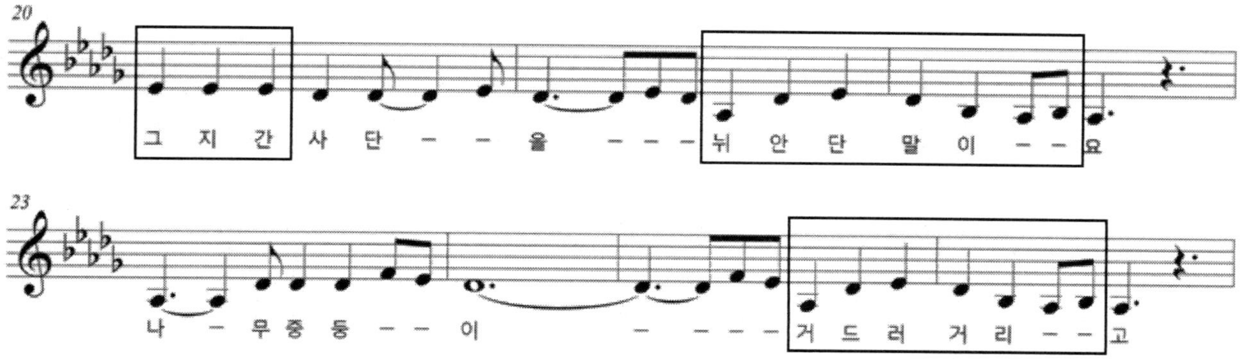

다. 선 율

자진산타령의 음계는 Db본청 솔음계(솔-라-도-레-미)와 Bb본청 미음계(미-솔-라-도-레)이며, 음역은 다음과 같다.

<악보 23> 자진산타령의 음계와 음역

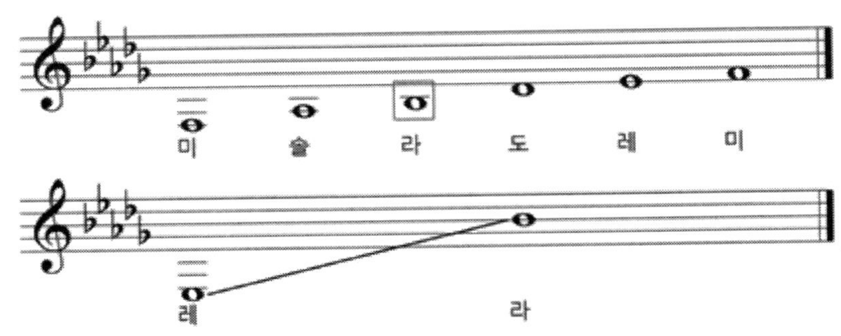

특징적인 선율로는 대체로 한 음을 길게 뻗고 헤미올라를 동반한 운동감이다. 이는 빠른 음악들의 특수성이기도 하다.

<악보 24> 자진산타령의 지속음과 헤미올라

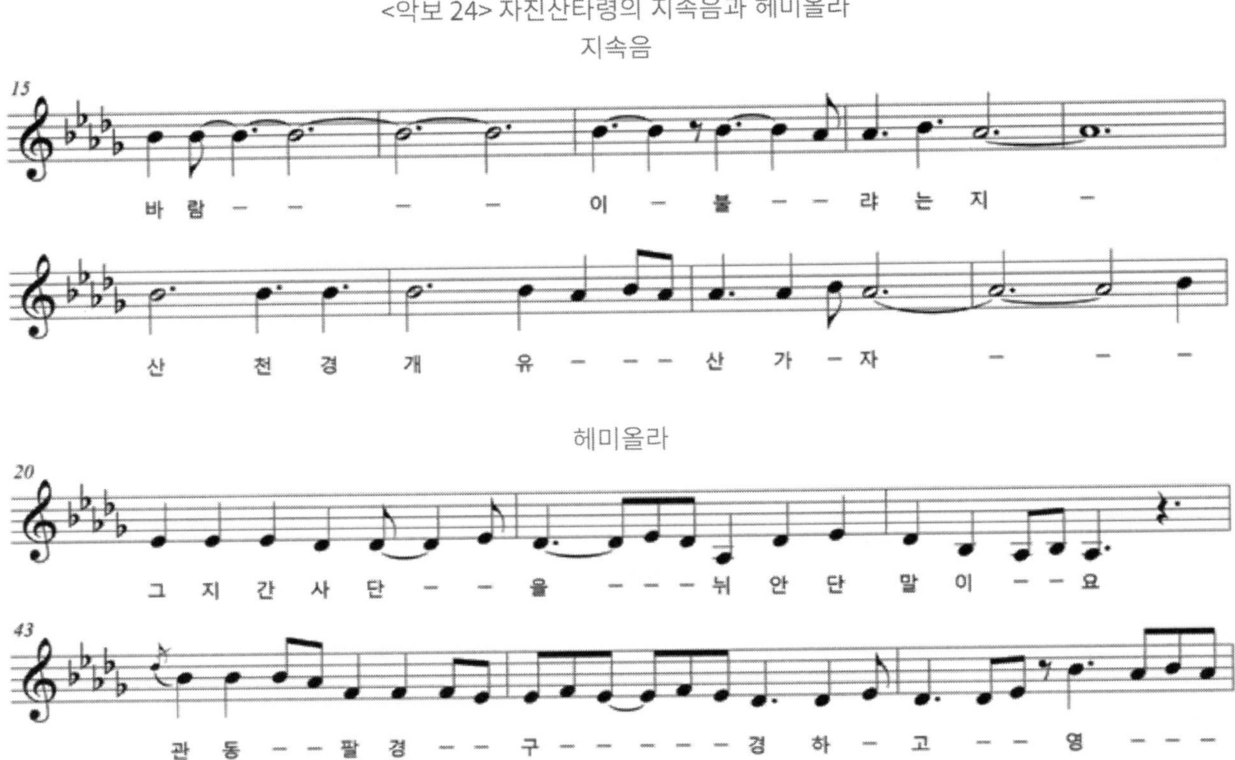

자진산타령은 각각의 절마다 메기는 부분 독창종지형과 받는 부분 중간종지형·제창종지형 세가지로 나뉜다. 메기는 부분 독창종지형은 도-라-솔-라-솔(Db-Bb-Ab-Bb-Ab)로 하행종지하며, 받는부분 중간중지형은 도-라-솔-라-솔(Db-Bb-Ab-Bb-Ab)로 하행종지하고, 제창종지형은 도-레-도(Db-Eb-Db)로 종지한다.

<악보 25> 자진산타령 메기는 부분 독창종지형

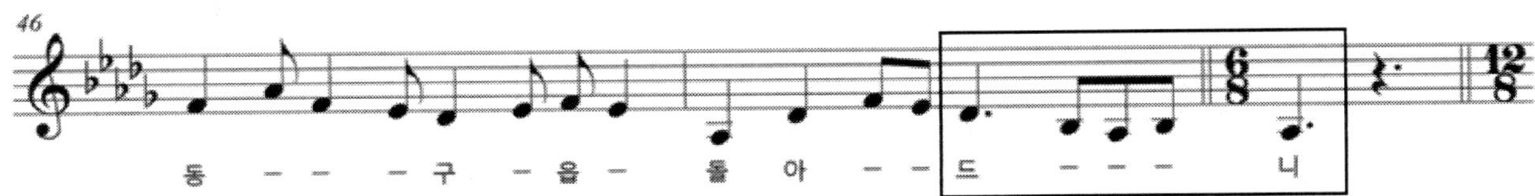

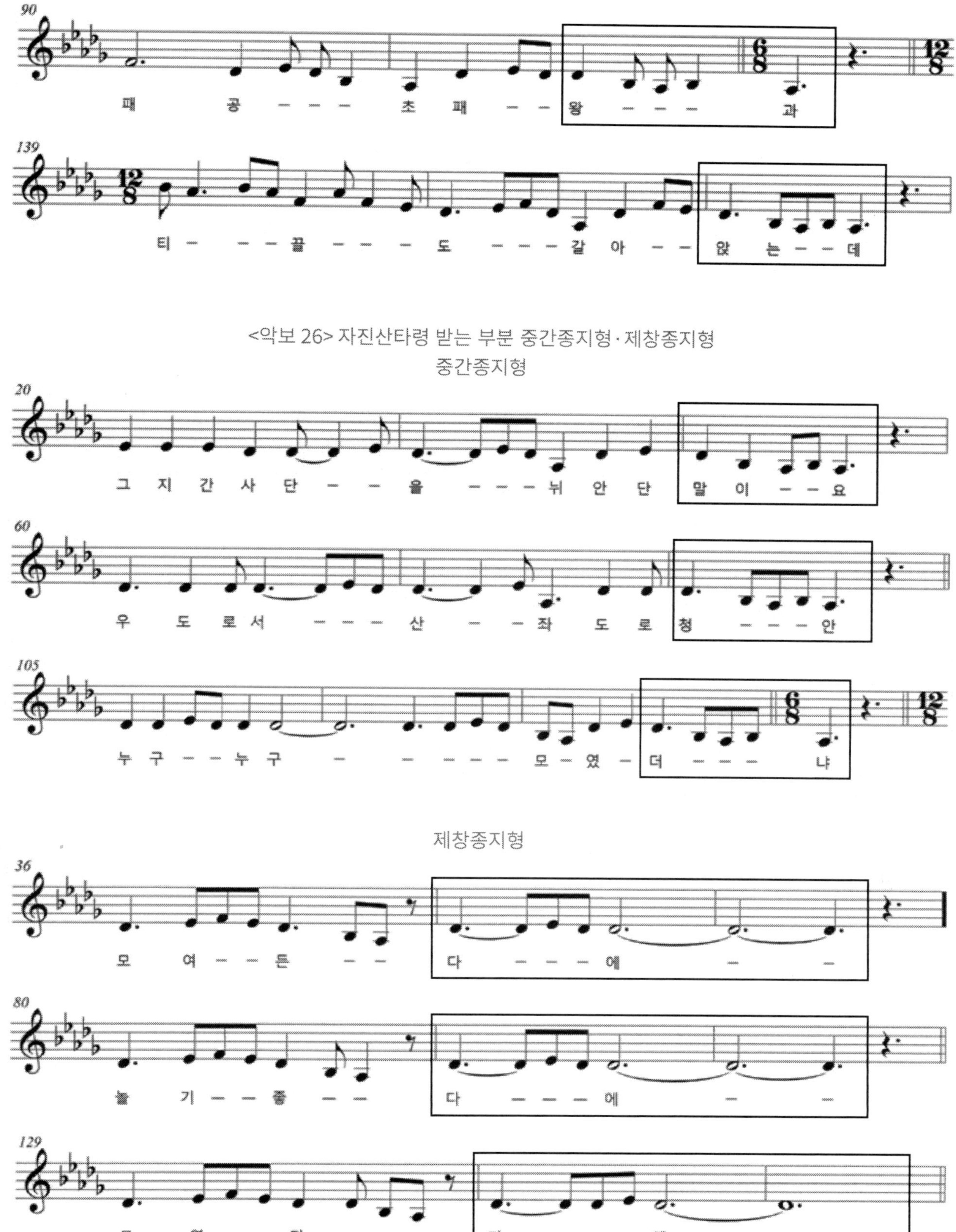

<악보 26> 자진산타령 받는 부분 중간종지형·제창종지형
중간종지형

제창종지형

5. 개구리타령

가. 구 조

  개구리타령은 유절 형식으로 선창자가 12/8박자로 사설을 메기고, 여럿이 제창으로 받는 구조이다. 개구리타령의 악곡 구조는 각 절마다 일정하다고 할 수 있다. 개구리타령은 총 7절로 1절은 1마디부터 7마디까지이고, 2절은 8마디부터 14마디까지이며, 3절은 15마디부터 21마디까지이고, 4절은 22마디부터 28마디까지이며, 5절은 29마디부터 35마디까지이고, 6절은 36마디부터 42마디까지이며, 7절은 43마디부터 49마디까지이다.

<표 5> 개구리타령 악곡 구조

	마디	사설	비고
1절	1 - 7	에 - 하여보자	
2절	8 - 14	에 – 멋으로 댕긴다	
3절	15 - 21	에 – 만석당혜 잃었네	
4절	22 - 28	에 – 장독대로 돌아라	
5절	29 - 35	에 – 질요강을 썼네	
6절	36 - 42	에 – 공돌댕이나 하자	
7절	43 - 49	에 – 쑥 들어간다	

나. 장 단

  개구리타령의 장단은 3분박 계열의 약 ♩.=110의 속도 12/8박자로 시작한다. 개구리타령은 변박이나 속도의 변화 없이 같은 장단을 유지한다.

<악보 27> 개구리타령의 장단과 리듬

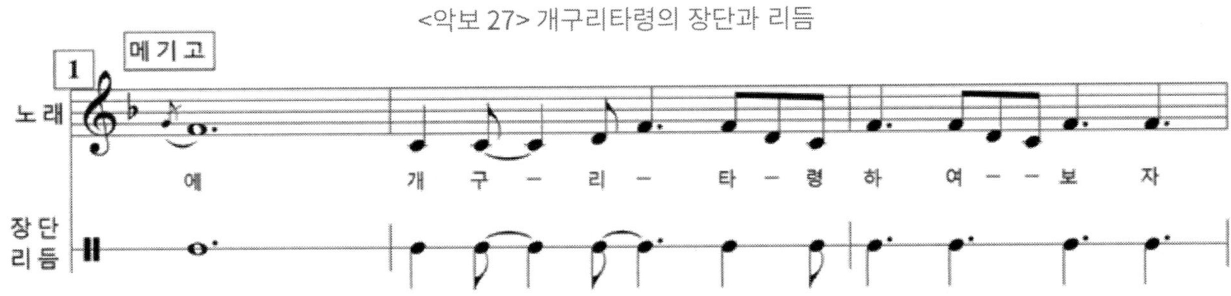

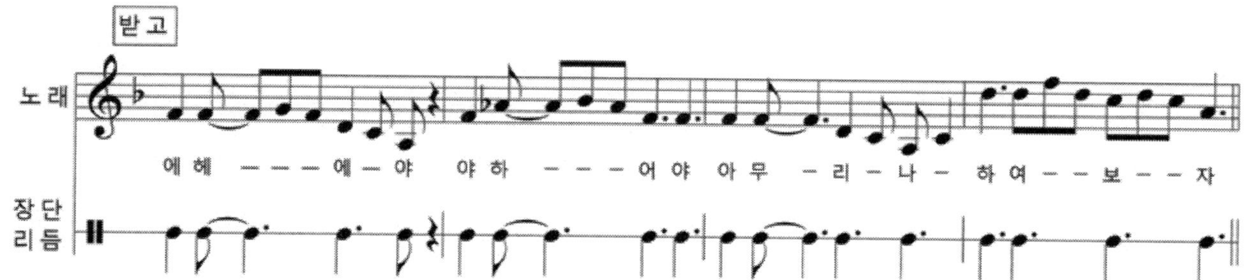

다. 선 율

개구리타령의 음계는 D본청 미음계이며, 받는 부분에서 일시적으로 F본청 미음계가 나타난다.

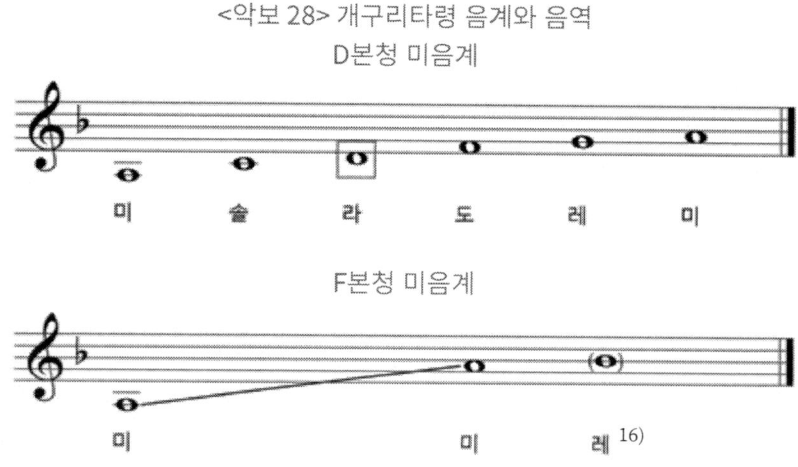

개구리타령의 특징적인 선율로는 메기는 부분에서 첫 음을 항상 치켜 올려 노래한다.

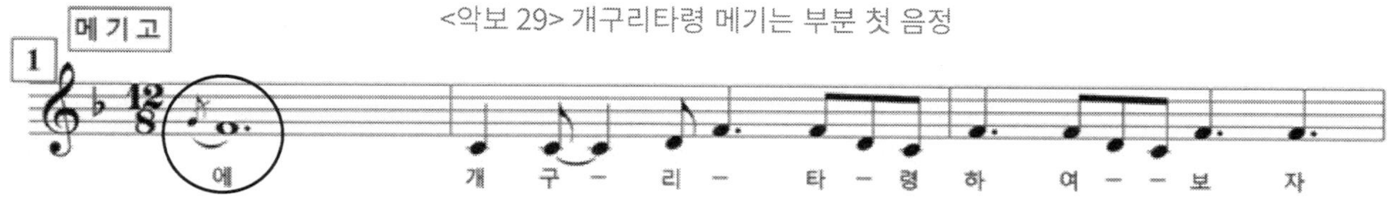

<악보 29> 개구리타령 메기는 부분 첫 음정

개구리타령은 받는 부분에서 일시적으로 F본청 미음계가 5,·12·19·26·33·40·47마디에서 출현한다.

<악보 30> 개구리타령 받는 부분 일시적 F본청 미음계

---

16) 괄호안의 Bb음정은 F본청 미음계에서 이동도법으로 '레'로 읽는다.

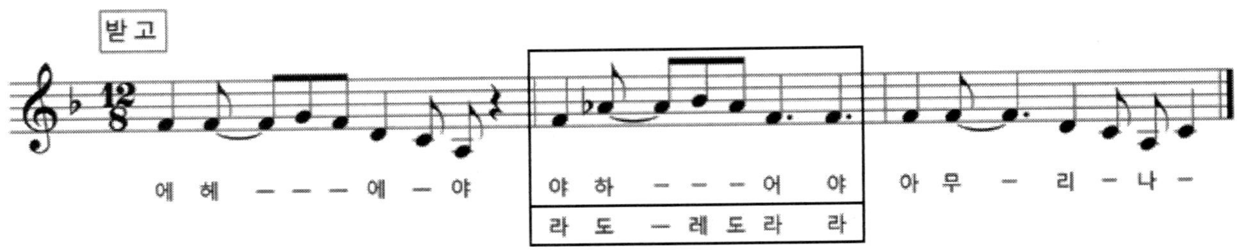

개구리타령은 각각의 절마다 메기는 부분 독창종지형과 받는 부분 제창종지형 두가지로 나뉜다. 독창종지형은 도-도-라-솔-도(F-F-D-C-F)로 하행 후 상행종지하고, 제창종지형은 솔-라-솔-미(C-D-C-A)로 하행종지한다.

<악보 31> 개구리타령 독창종지형

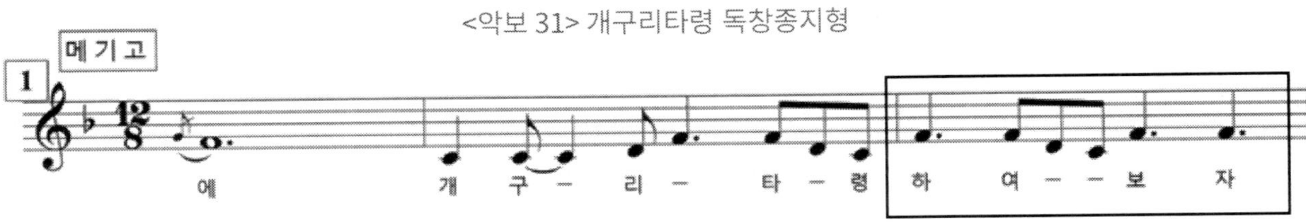

<악보 32> 개구리타령 제창종지형

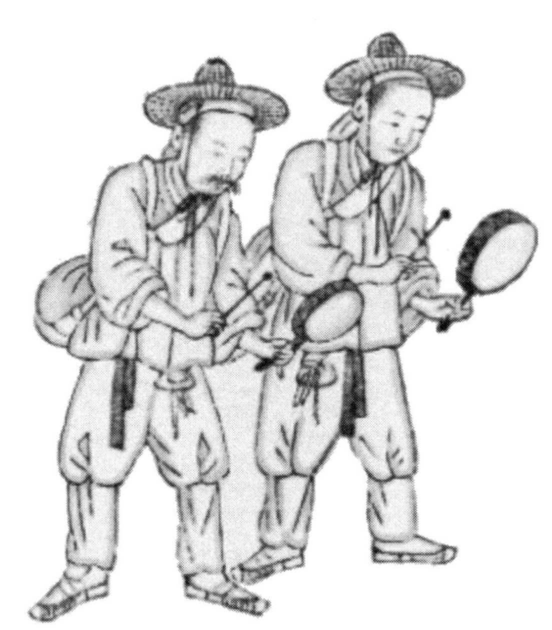

사당패놀음 걸사행--

Ⅲ. 선소리산타령의 장단과 선율

1. 구 조

선소리산타령은 놀량, 앞산타령, 뒷산타령, 자진산타령, 개구리타령이다. 첫째, 놀량의 악곡 구조는 사설을 엮으면서 사설 구조에 따라 음을 불규칙적으로 진행하는 통절 형식이다. "산천초목이 무성한데"는 선창자가 독창으로 부르고 나머지는 소리를 메기는 사람과 받는 사람이 합창으로 부른다.

둘째, 앞산타령은 유절 형식으로 선창자가 6/8박자 중심으로 사설을 메기고, 여럿이 제창으로 받는 구조이다. 앞산타령의 악곡 구조는 각 절마다 사설에 길이에 따라 선율이 변화한다. 또한 앞산타령 7·8·9·10·11절의 사설은 황용주가 창작하였다

셋째, 뒷산타령은 유절 형식으로 선창자가 6/8박자 중심으로 사설을 메기고, 여럿이 제창으로 받는 구조이다. 뒷산타령의 악곡 구조는 각 절마다 사설의 길이에 따라 선율이 변화한다. 그리고 뒷산타령의 7·8·9절의 사설은 황용주가 창작하였다.

넷째, 자진산타령은 유절 형식으로 선창자가 12/8박자 중심으로 사설을 메기고, 여럿이 제창으로 받는 구조이다. 자진산타령의 악곡 구조는 각 절마다 사설의 길이에 따라 선율이 변화한다. 또한 자진산타령의 6·7·8절은 황용주가 창작하였다.

개구리타령은 유절 형식으로 선창자가 12/8박자로 사설을 메기고, 여럿이 제창으로 받는 구조이다. 개구리타령의 악곡 구조는 각 절마다 일정하고, 총 7절이다.

이상을 정리하면 <표 6>과 같다.

<표 6> 선소리산타령 악곡 구조

곡명	악곡 구조		마디	사설
놀 량	통절형 5단락	1단락	1-28	산천초목이-아무리
		2단락	29-55	에헤나하-이얼네로구나
		3단락	56-88	디이이-이얼네로구나
		4단락	89-143	에말들어도봐라-이얼네로구나
		5단락	144-176	종일가도-이얼네로구나
		후렴	1-17	나너-산이로구나
		1절	18-39	과천-산이로구나
		2절	40-64	단산봉황–다 둘러 있다
		3절	65-83	동불암–다 둘러 있다
		4절	84-103	성절덕절–염불만 한다

앞산타령	유절형 11절	5절	104-123	저 달아 보느냐-가리웠더냐
		6·7절 (동일)	124-143	팔도로 돌아-낳단말가
				남산북악은–이 아니냐
		8·9절 (동일)	144-163	팔도명산-진산이라
				수로천리-어리었다
		10·11절 (유사)	164-183	백두산–둘러있다
			184-203	지리산-낳단말가
뒷산타령	유절형 9절	후렴	1-12	나지나-산이로구나
		1절	13-40	강원도-천축사라
		2·3절 (동일)	41-66	계명산–둘러있다
				삼각산-안산이라
		4·5절 (동일)	67-92	수락산-둘러있다
				백두산-돌아든다
		6·7절 (동일)	93-118	동두천-장관이라
				수양산-분명하다
		8절	119-144	남산에-분명하다
		9절	119-170	인왕산-분명하다
자 진산타령	유절형 11절	1절	1-38	청산의- 모여든다
		2절	39–82	산천경개-놀기좋다
		3절	93-131	홍문연-모였더라
		4절	132–180	임당수-야속한다
		5절	181-230	초당에-분명하다
		6절	231-178	사명산-분명하다
		7절	279-326	마니산-물소리라
		8절	327-374	서산에-빛나리라
		9절	375-424	항쇄족쇄-만나볼까
		10절	425-458	만물초-솟아온다

		11절	459-529	공명이-돌아간다
개구리타령	유절형 7절	1절	1 - 7	에-하여보자
		2절	8 - 14	에–멋으로 댕긴다
		3절	15 - 21	에–만석당혜 잃었네
		4절	22 - 28	에–장독대로 돌아라
		5절	29 - 35	에–질요강을 썼네
		6절	36 - 42	에–공돌댕이나 하자
		7절	43 - 49	에–쑥 들어간다

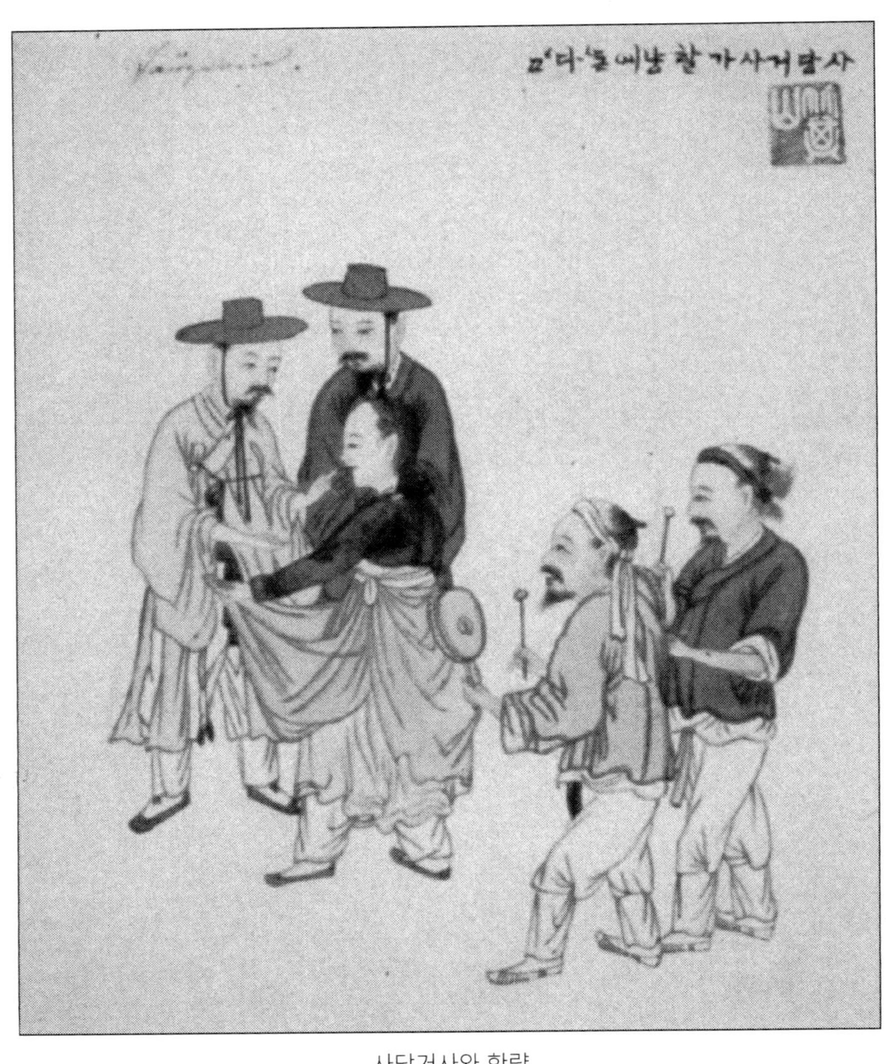

사당거사와 한량

2. 장 단

선소리산타령은 놀량, 앞산타령, 뒷산타령, 자진산타령, 개구리타령이다. 놀량의 장단은 처음 1단락 내는소리(사설 : 산천초목이 다 무성한데)에서 3분박 계열의 약 ♩.=48의 속도(Tempo)로 6/8박자로 시작한다. 또한 2단락에서 6/8박자 중심으로 약 ♩.=110의 속도로 점점 빨라진다. 가사의 붙임에 따라 9/8박자와 12/8박자 등 변박을 구사한다.

앞산타령의 장단은 처음 1단락 내는소리(사설 : 나너 니나노)에서 3분박 2개의 약 ♩.=45의 속도(Tempo)로 6/8박자로 시작한다. 가사의 붙임에 따라 6/8박자와 9/8박자로 변박을 구사한다.

뒷산타령의 장단은 처음 1단락 내는소리(사설 : 나지나 산이로구나)에서 3분박 계열의 약 ♩.=45의 속도(Tempo) 6/8박자로 시작한다. 가사의 붙임에 따라 6/8박자와 9/8박자로 변박을 구사한다.

자진산타령의 장단은 처음 1단락 내는소리(사설 : 청산의 저 노송은...)에서 3분박 계열의 약 ♩.=45의 속도 12/8박자로 시작하며, 받는 부분부터 빠르고 경쾌하게 바뀐다. 가사붙임에 따라 헤미올라(hemiola)를 사용하며, 6/8박자을 구사한다.

개구리타령의 장단은 3분박 계열의 약 ♩.=110의 속도 12/8박자로 시작한다. 개구리타령은 변박이나 속도의 변화 없이 같은 장단을 유지한다.

이상을 정리하면 <표 7>과 같다.

<표 7> 황용주 선소리산타령의 장단

곡명	속도 (Tempo)	사설	비고
놀량	♩.=48, ♩.=110	6/8박, 9/8박, 12/8박	
앞산타령	♩.=45	6/8박, 9/8박	
뒷산타령	♩.=45	6/8박, 9/8박	
자진산타령	♩.=45	12/8박, 6/8박	
개구리타령	♩.=110	12/8박자	

3. 선 율

가. 음 계

놀량의 음계는 Db본청 솔음계(솔-라-도-레-미)이고, 앞산타령의 음계는 Bb본청 미음계(미-솔-라-도-레-미)이며, 뒷산타령의 음계는 Db본청 솔음계(솔-라-도-레-미)와 Bb본청 미음계(미-솔-라-도-레)이고, 자진산타령의 음계는 Db본청 솔음계(솔-라-도-레-미)와 Bb본청 미음계(미-솔-라-도-레)이며, 개구리타령의 음계는 D본청 미음계(미-솔-라-도-레)이고, 받는 부분에서 일시적으로 F본청 미음계가 나타난다.

이상을 정리하면 <표 8>과 같다.

<표 8> 선소리산타령의 음계

곡명	본청	음계(출현음)
놀량	Db본청	솔음계(솔-라-도-레-미)
앞산타령	Bb본청	미음계(미-솔-라-도-레-미)
뒷산타령	Db본청 Bb본청	솔음계(솔-라-도-레-미) 미음계(미-솔-라-도-레)
자진산타령	Db본청 Bb본청	솔음계(솔-라-도-레-미) 미음계(미-솔-라-도-레)
개구리타령	D본청 (F본청)	미음계(미-솔-라-도-레)

나. 음 역

선소리산타령 놀량, 앞산타령, 뒷산타령, 자진산타령, 개구리타령의 음역은 다음과 같다.

<표 9> 황용주 선소리산타령의 음역

곡명	음역
놀량	

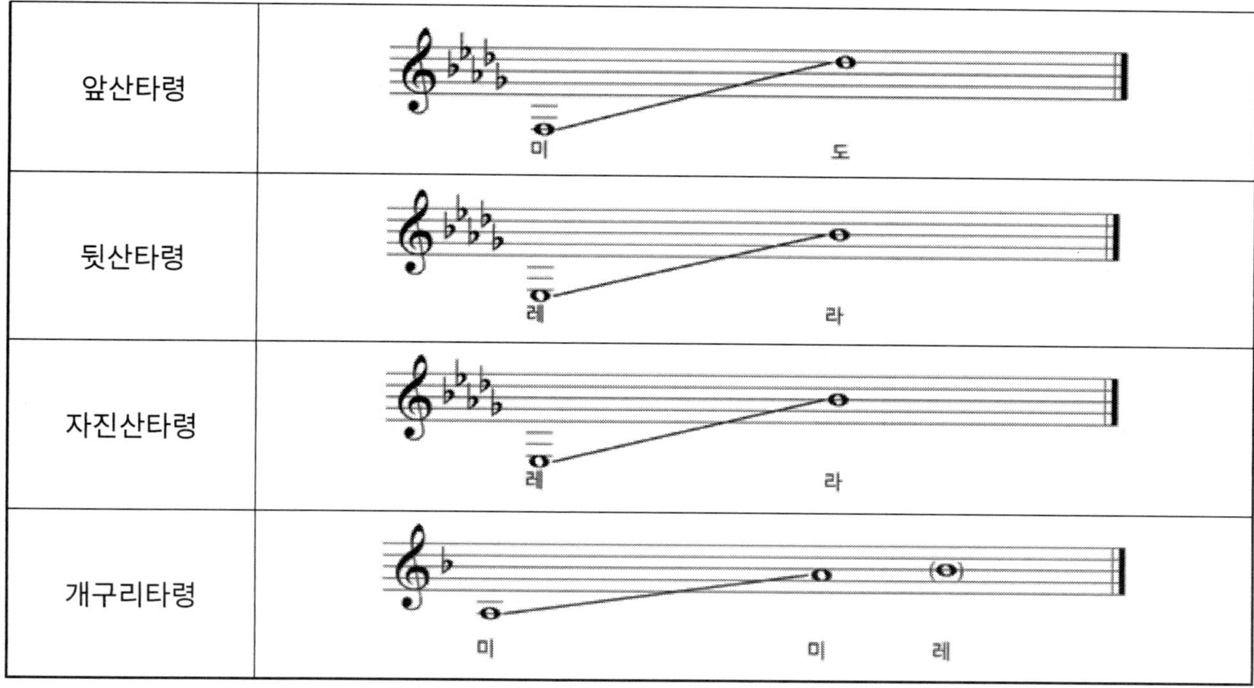

다. 특 징

놀량은 음계의 제일 아래음인 솔(Ab)에서 미(F)까지 6도 상행하는 것을 알 수 있다. 4도 상·하행이 주를 이루는데, 이는 경기민요 솔음계의 전형이라 할 수 있다. 또한 놀량 음계의 가장 높은 음인 도 (Db)를 속소리로 내는 것이 특징이다.

앞산타령은 제창으로 받는 후렴부에서 음계의 제일 아래음인 미(F)까지 6도 하행하고, 다시 본청인 라(Bb)로 4도 상행한다. 특히 포르타멘토(portamento)를 이용해 떠는목을 자연스럽고 유려하게 구사하는 선율이 돋보인다.

뒷산타령은 대체로 낮은 음역의 부드러운 선율이다. 낮은 음역의 레(Eb)와 미(F)가 1회만 출현하고 낮게 읊조리는 선율의 유려함을 볼 수 있다.

자진산타령은 대체로 한 음을 길게 뻗고 헤미올라를 동반한 운동감이 특징이다. 이는 빠른 음악들의 특수성이기도 하다.

개구리타령은 메기는 부분에서 첫 음을 항상 치켜 올려 노래하는 특징이 있으며, 받는 부분에서 일시적으로 F본청 미음계가 5,·12·19·26·33·40·47마디에서 출현한다.

라. 종지형

놀량의 종지형은 5단락으로 나눌 수 있는데, 1단락의 종지사설인 '아무리'를 제외하고 2·3·4·5단락 은 '이얼 네로구나'라는 사설이 붙는다. 이는 통일된 후렴구로 단락감을 주는 종지형이다.

앞산타령의 종지형은 각각의 절마다 메기는 부분 독창종지형과, 받는 부분 중간종지형·제창종지형 세가지로 나뉜다. 메기는 부분 종지형은 솔-미-도(Ab-F-Db)로 하행종지하고, 받는 부분 중간종지형은 도-미-레-미(Db-F-Eb-F)로 상행종지하고, 제창종지형은 도-레-레(Db-Eb-Eb)로 상행종지한다.

뒷산타령은 각각의 절마다 메기는 부분 독창종지형과 받는 부분 제창종지형 두가지로 나뉜다. 메기는 부분 종지형은 솔-미-도(Ab-F-Db)로 하행종지하고, 받는 부분 제창종지형은 도-라-솔-도(Db-Bb-Ab-Db)로 4도 상행종지한다.

자진산타령은 각각의 절마다 메기는 부분 독창종지형과 받는 부분 중간종지형·제창종지형 세가지로 나뉜다. 메기는 부분 독창종지형은 도-라-솔-라-솔(Db-Bb-Ab-Bb-Ab)로 하행종지하고, 받는부분 중간중지형은 도-라-솔-라-솔(Db-Bb-Ab-Bb-Ab)로 하행종지하며, 제창종지형은 도-레-도(Db-Eb-Db)로 종지한다. 개구리타령은 각각의 절마다 메기는 부분 독창종지형과 받는 부분 제창종지형 두가지로 나뉜다. 독창종지형은 도-도-라-솔-도(F-F-D-C-F)로 하행 후 상행종지하고, 제창종지형은 솔-라-솔-미(C-D-C-A)로 하행종지한다.

<표 10> 선소리산타령 종지형

곡명	부분		종지형	
놀량	1단락		도-레-도-라-솔(Db-Eb-Db-Bb-Ab)	하행종지
	2-5단락		라-도-도-도(Bb-Db-Db-Db)	상행종지
			※5 단락만 완전종지(1단락과 같음) 도-레-도-라-솔(Db-Eb-Db-Bb-Ab)	
앞산타령	메기는 부분 (독창종지)		솔-미-도(Ab-F-Db)	하행종지
	받는 부분	중간종지	도-미-레-미(Db-F-Eb-F)	상행종지
		제창종지	도-레-레(Db-Eb-Eb)	상행종지
뒷산타령	메기는 부분 (독창종지)		솔-미-도(Ab-F-Db)	하행종지
	받는 부분 (제창종지)		도-라-솔-도(Db-Bb-Ab-Db)	상행종지
자진산타령	메기는 부분 (독창종지)		도-라-솔-라-솔(Db-Bb-Ab-Bb-Ab)	하행종지
	받는 부분	중간종지	도-라-솔-라-솔(Db-Bb-Ab-Bb-Ab)	하행종지
		제창종지	도-레-도(Db-Eb-Db) - 평종지	
개구리타령	메기는 부분 (독창종지)		도-도-라-솔-도(F-F-D-C-F)	하행 후 상행종지
	받는 부분 (제창종지)		솔-라-솔-미(C-D-C-A)	하행종지

IV. 선소리산타령 악보

경 기 놀 량

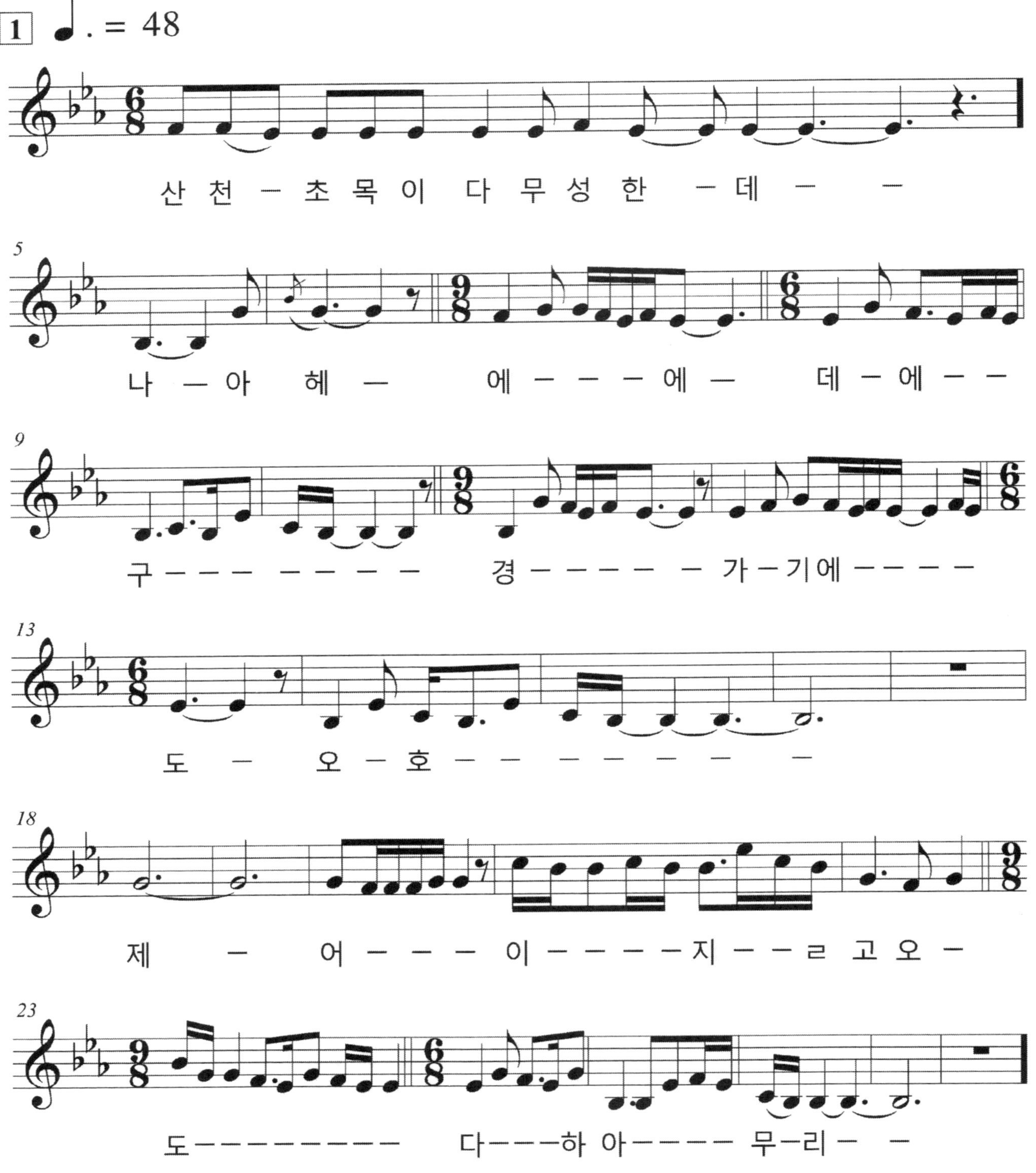

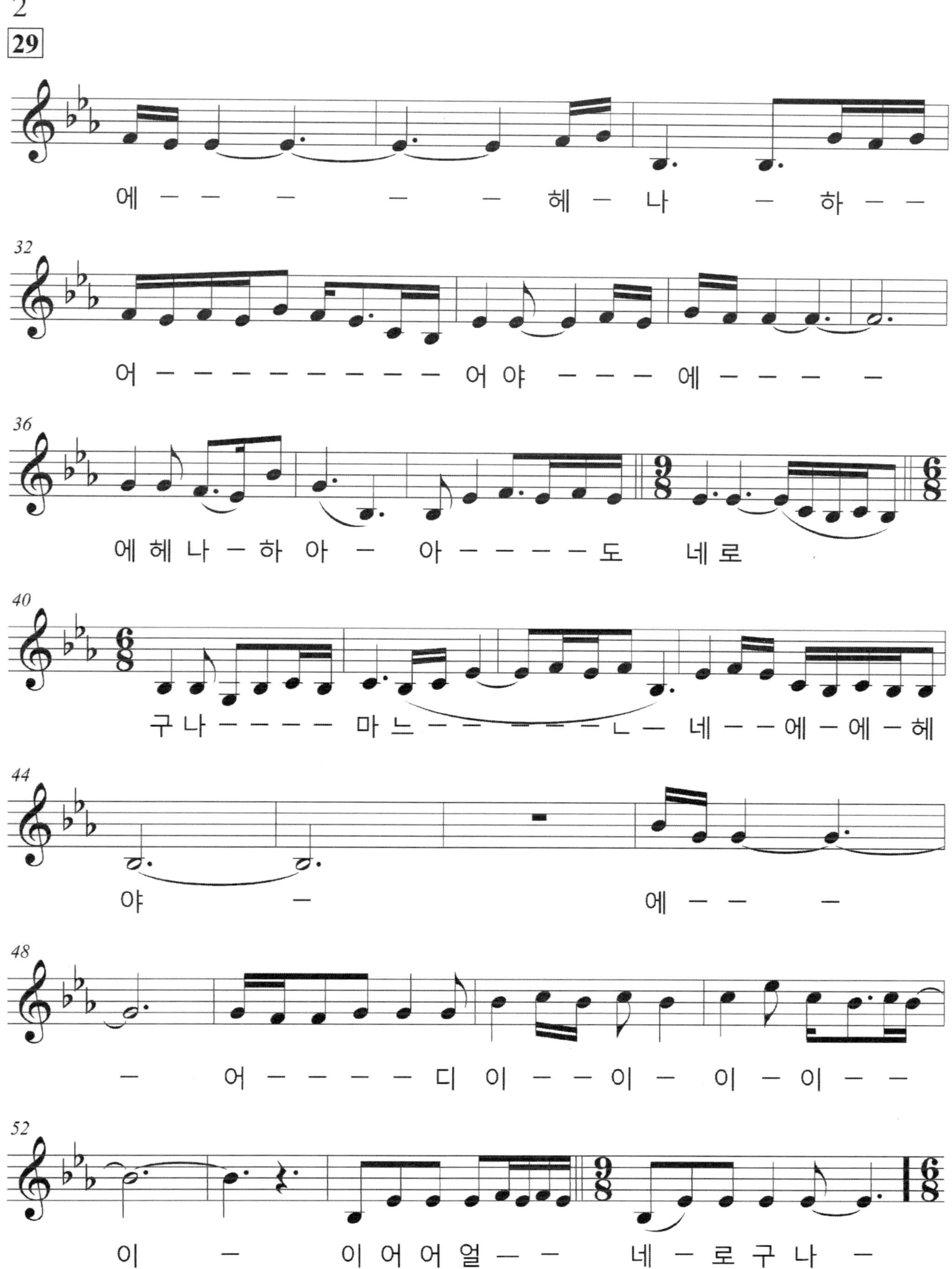
29
에 － － － － － 헤 － 나 － 하 － －
32
어 － － － － － 어야 － － 에 － － －
36
에 헤 나 － 하 아 － 아 － － － 도 네로
40
구나 － － － 마 느 － － － ㄴ － 네 － 에 － 에 헤
44
야 － 에 － － －
48
－ 어 － － 디 이 － － 이 － 이 － 이 － －
52
이 － 이 어 어 얼 － － 네 － 로 구나 －

56 ♩. = 110

디 － － 이 － － － － 에 － 라 디 여 － － －
어 어 － － 어 야 나 － 어 － 얼 － － 네 로 구 나
에 － － － － － 여 어 － － － － －
－ － 어 － 디 － － － 얼 씨 구 나
절 씨 구 나 아 － 무 려 도 네 로 구 나 에 어 디 이 － － － －
－ － 에 어 디 이 － － － － － － 디 이 － －
이 이 － － 이 － 이 이 이 － － － －

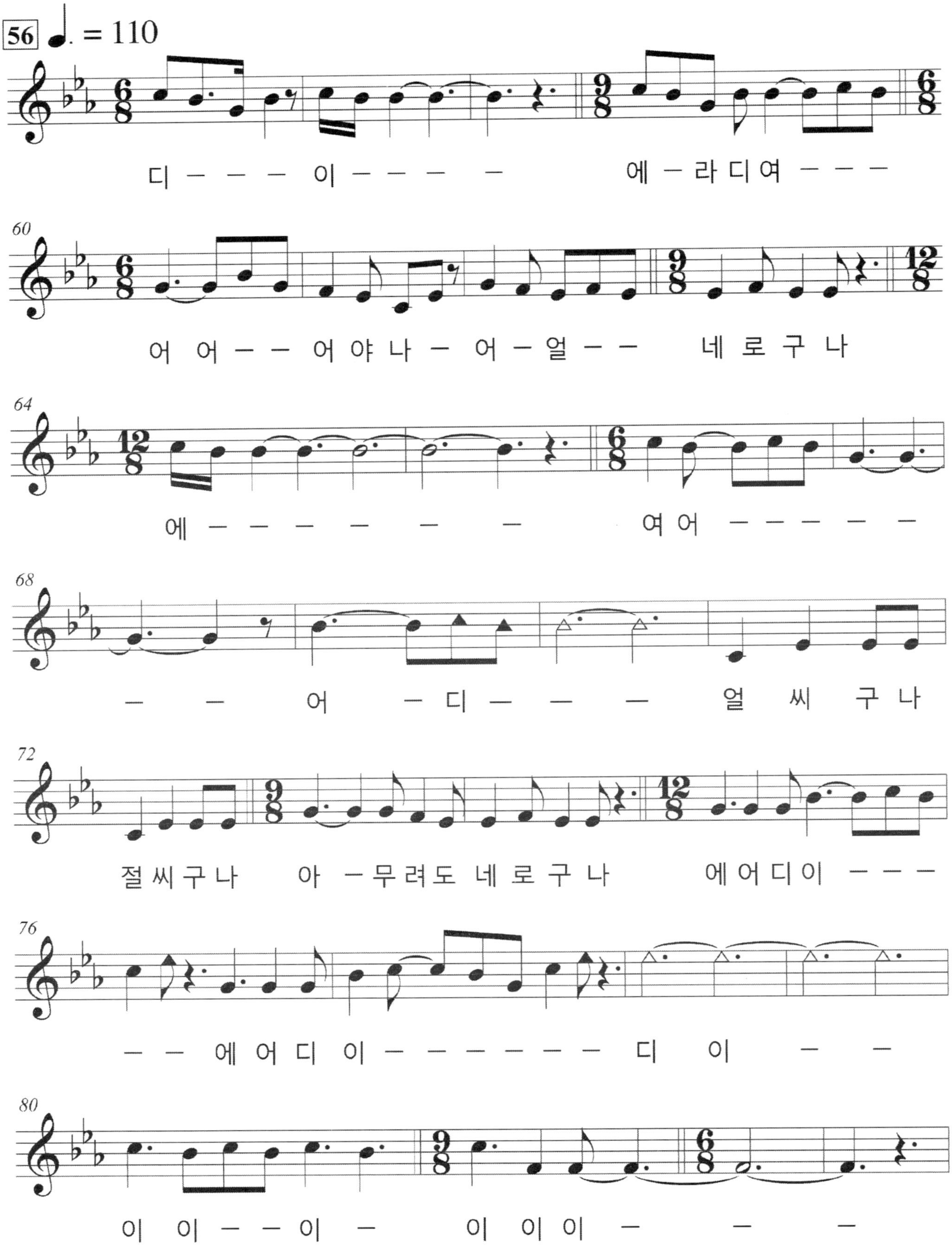

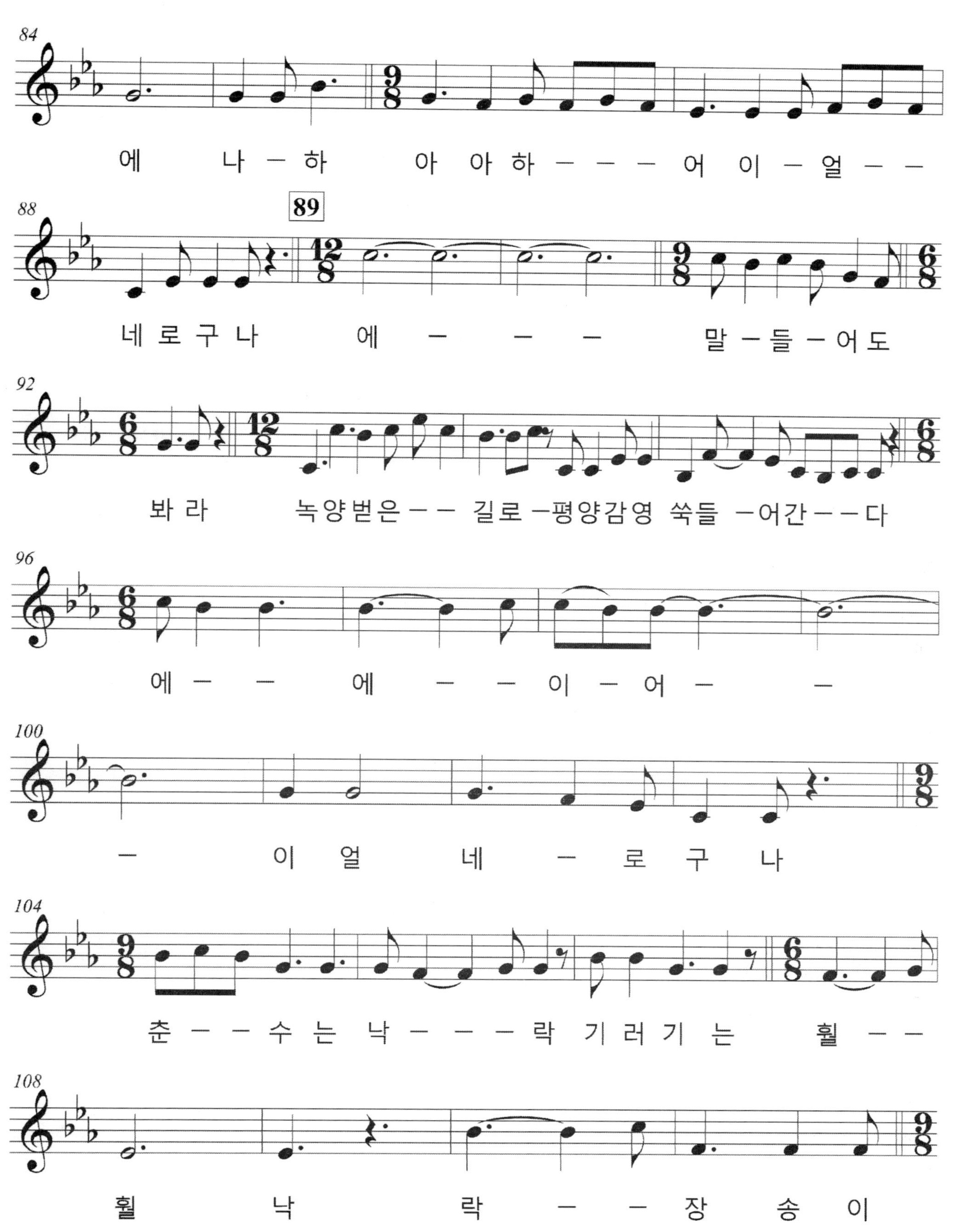
에 나 －하 아 아 하 － － － 어 이 －얼 － －
네 로 구 나 에 － － － 말 －들 －어도
봐 라 녹양벋은－－ 길로 －평양감영 쑥들 －어간 － －다
에 － 에 － － 이 － 어 － －
－ 이 얼 네 －로 구 나
춘 － －수 는 낙 － － － 락 기 러 기 는 훨 － －
훨 낙 락 － － 장 송 이

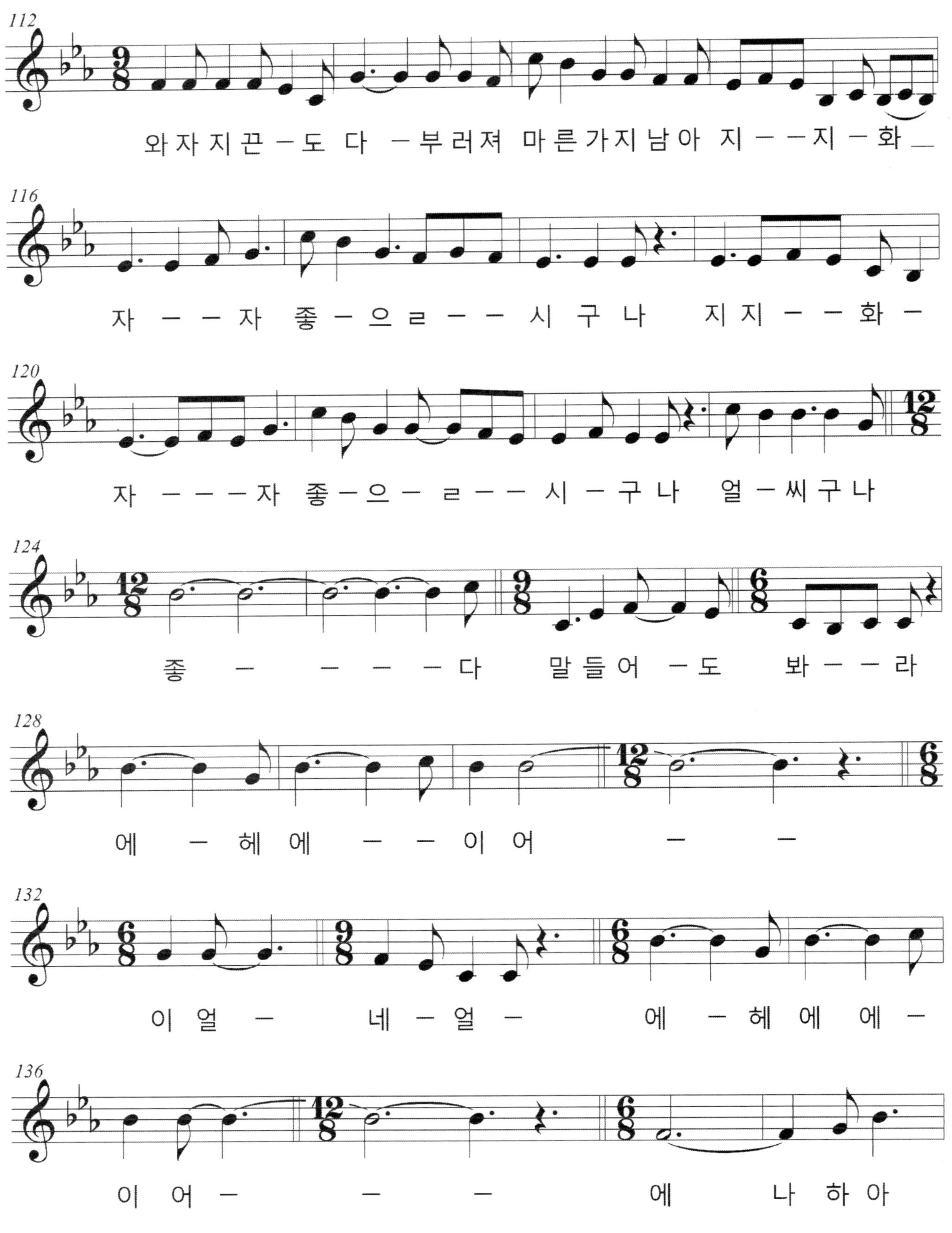
와 자 지 끈 ― 도 다 ―부 러 져 마 른 가 지 남 아 지 ― ― 지 ― 화 ―
자 ― ― 자 좋 ― 으 르 ― ― 시 구 나 지 지 ― ― 화 ―
자 ― ― ― 자 좋 ― 으 ― 르 ― ― 시 ― 구 나 얼 ― 씨 구 나
좋 ― ― ― ― ― 다 말 들 어 ― 도 봐 ― ― 라
에 ― 헤 에 ― ― 이 어 ― ―
이 얼 ― 네 얼 ― 에 ― 헤 에 에 ―
이 어 ― ― ― 에 나 하 아

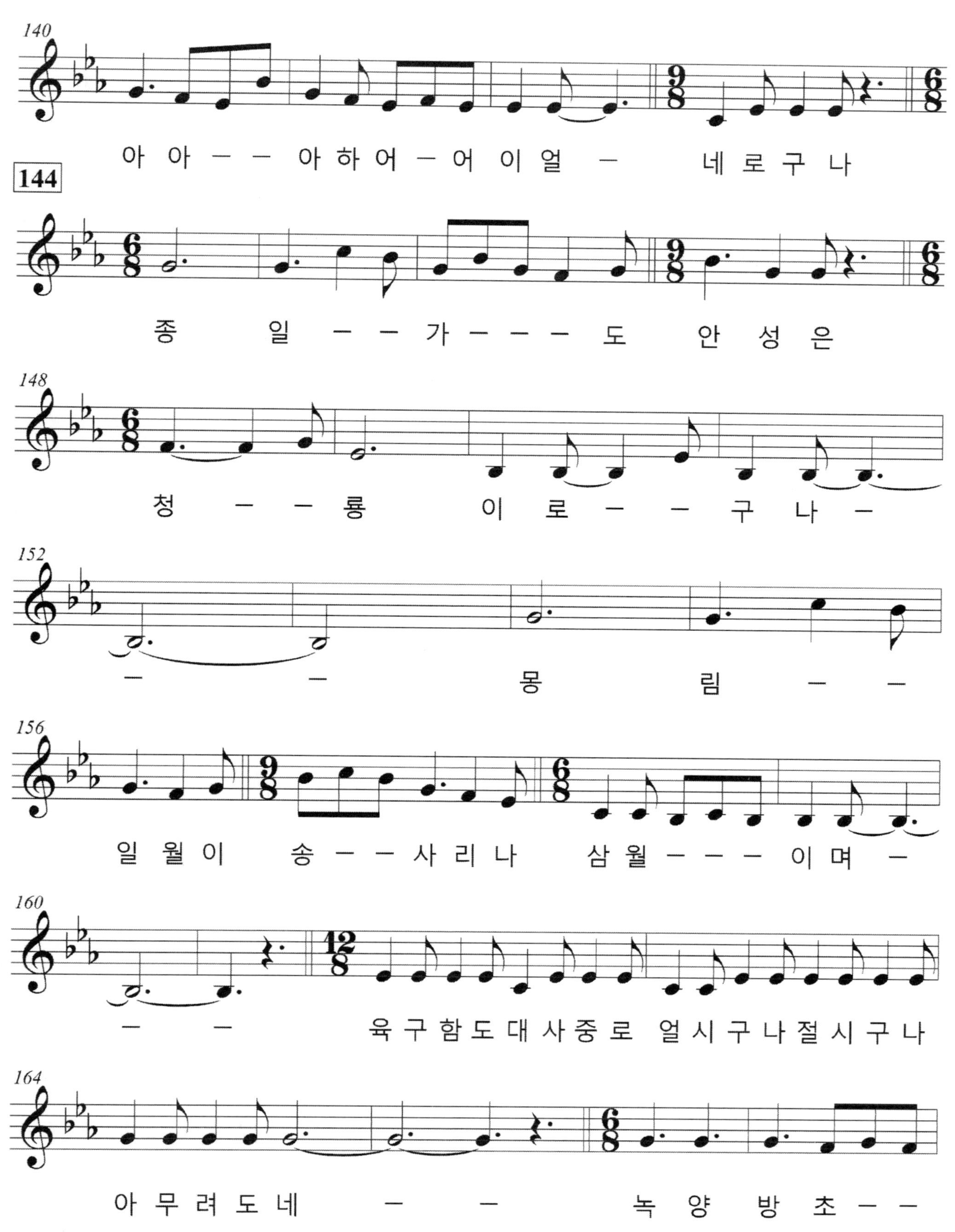
아 아 － － 아 하 어 － 어 이 얼 － 네 로 구 나
종 일 － － 가 － － － 도 안 성 은
청 － － 룡 이 로 － － 구 나 －
－ － 몽 림 － －
일 월 이 송 － － 사 리 나 삼 월 － － － 이 며 －
－ － 육 구 함 도 대 사 중 로 얼 시 구 나 절 시 구 나
아 무 려 도 네 － － 녹 양 방 초 － －

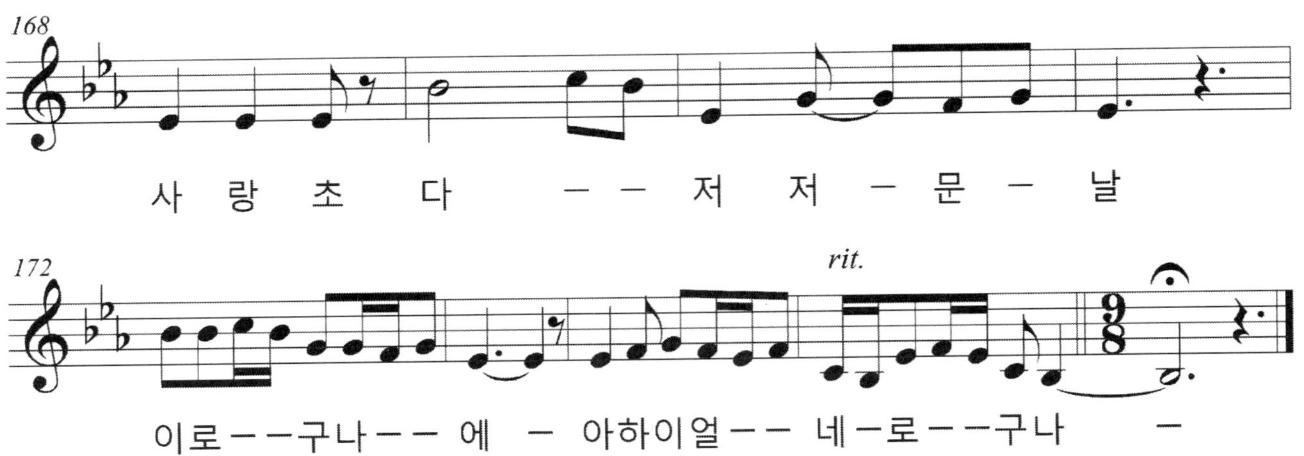
168
사 랑 초 다 ― ― 저 저 ― 문 ― 날
172
rit.
이로――구나―― 에 ― 아하이얼―― 네―로――구나 ―

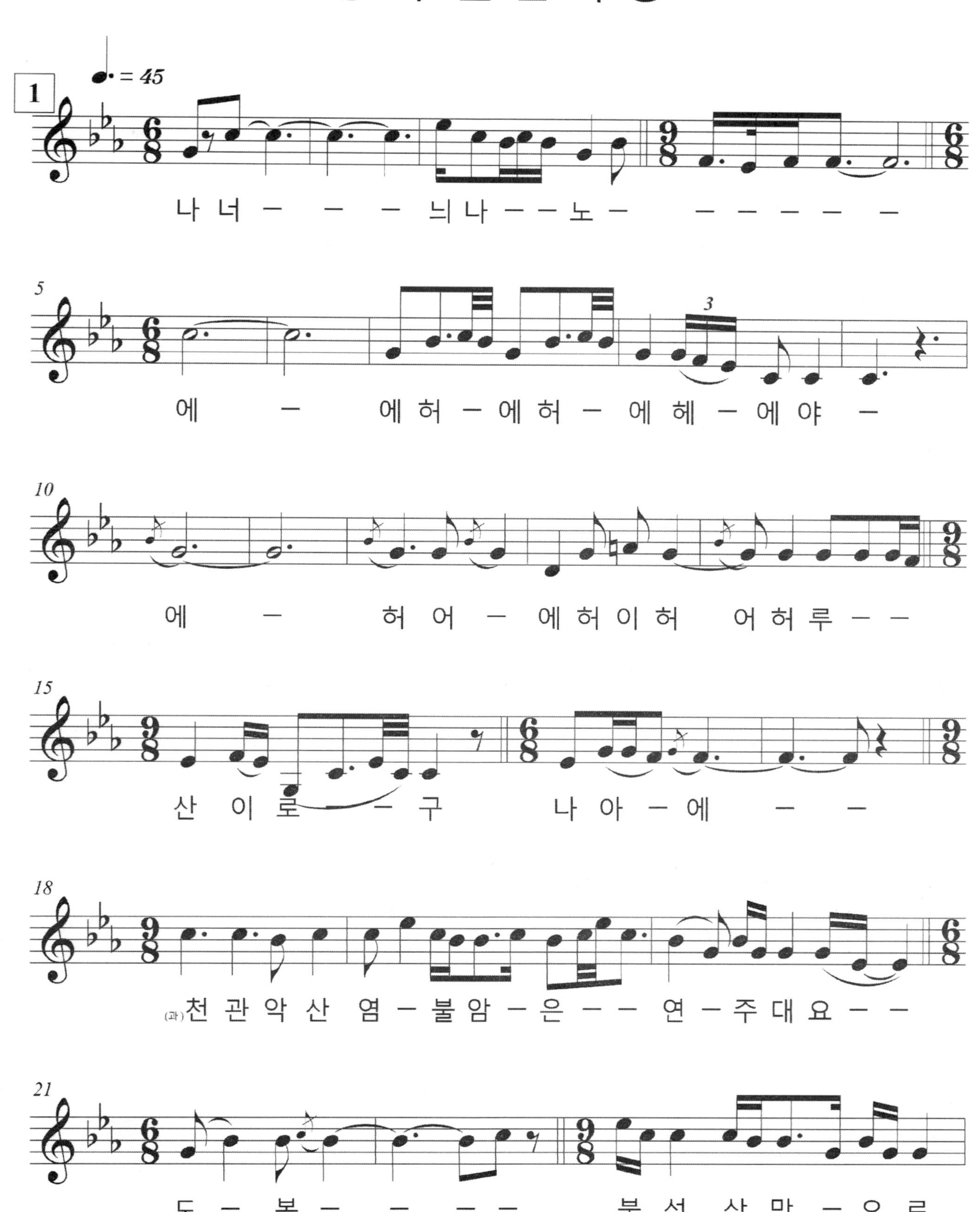

경기 앞산 타령
♩·= 45
1
나 너 ― ― ― 늬 나 ― ― 노 ― ― ― ― ― ―
에 ― 에 허 ― 에 허 ― 에 헤 ― 에 야 ―
에 ― 허 어 ― 에 허 이 허 어 허 루 ― ―
산 이 로 ― 구 나 아 ― 에 ― ―
(과)천 관 악 산 염 ― 불 암 ― 은 ― ― 연 ― 주 대 요 ― ―
도 ― 봉 ― ― ― ― 불 성 삼 막 ― 으 로

경기 앞 산 타 령

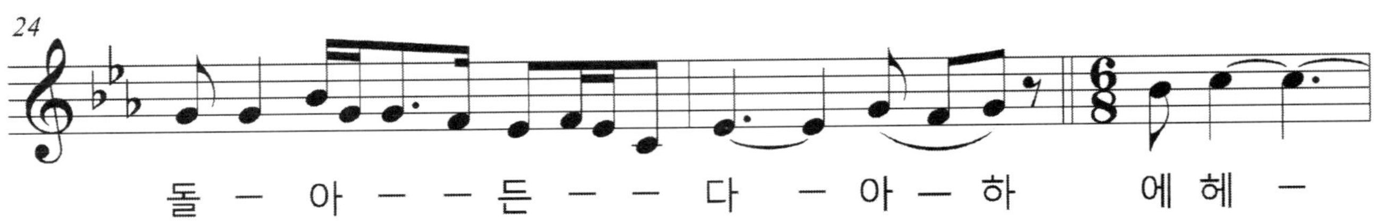

24
돌 － 아 － － 든 － － 다 － 아 － 하 에 헤 －

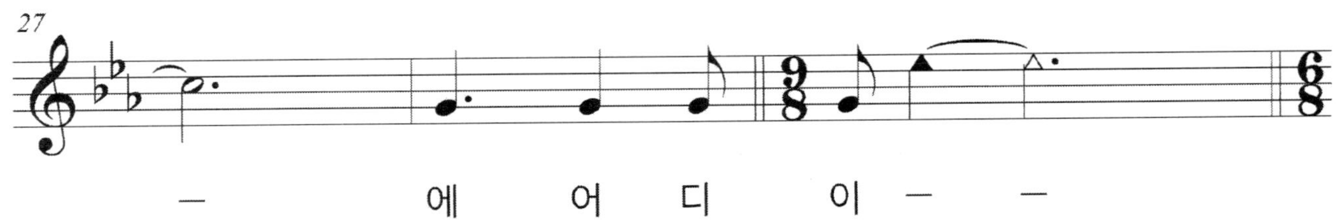

27
－ 에 어 디 이 － －

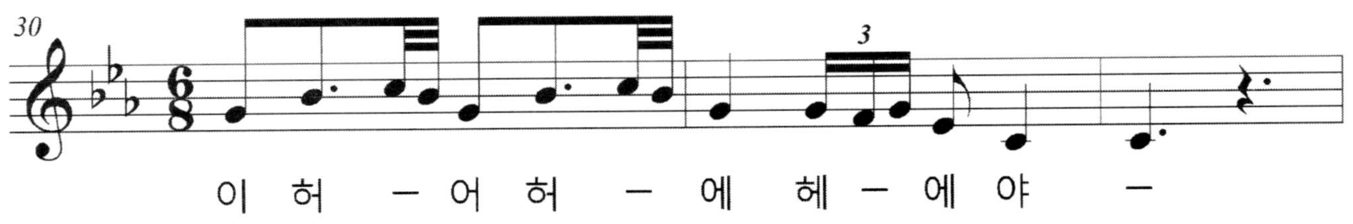

30
이 허 － 어 허 － 에 헤 － 에 야 －

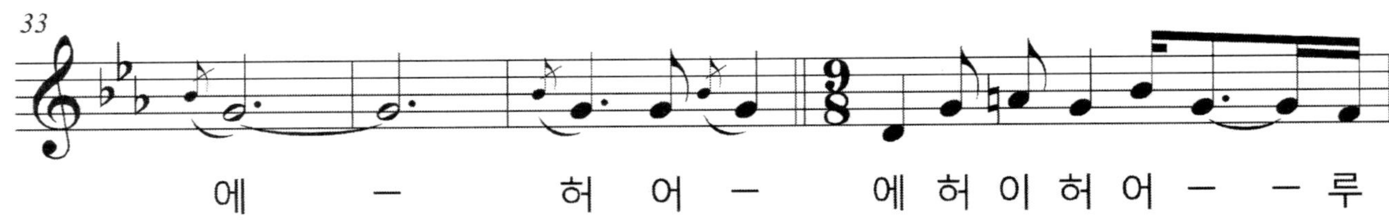

33
에 － 허 어 － 에 허 이 허 어 － － 루

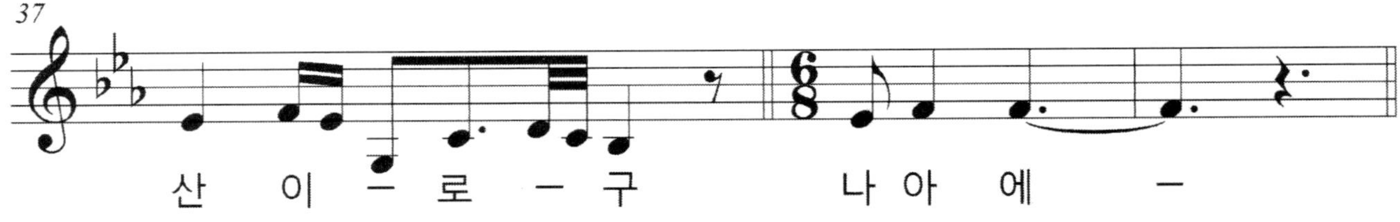

37
산 이 로 － 구 나 아 에 －

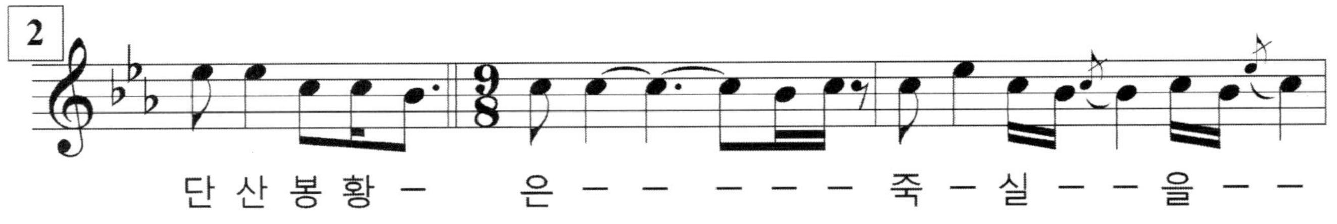

2
단 산 봉 황 － 은 － － － － － 죽 － 실 － － 을 － －

경기 앞 산 타령

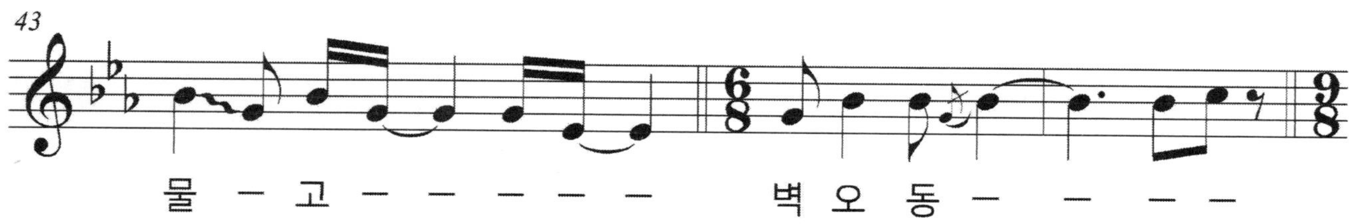

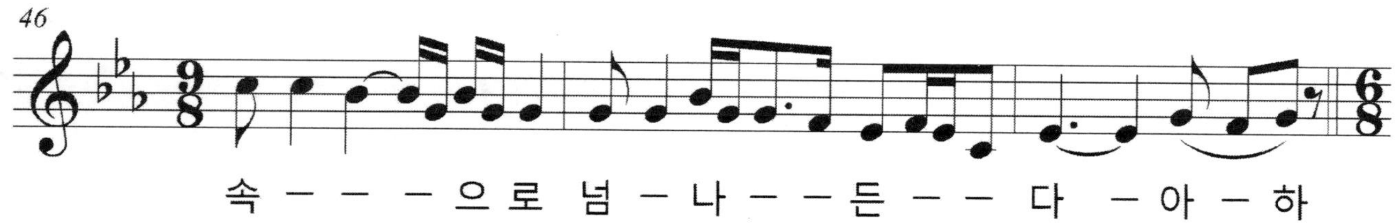

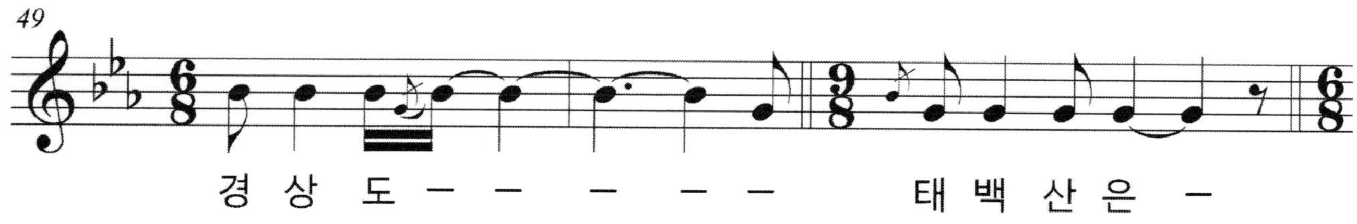

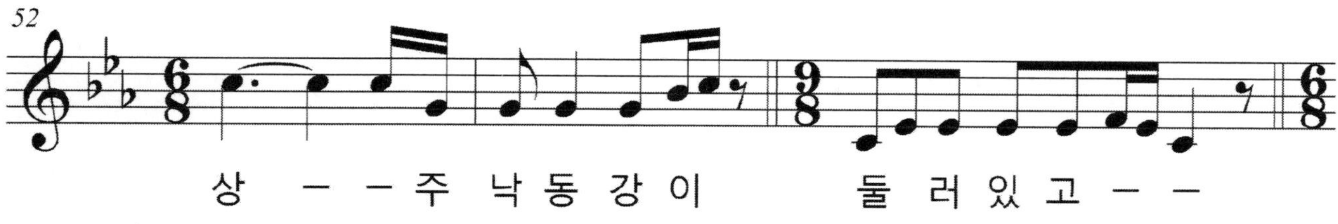

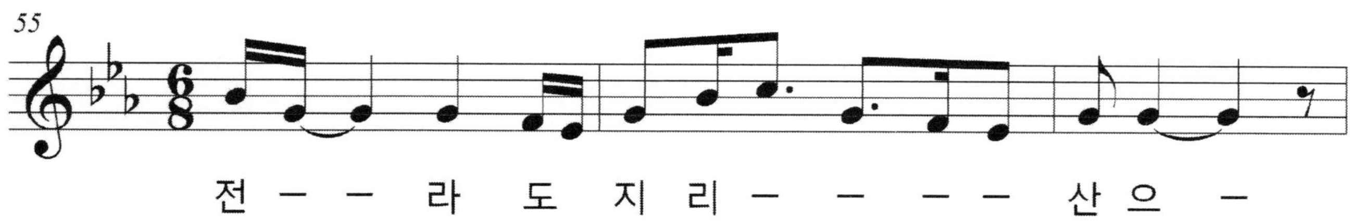

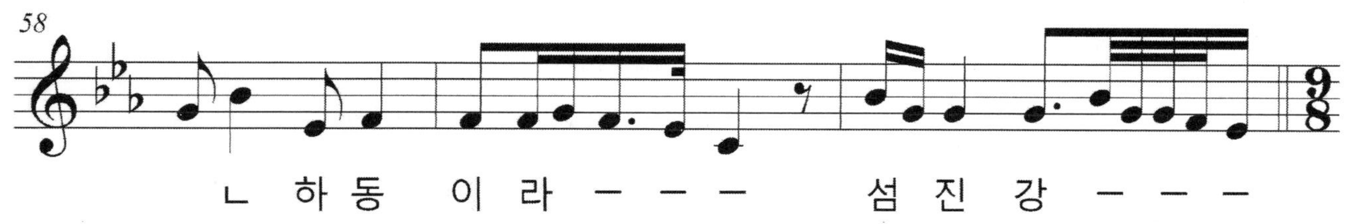

경 기 앞 산 타 령

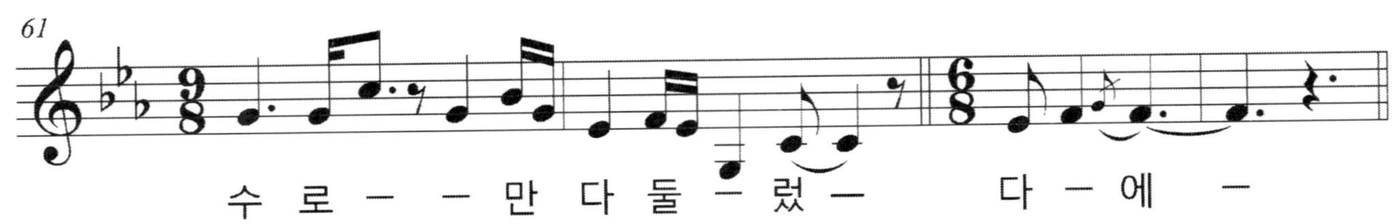
61
수 로 ㅡ ㅡ 만 다 둘 ㅡ 렀 ㅡ 다 ㅡ 에 ㅡ

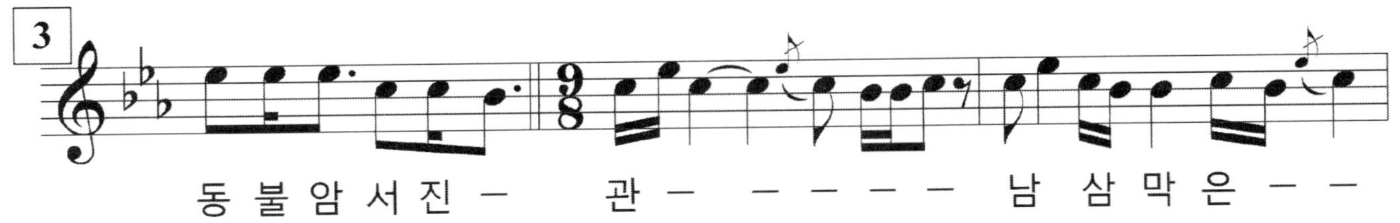
3
동 불 암 서 진 ㅡ 관 ㅡ ㅡ ㅡ ㅡ ㅡ ㅡ 남 삼 막 은 ㅡ ㅡ

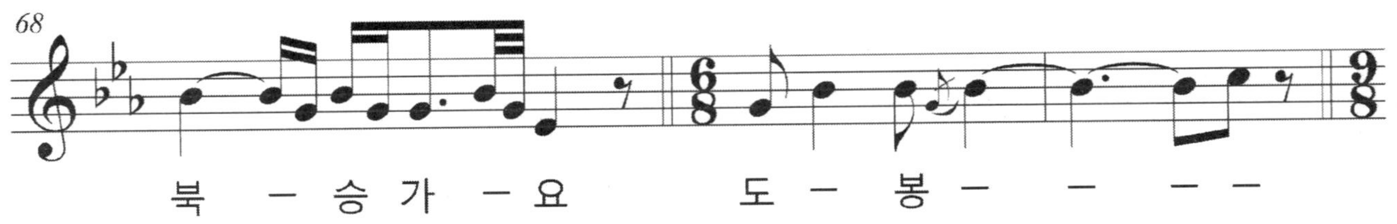
68
북 ㅡ 승 가 ㅡ 요 도 ㅡ 봉 ㅡ ㅡ ㅡ ㅡ

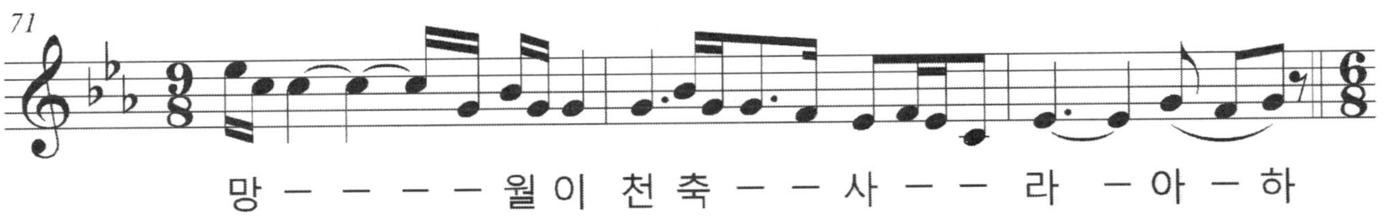
71
망 ㅡ ㅡ ㅡ ㅡ ㅡ 월 이 천 축 ㅡ ㅡ 사 ㅡ ㅡ 라 ㅡ 아 ㅡ 하

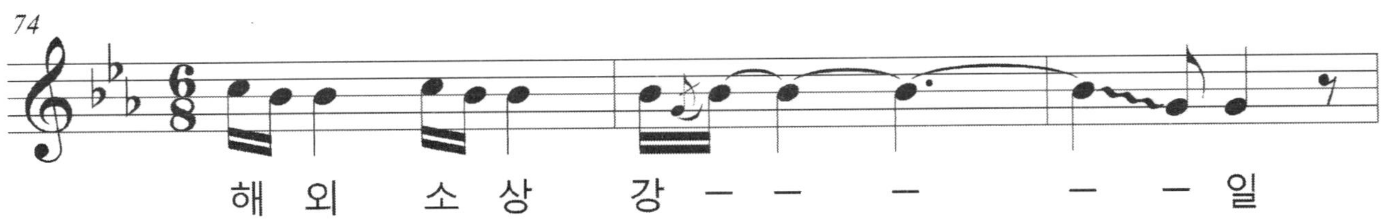
74
해 외 소 상 강 ㅡ ㅡ ㅡ ㅡ ㅡ ㅡ 일

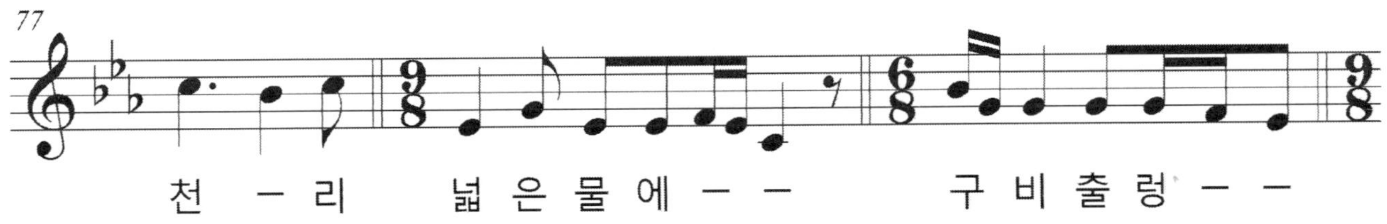
77
천 ㅡ 리 넓 은 물 에 ㅡ ㅡ 구 비 출 렁 ㅡ ㅡ

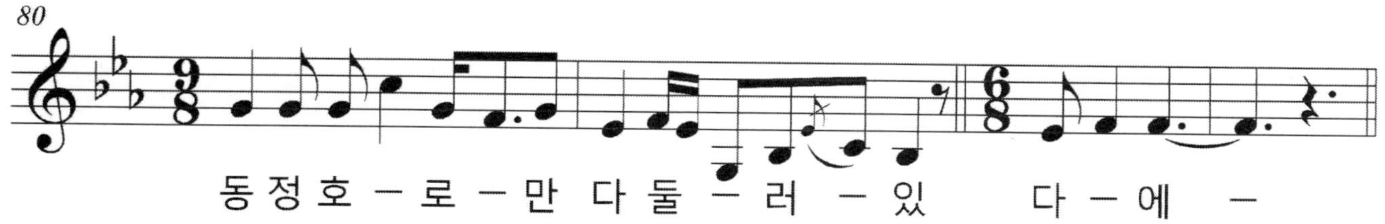
동 정 호 — 로 — 만 다 둘 — 러 — 있 다 — 에 —

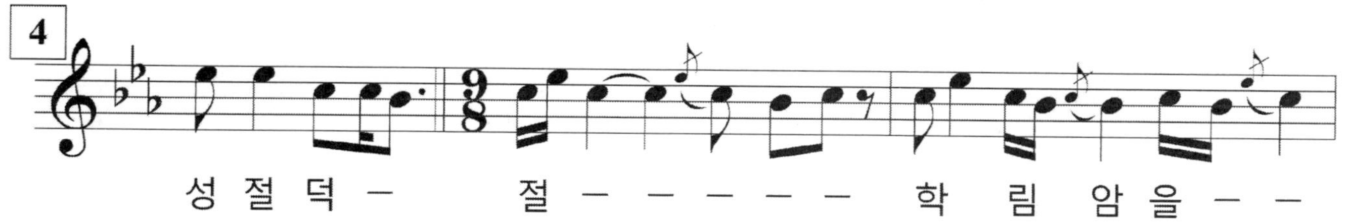
성 절 덕 — 절 — — — — — 학 림 암 을 — —

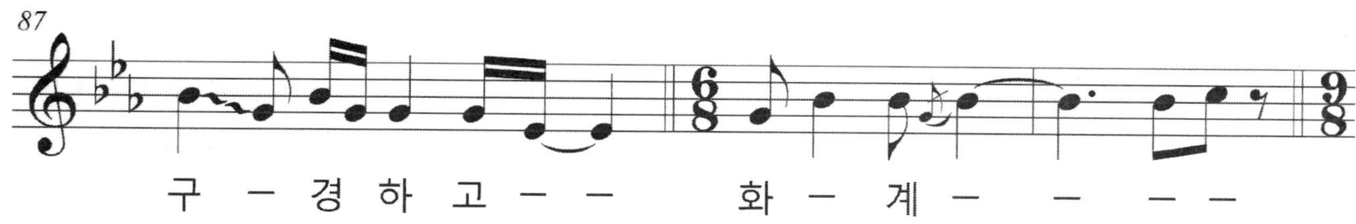
구 — 경 하 고 — — 화 — 계 — — — —

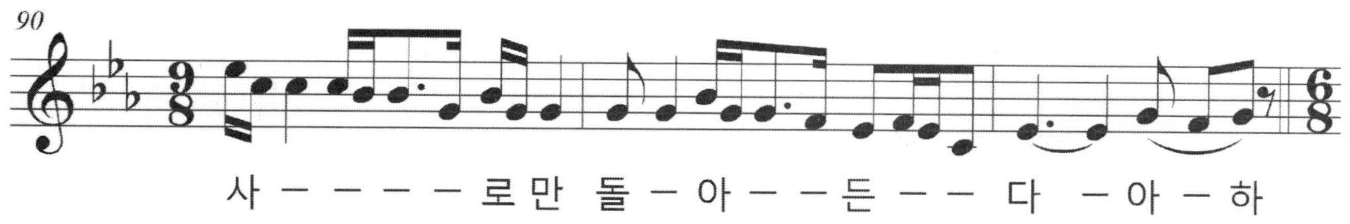
사 — — — — 로 만 돌 — 아 — — 든 — — 다 — 아 — 하

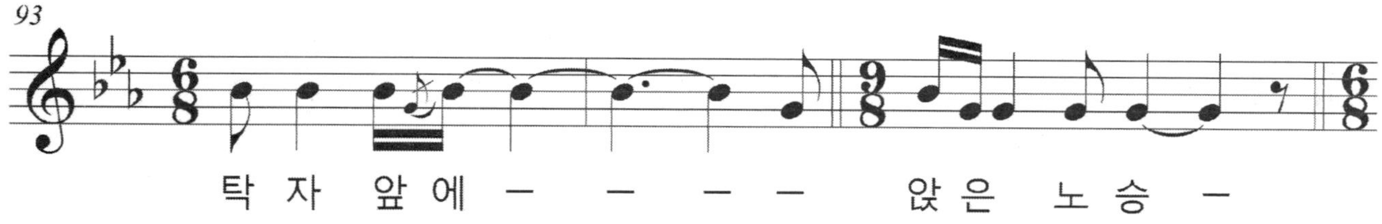
탁 자 앞 에 — — — — — 앉 은 노 승 —

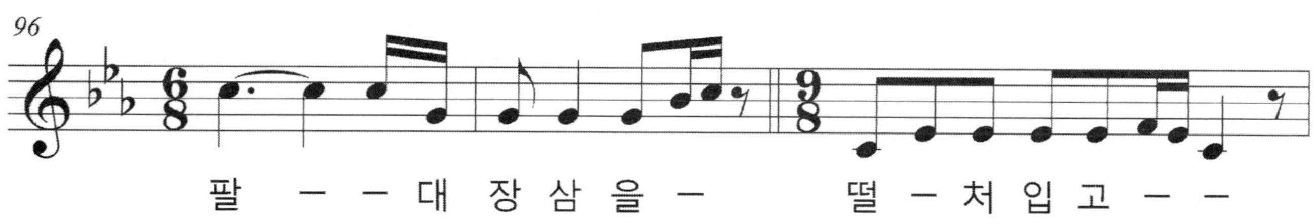
팔 — — 대 장 삼 을 — 떨 — 처 입 고 — —

경 기 앞 산 타 령

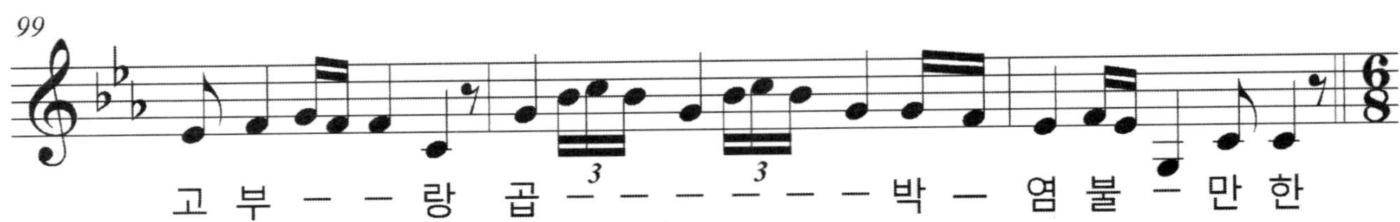

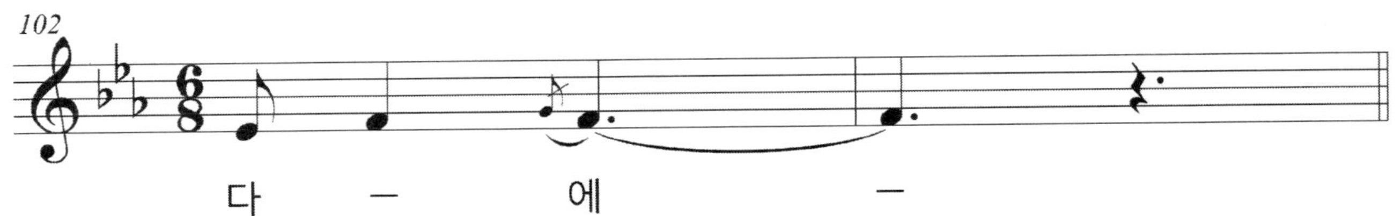

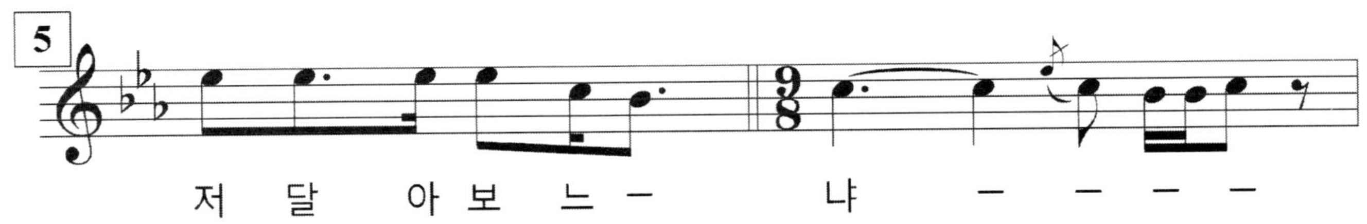

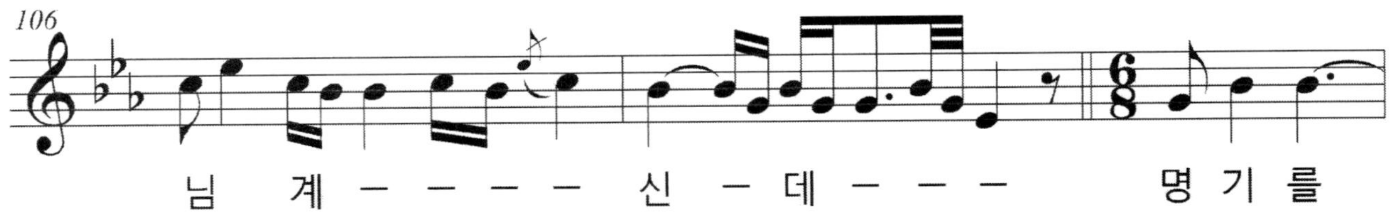

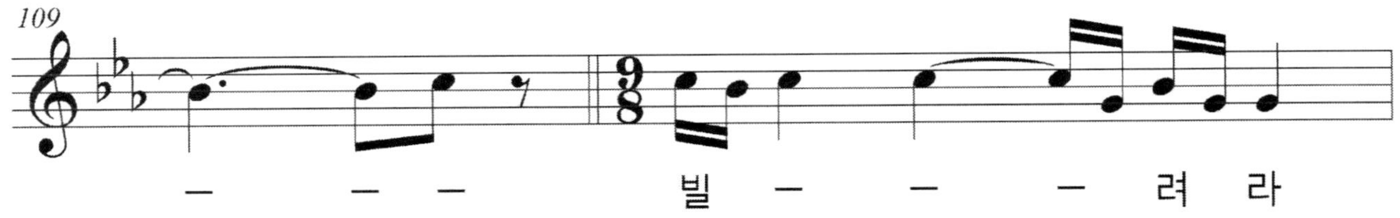

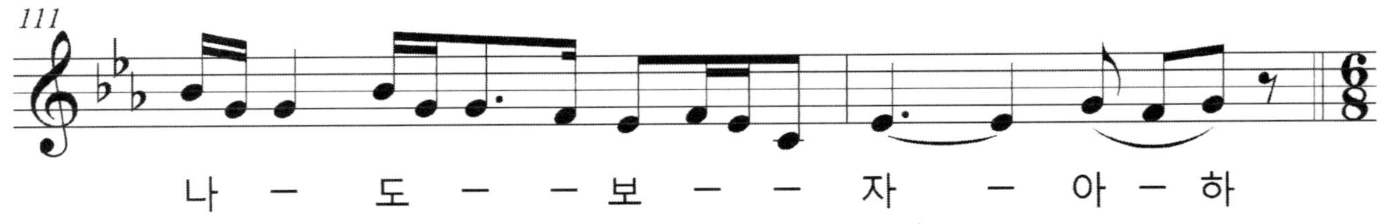

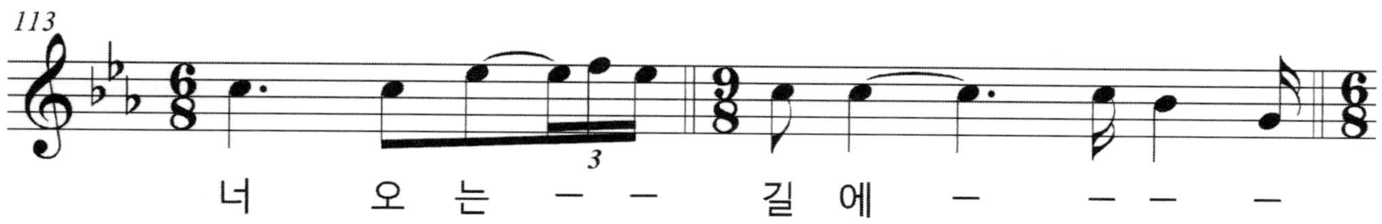
113
너 오 는 － － 길 에 － － － －

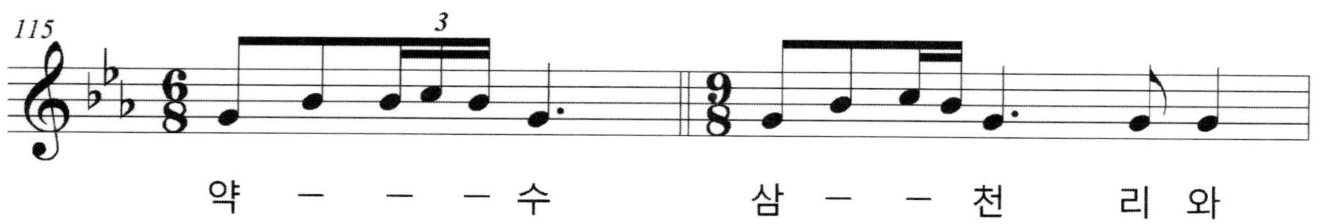
115
약 － － － 수 삼 － － 천 리 와

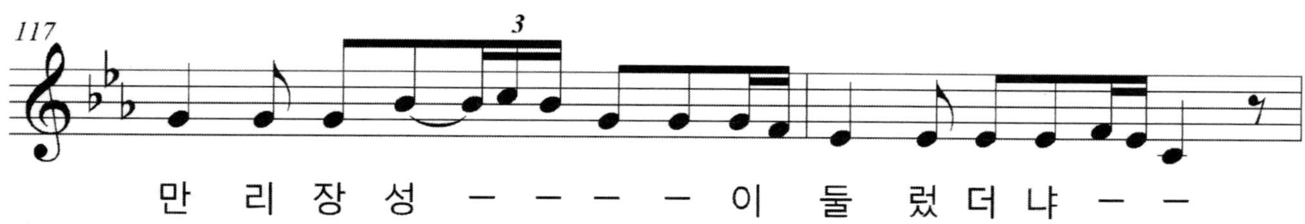
117
만 리 장 성 － － － － － 이 둘 렀 더 냐 － －

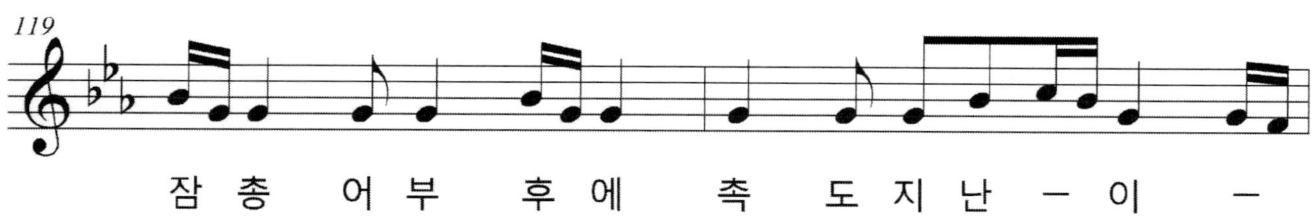
119
잠 총 어 부 후 에 촉 도 지 난 － 이 －

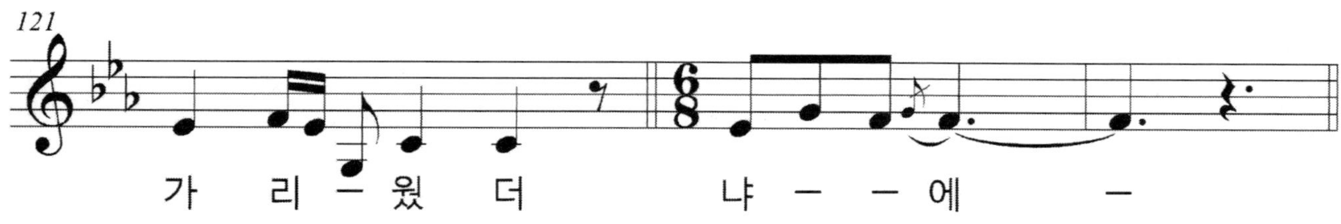
121
가 리 － 웠 더 냐 － － 에 －

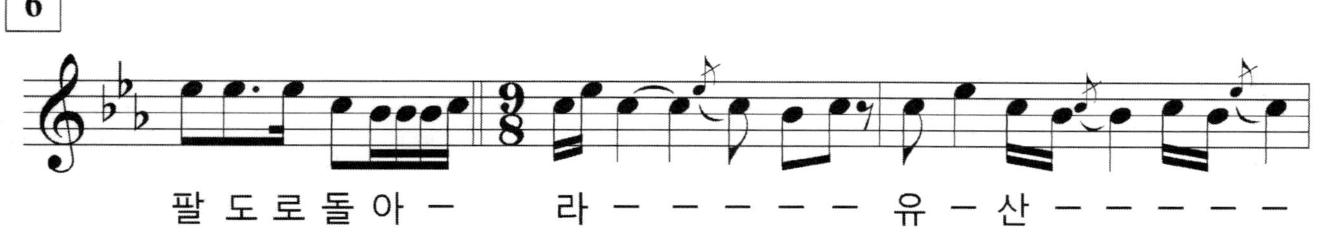
6
팔 도 로 돌 아 － 라 － － － － － － 유 － 산 － － － － －

경기 앞 산 타 령

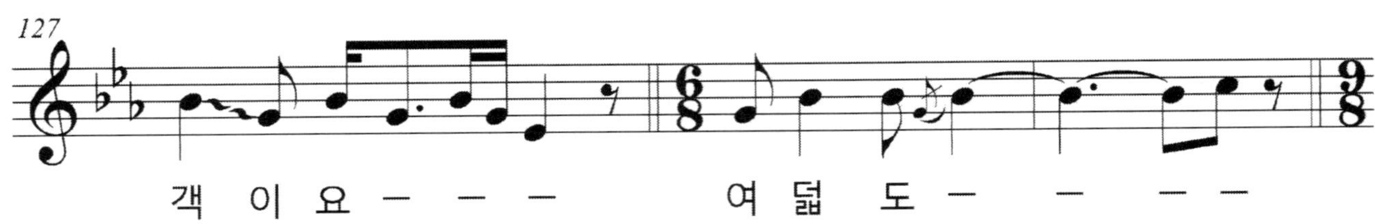

127
객 이 요 － － － 여 덟 도 － － － －

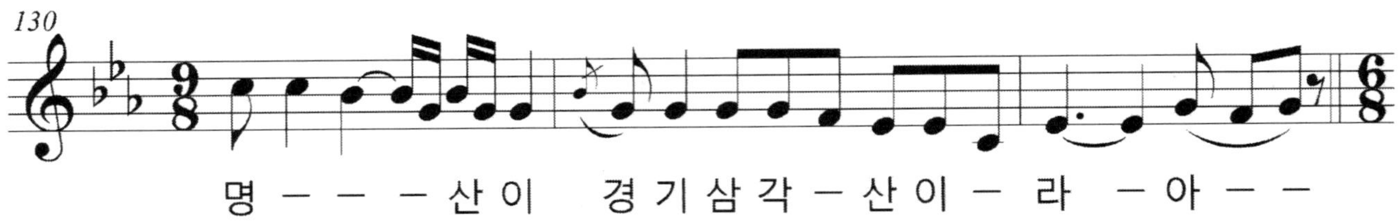

130
명 － － － 산 이 경 기 삼 각 － 산 이 － 라 － 아 － －

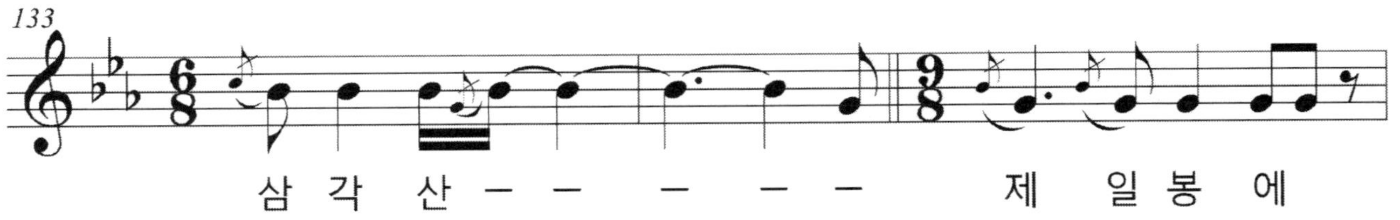

133
삼 각 산 － － － － － － 제 일 봉 에

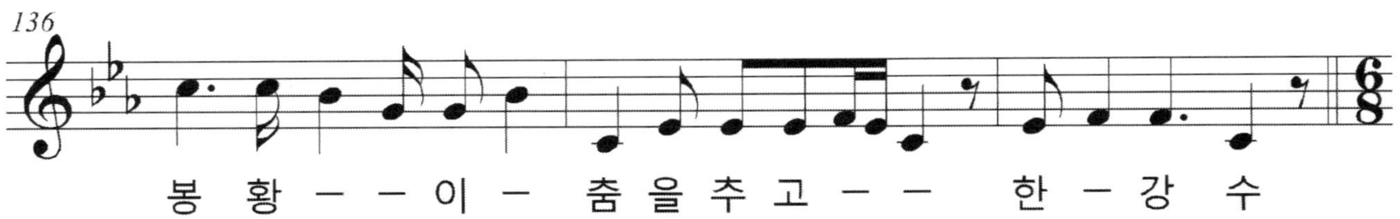

136
봉 황 － － 이 － 춤 을 추 고 － － 한 － 강 수

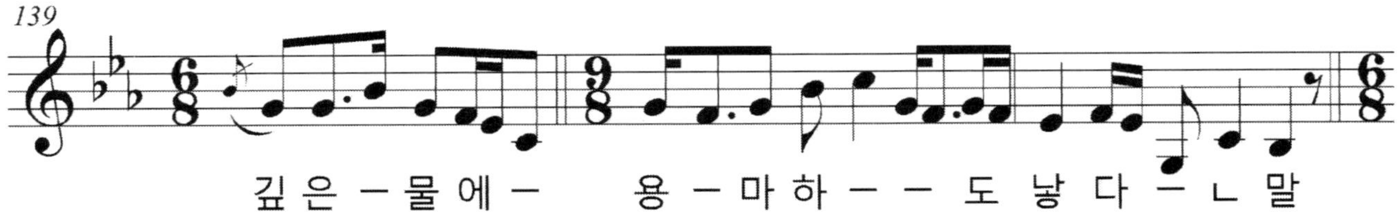

139
깊 은 － 물 에 － 용 － 마 하 － － 도 낳 다 － ㄴ 말

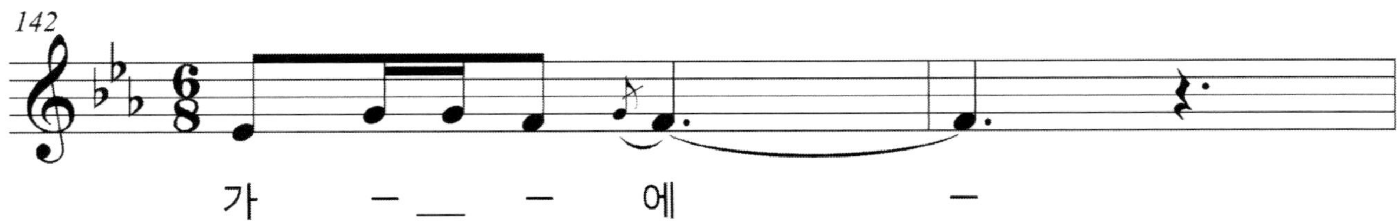

142
가 － ＿ － 에 －

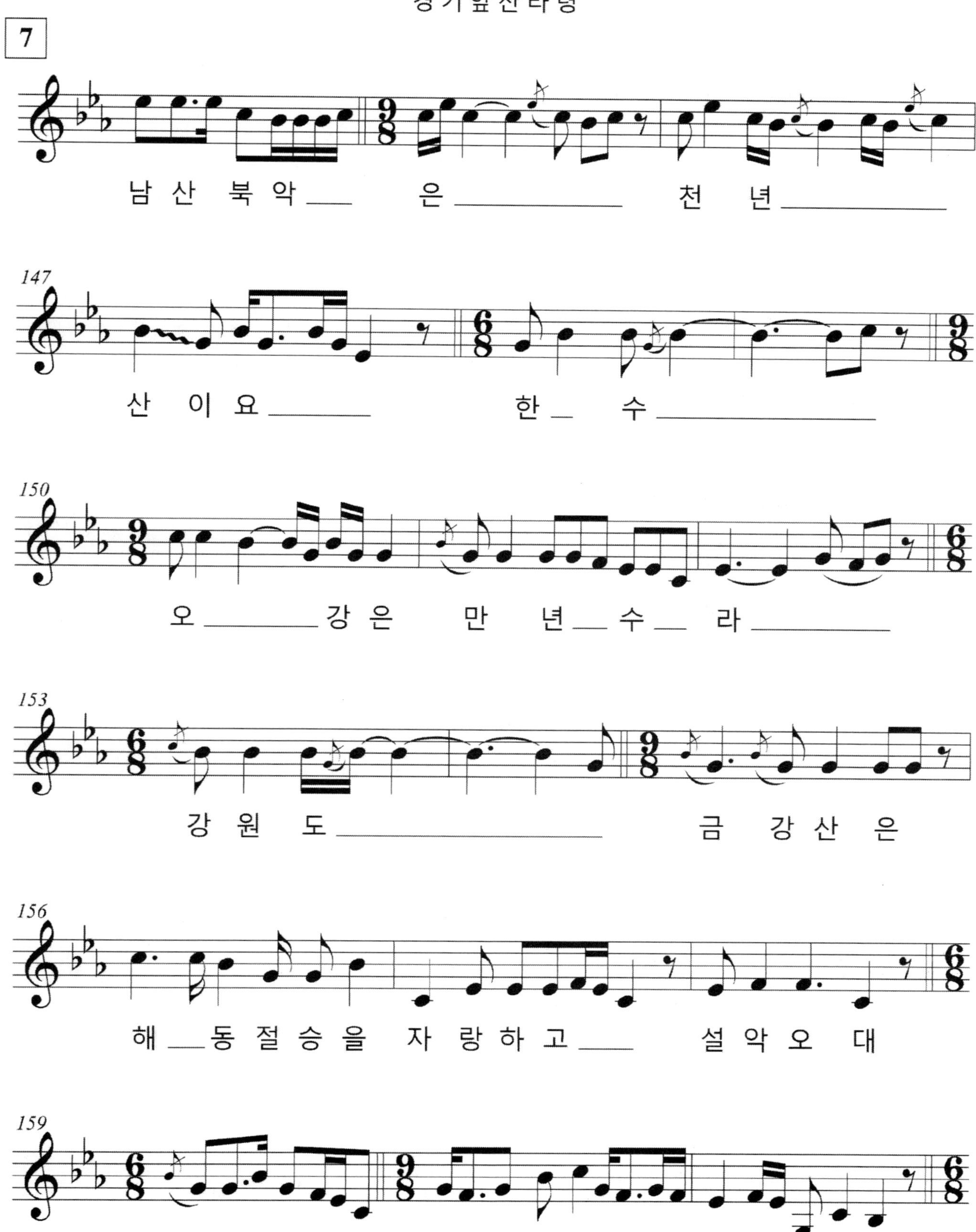
7
남 산 북 악__ 은________ 천 년________
산 이 요_____ 한 _ 수____________
오________ 강 은 만 년__ 수__ 라________
강 원 도______________ 금 강 산 은
해__ 동 절 승 을 자 랑 하 고___ 설 악 오 대
맑 은 경 은__ 승 지 강 산__ 이 이 아____ 니

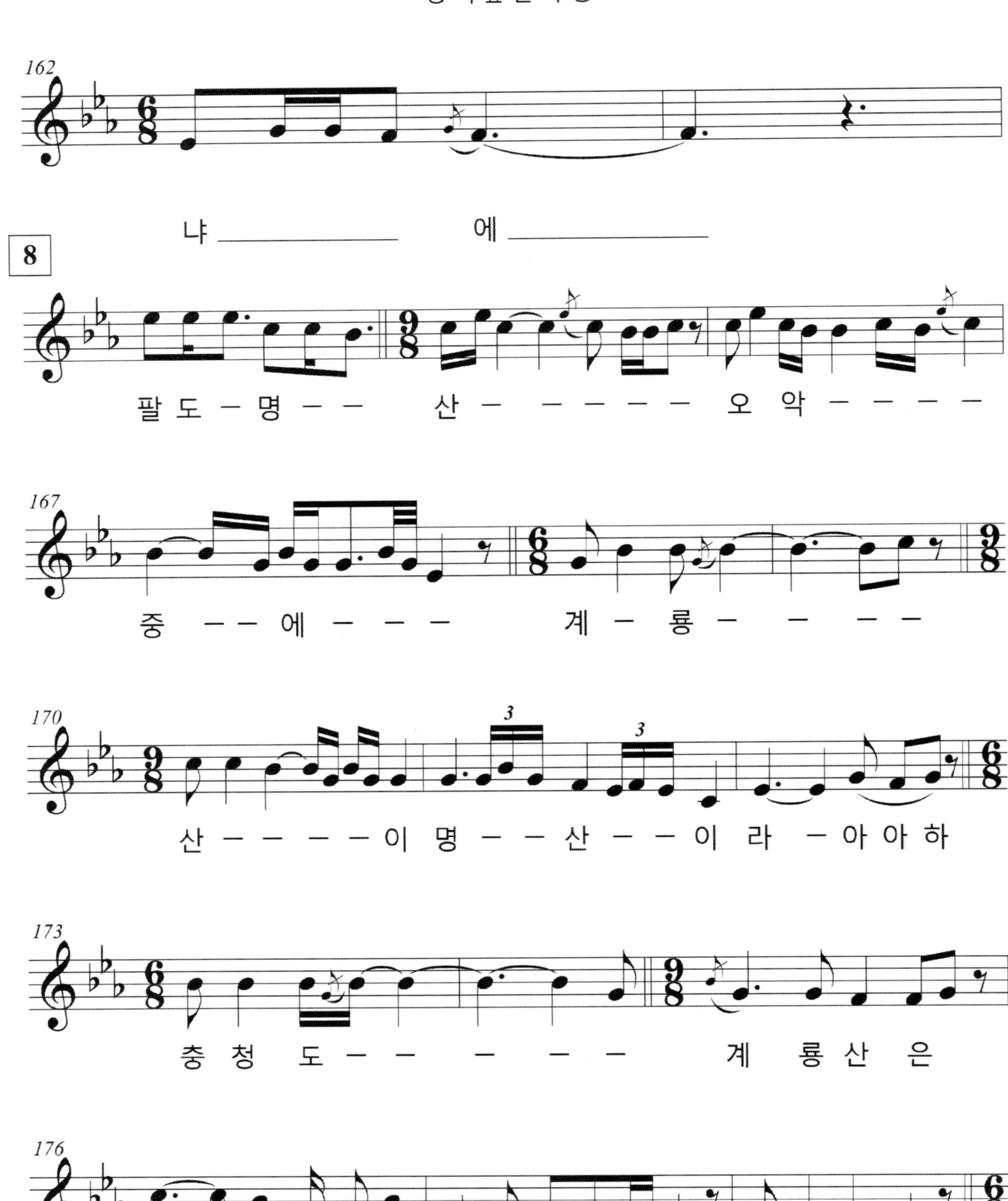

냐　　　　에
8
팔 도 ─ 명 ─ ─ 산 ─ ─ ─ ─ ─ 오 악 ─ ─ ─ ─
중 ─ ─ 에 ─ ─ 계 ─ 룡 ─ ─ ─ ─
산 ─ ─ ─ ─ ─ 이 명 ─ ─ 산 ─ ─ 이 라 ─ 아 아 하
충 청 도 ─ ─ ─ ─ ─ 계 룡 산 은
공 ─ 주 금 강 이 둘 러 있 고 ─ ─ 부 여 팔 경

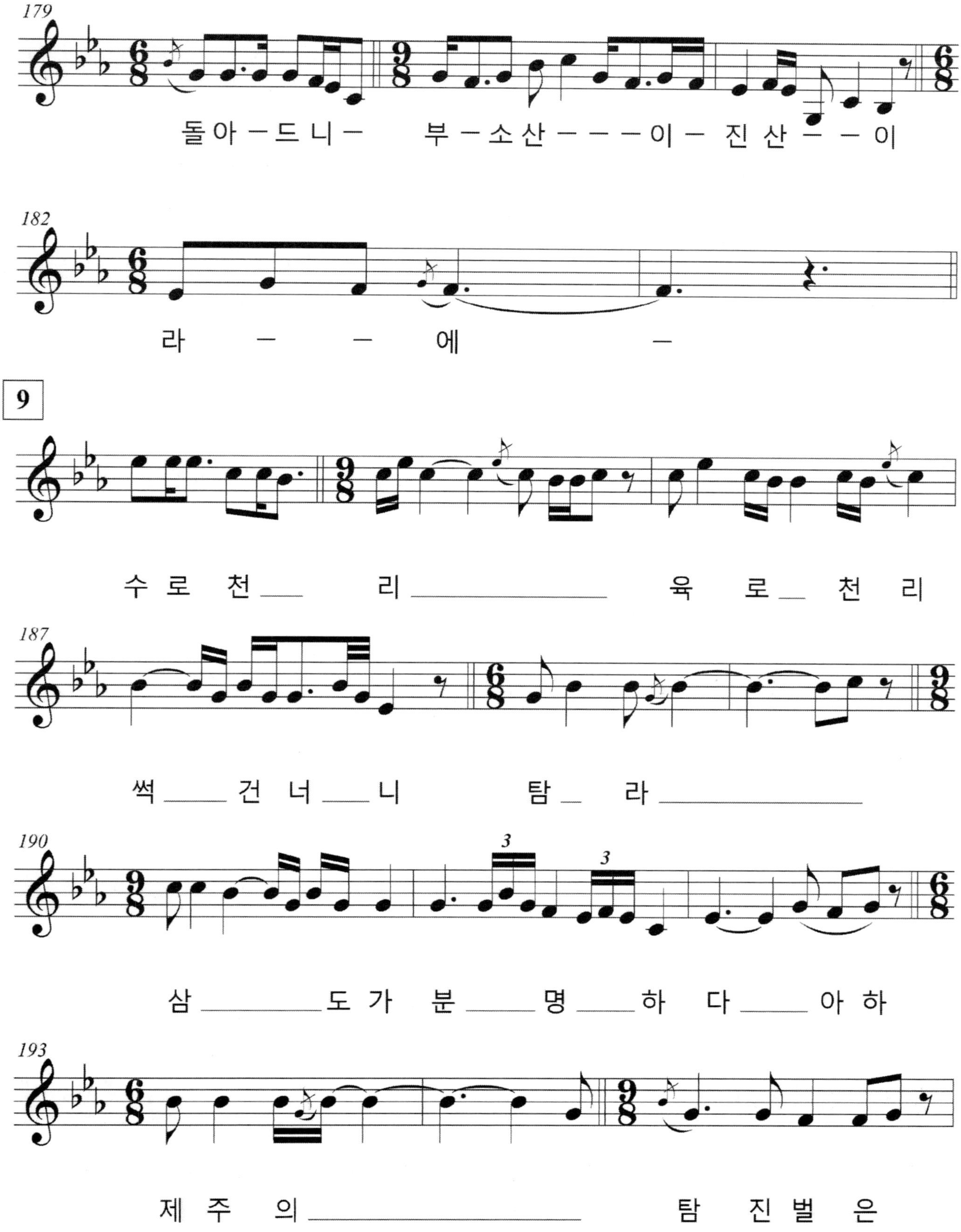

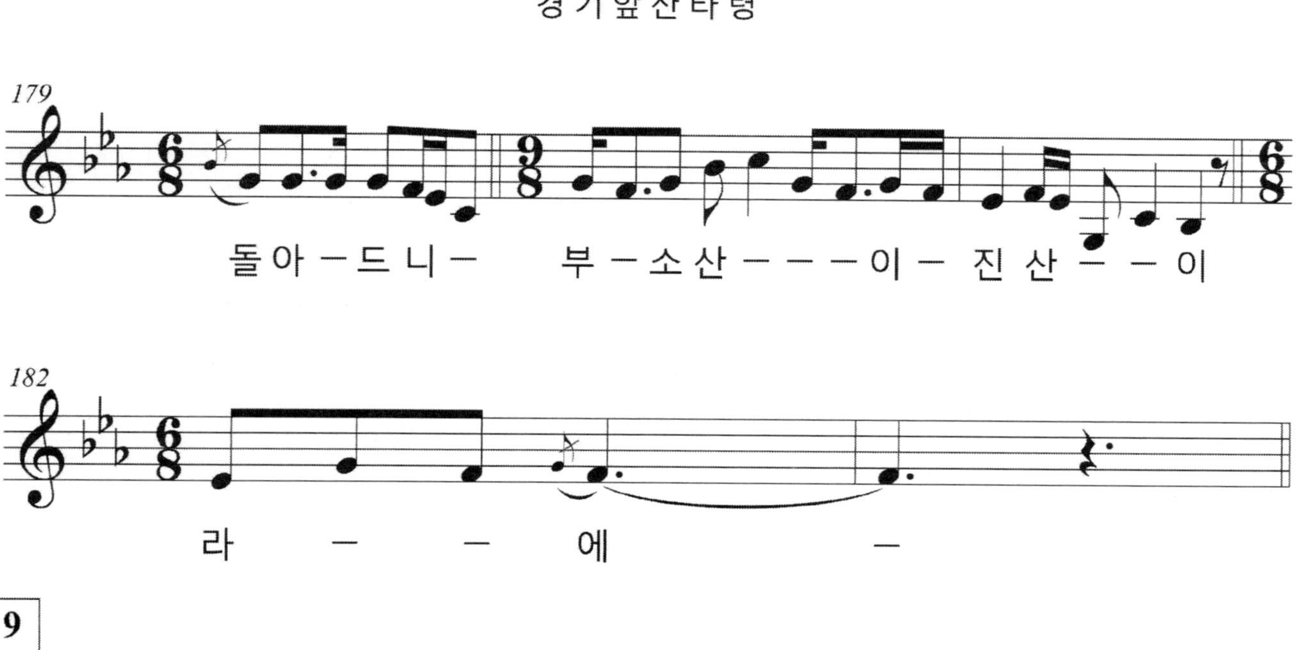
179
돌 아 － 드 니 － 부 － 소 산 － － － 이 － 진 산 － － 이
182
라 － － 에 －
9
수 로 천 리 육 로 천 리
187
썩 건 너 니 탐 라
190
삼 도 가 분 명 하 다 아 하
193
제 주 의 탐 진 벌 은

경 기 앞 산 타 령

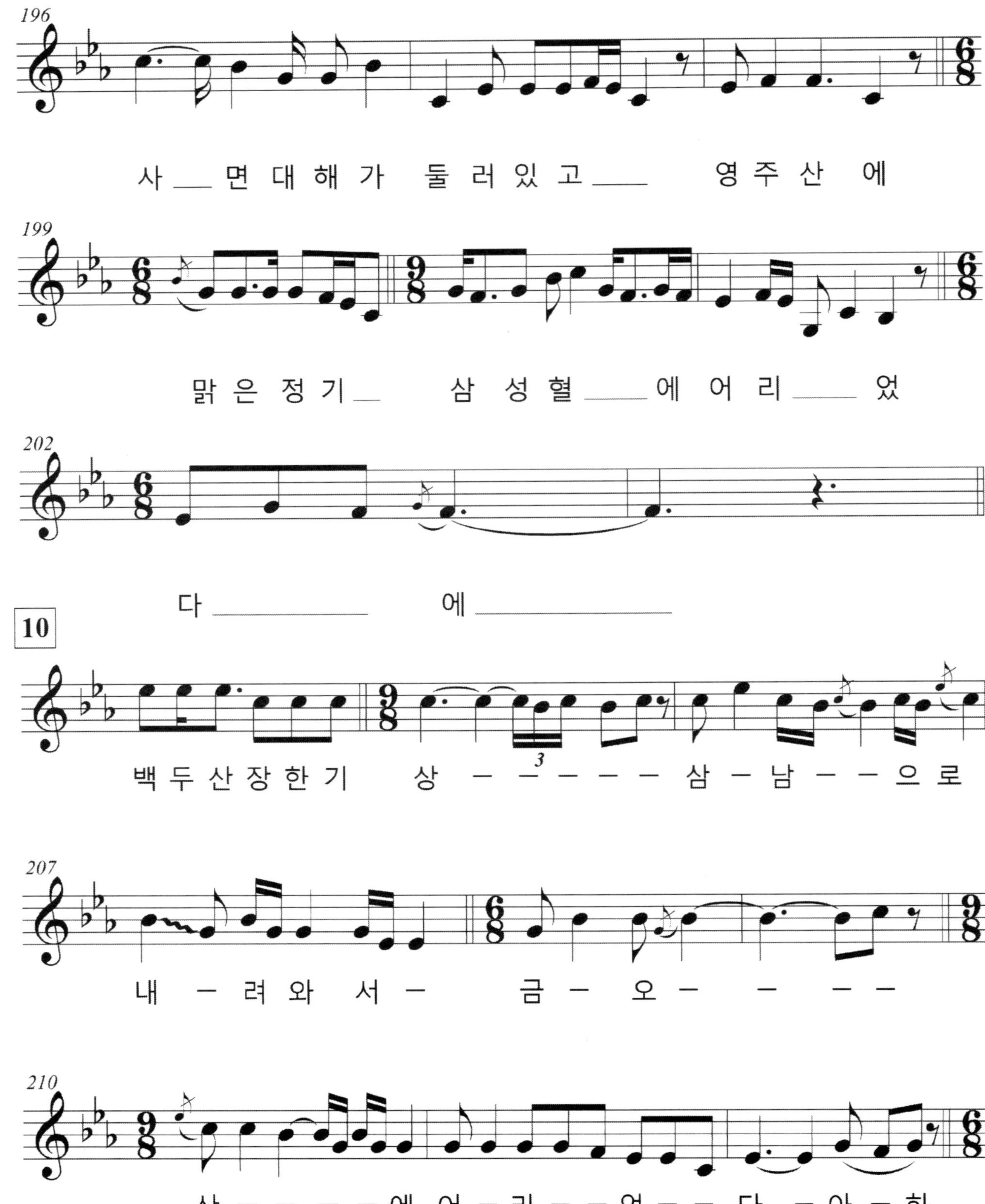
196
사 ― 면 대 해 가 둘 러 있 고 ― 영 주 산 에
199
맑 은 정 기 ― 삼 성 혈 ― 에 어 리 ― 었
202
다 ― 에 ―
10
백 두 산 장 한 기 상 ― ― ― ― ― 삼 ― 남 ― ― 으 로
207
내 ― 려 와 서 ― 금 ― 오 ― ― ― ―
210
산 ― ― ― ― 에 어 ― 리 ― ― 었 ― ― 다 ― 아 ― 하

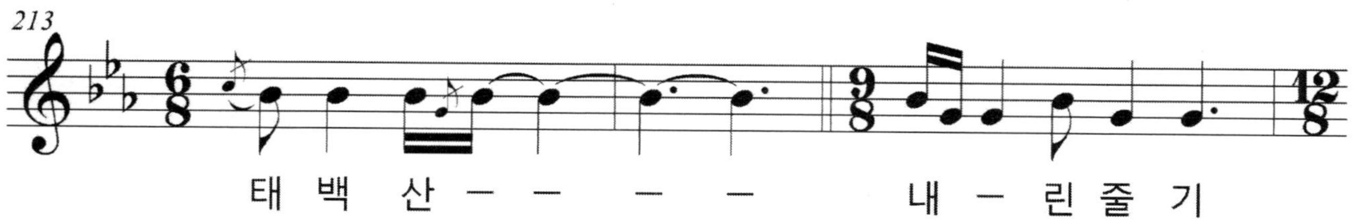
213
태 백 산 － － － － － 내 － 린 줄 기

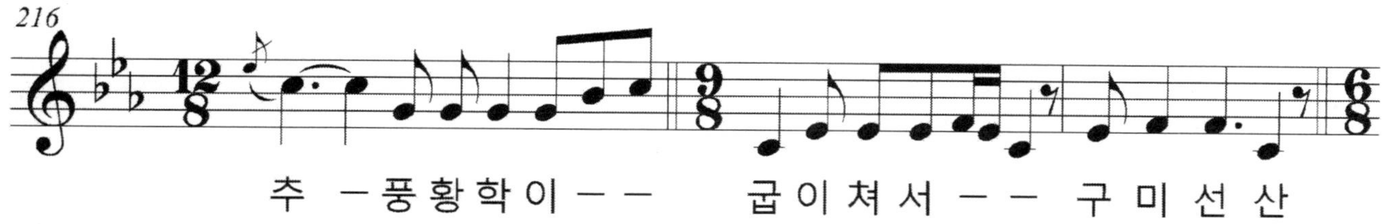
216
추 － 풍 황 학 이 － － 굽 이 쳐 서 － － 구 미 선 산

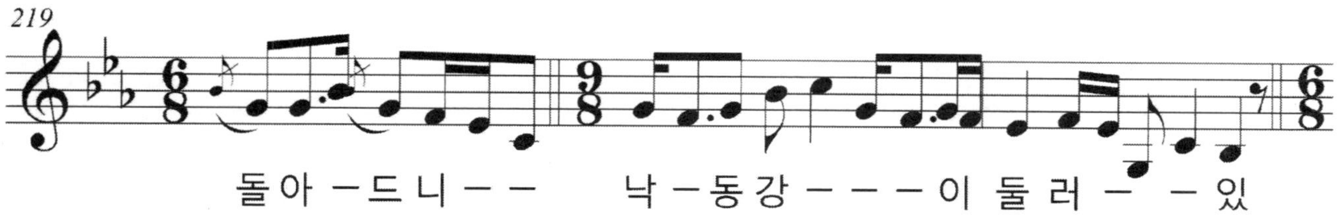
219
돌 아 － 드 니 － － 낙 － 동 강 － － － 이 둘 러 － － 있

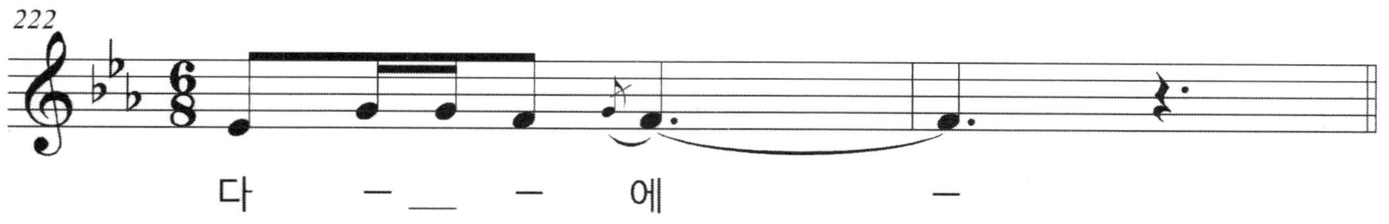
222
다 － － 에 －

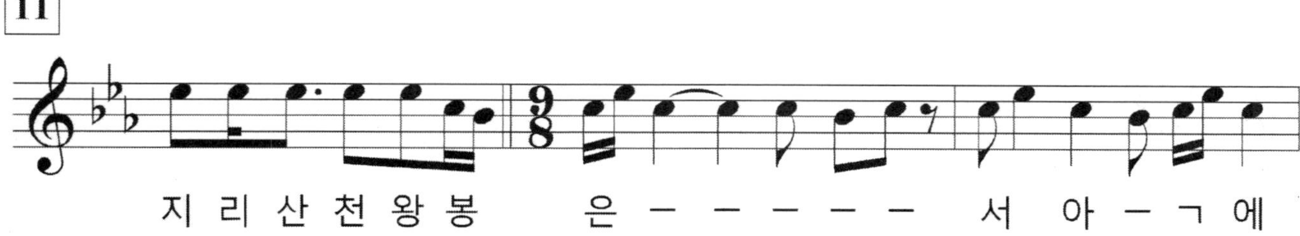
11
지 리 산 천 왕 봉 은 － － － － － － 서 아 － ㄱ 에

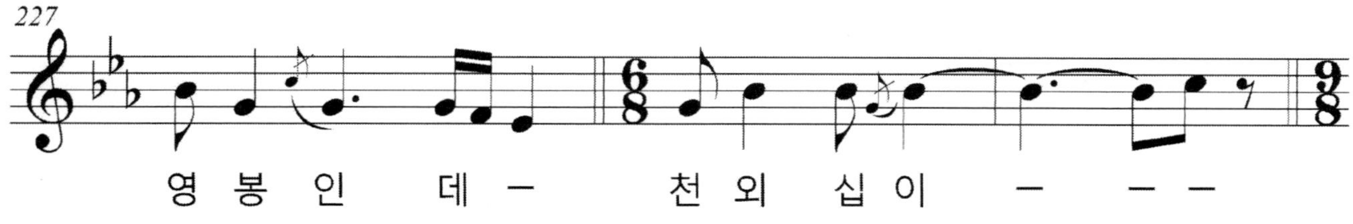
227
영 봉 인 데 － 천 외 십 이 － － －

경 기 앞 산 타 령

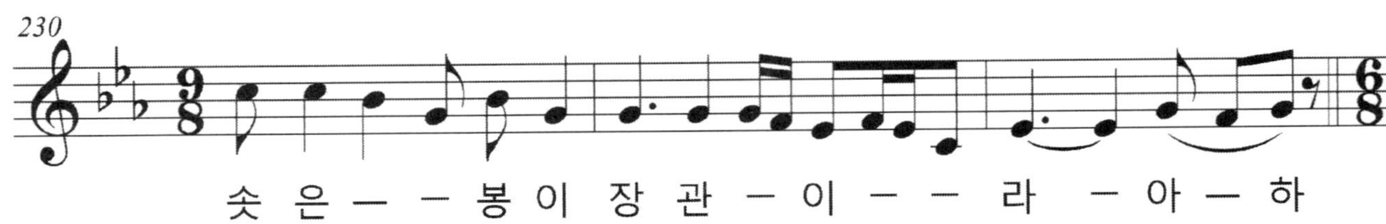
230
솟 은 － － 봉 이 장 관 － 이 － － 라 － 아 － 하

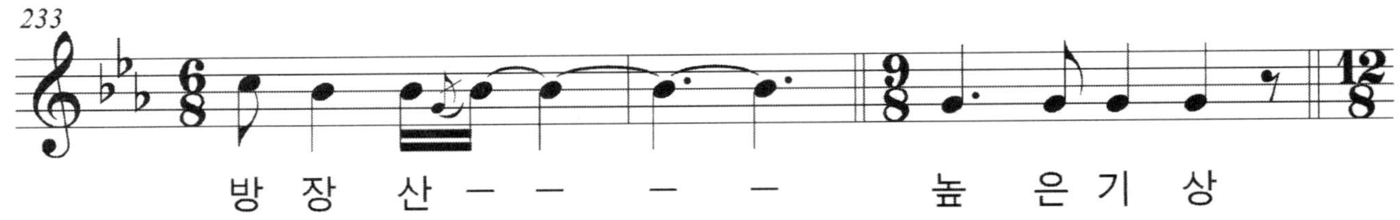
233
방 장 산 － － － － 높 은 기 상

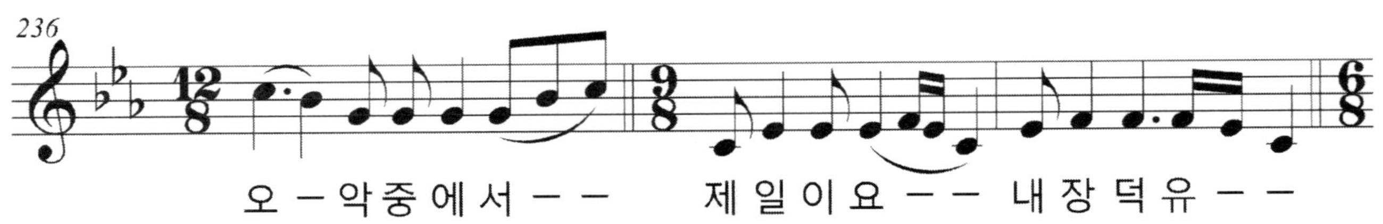
236
오 － 악 중 에 서 － － 제 일 이 요 － － 내 장 덕 유 － －

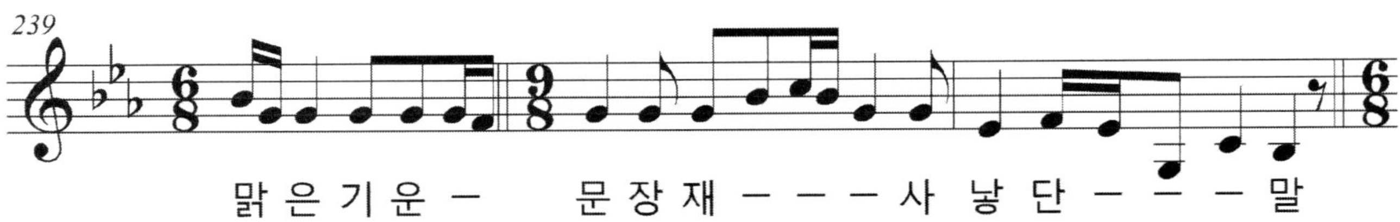
239
맑 은 기 운 － 문 장 재 － － － 사 낳 단 － － － 말

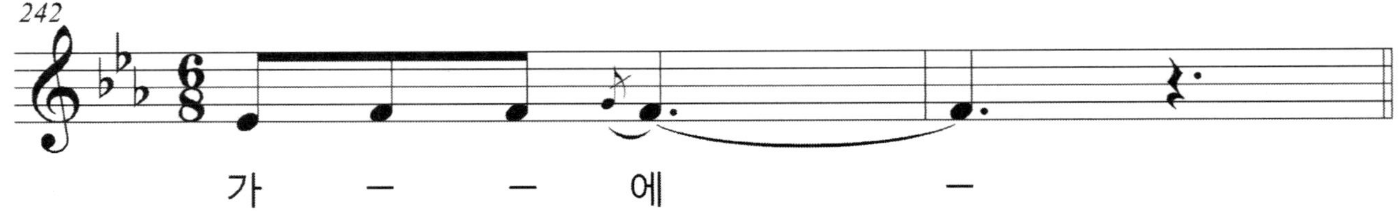
242
가 － － 에 －

경기 뒷산 타령

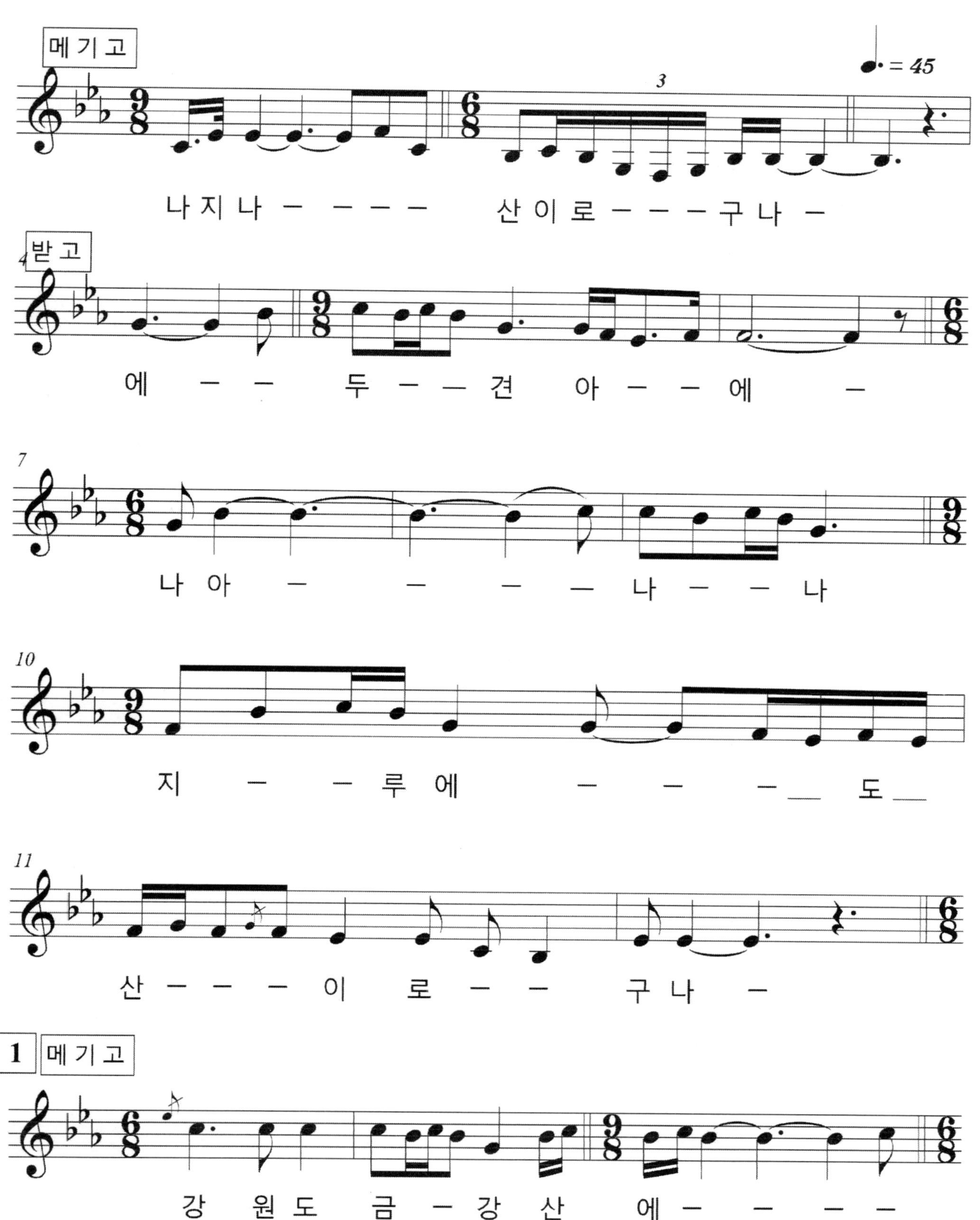

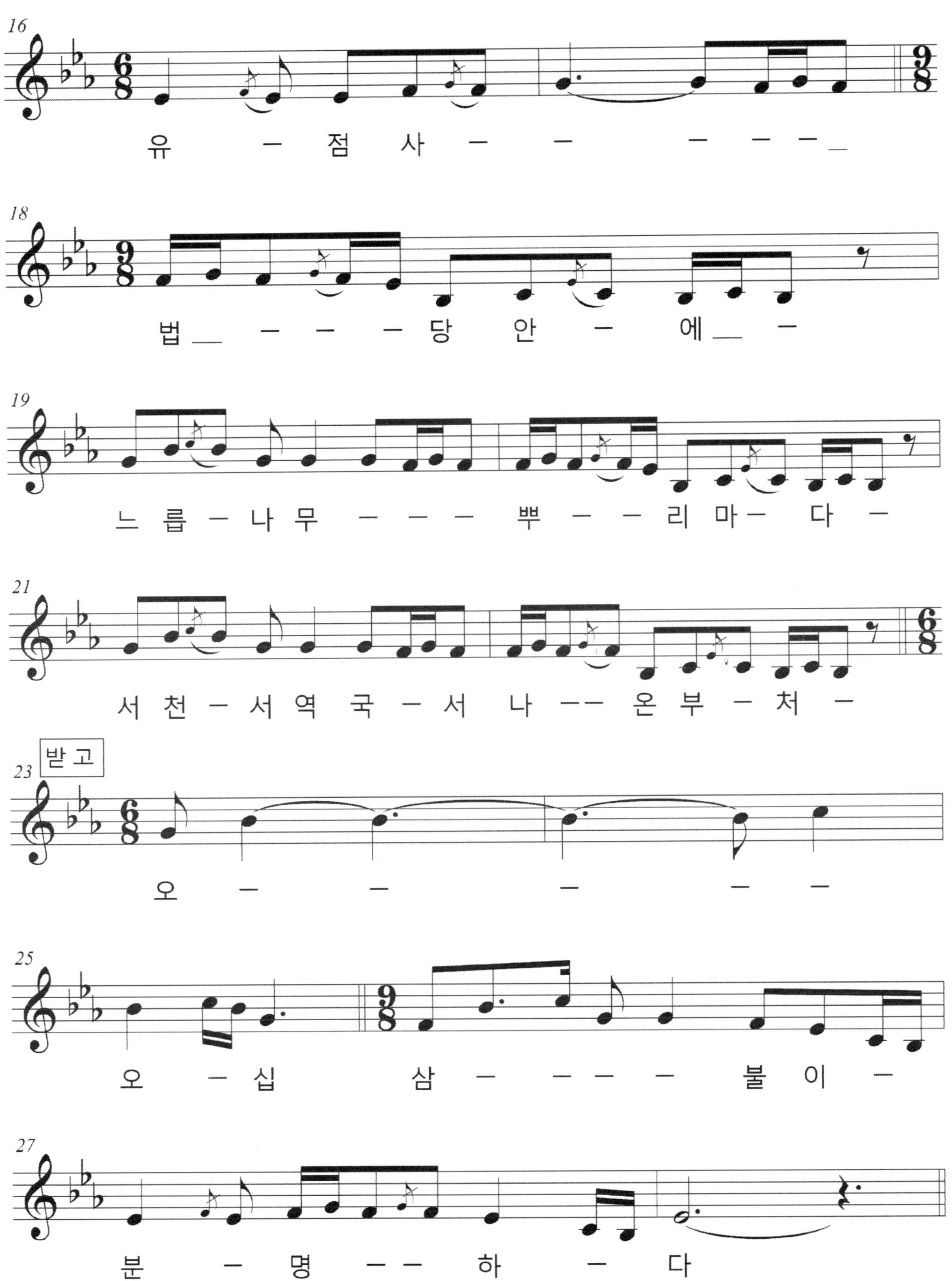
유 ― 점 사 ― ― ― ― ― ―
법 ― ― ― 당 안 ― 에 ―
느 릅 ― 나 무 ― ― ― 뿌 ― ― 리 마 ― 다 ―
서 천 ― 서 역 국 ― 서 나 ― ― 온 부 ― 처 ―
받고
오 ― ― ― ― ― ―
오 ― 십 삼 ― ― ― ― 불 이 ―
분 ― 명 ― ― 하 ― 다

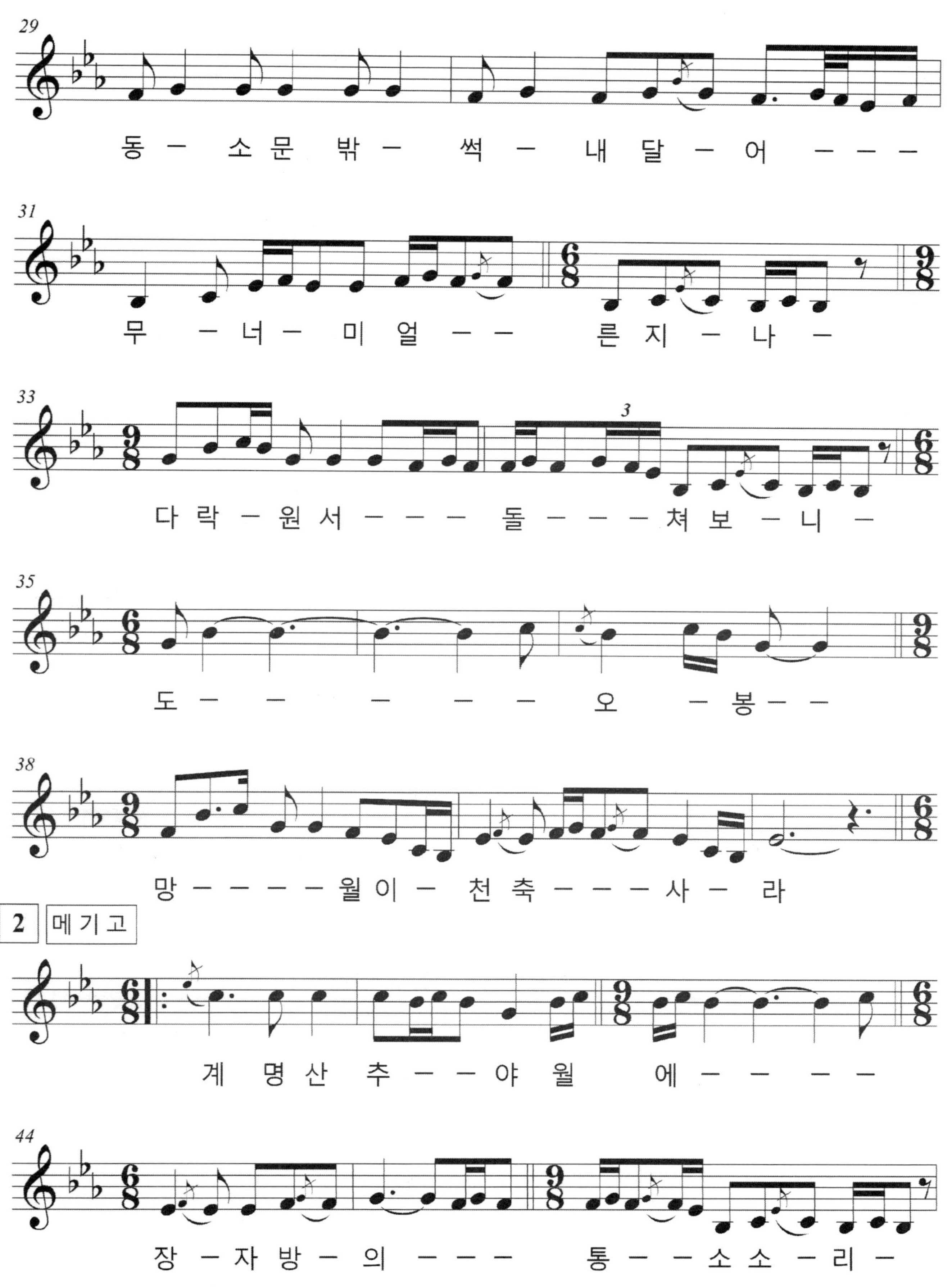
29
동 － 소문밖 － 썩 － 내달 어 － － －
31
무 － 너 － 미얼 － － 른지 － 나 －
33
다 락 － 원 서 － － － － 돌 － － － 쳐 보 － 니 －
35
도 － － － － － － 오 － － 봉 － －
38
망 － － － － － 월이 － 천 축 － － － 사 － 라
2 메기고
계 명 산 추 － － 야 월 에 － － － －
44
장 － 자 방 － 의 － － － － 통 － － 소 소 － 리 －

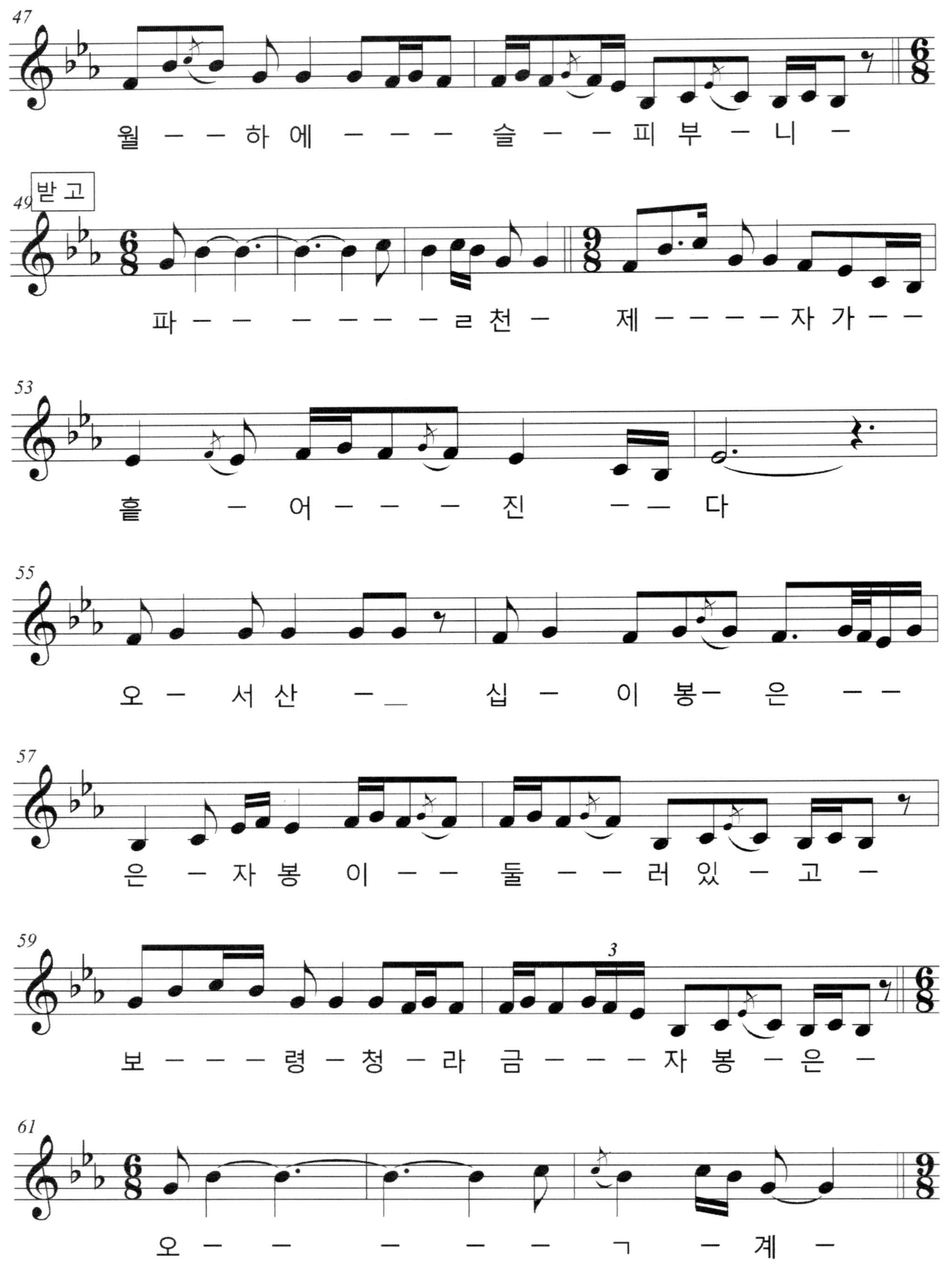

월 ― ― 하에 ― ― ― 슬 ― ― 피부 ― 니 ―
파 ― ― ― ― ― ㄹ천 ― 제 ― ― ― ― 자가 ― ―
흩 ― 어 ― ― ― 진 ― ― 다
오 ― 서산 ― ＿ 십 ― 이봉 ― 은 ― ― ―
은 ― 자봉 이 ― ― 둘 ― ― 러 있 ― 고 ―
보 ― ― ― 령 ― 청 ― 라 금 ― ― ― 자 봉 ― 은 ―
오 ― ― ― ― ― ― ㄱ ― 계 ―
받고

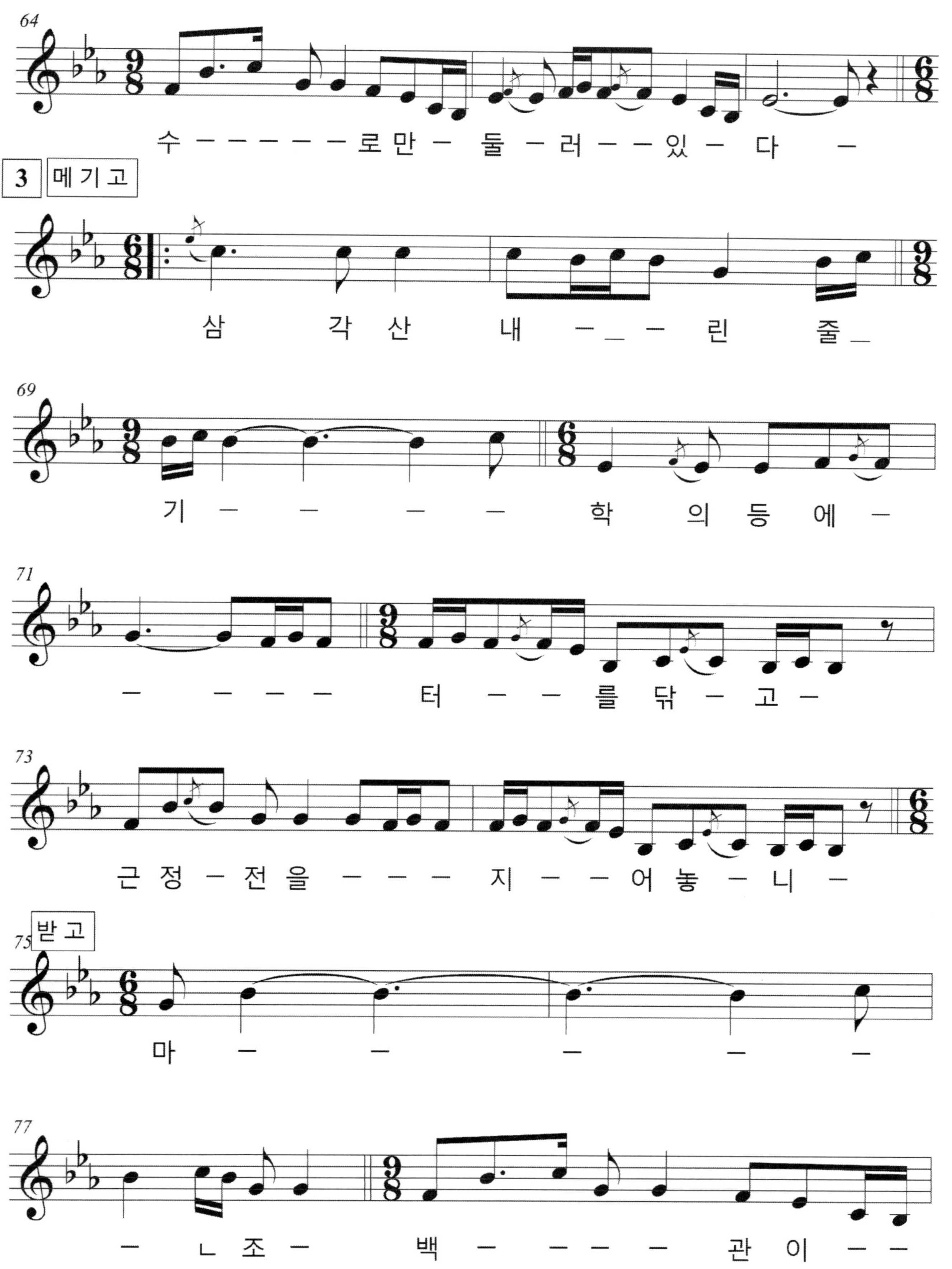
64
수－－－－－로만－둘－러－－있－다－
3 메기고
삼 각 산 내－＿－린 줄＿
69
기－－－－－학 의 등 에－
71
－기－－－터－－를 닦－고－
73
근 정－전을－－－지－－어 놓－니－
75 받고
마－－－－－－－
77
－ㄴ조－백－－－－관 이－－

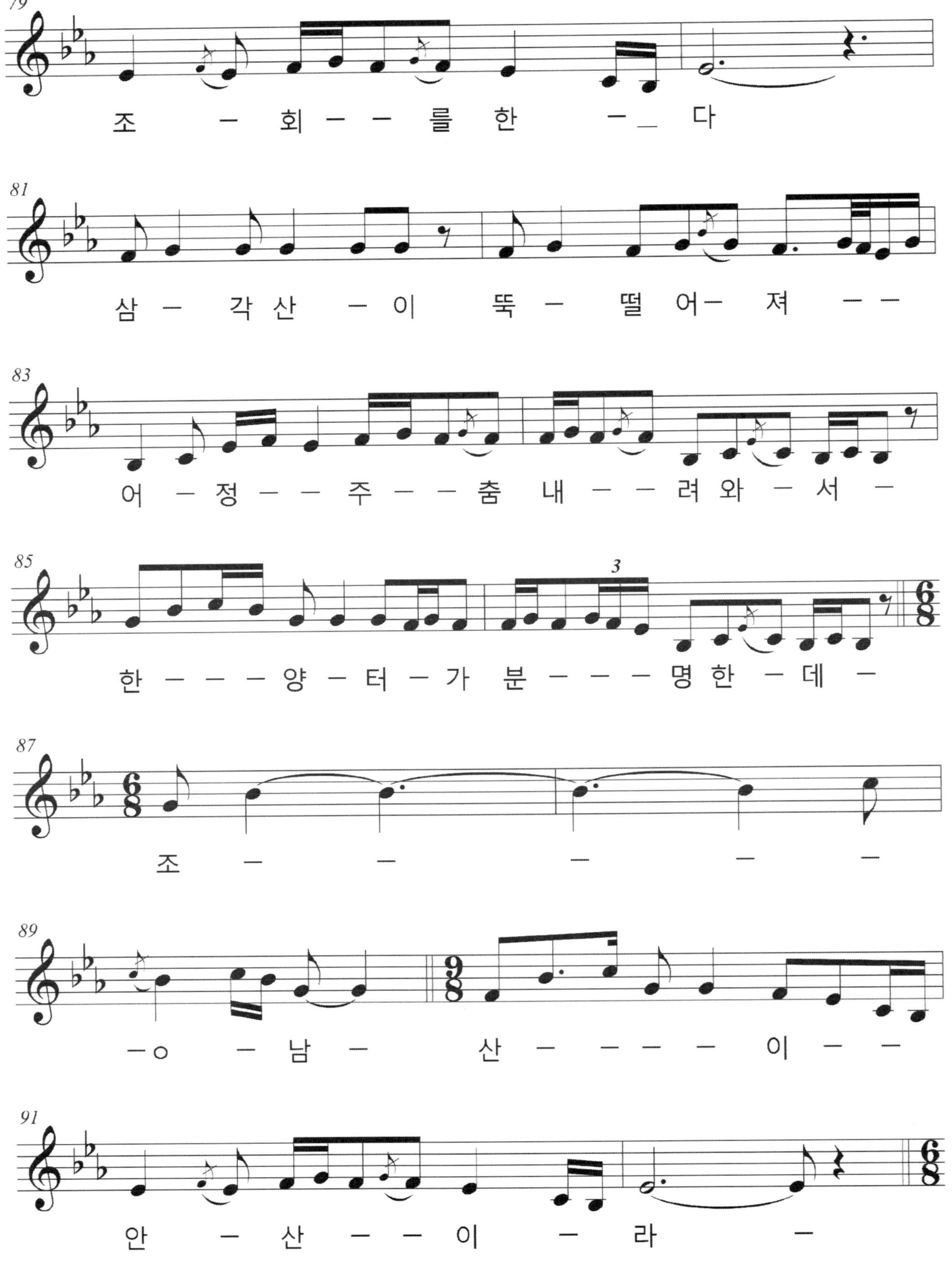
조 — 회 — — 를 한 — 다
삼 — 각 산 — 이 뚝 — 떨 어 — 져 — —
어 — 정 — — 주 — — 춤 내 — — 려 와 — 서 —
한 — — — 양 — 터 — 가 분 — — — — 명 한 — 데 —
조 — — — — — —
— ㅇ — 남 — 산 — — — — 이 — —
안 — 산 — — 이 — 라 —

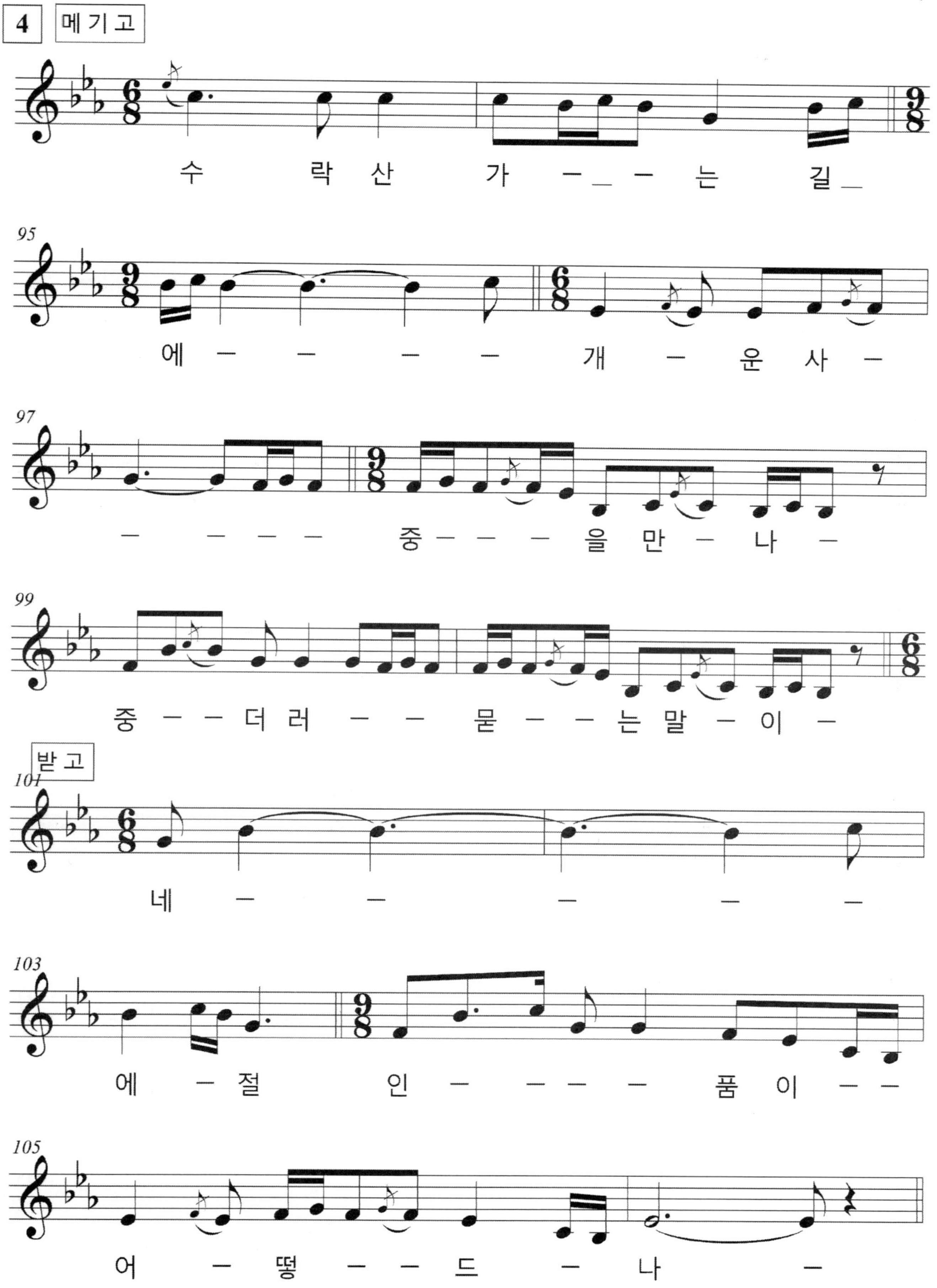

4 메기고
수 락 산 가 — — — 는 길 —
에 — — — — 개 — 운 사 —
— 에 — — — 중 — — — 을 만 — 나 —
중 — — 더 러 — — 묻 — — 는 말 — 이 —
받고
네 — — — — — — —
에 — 절 인 — — — — 품 이 — —
어 — 떻 — — 드 — 나 —

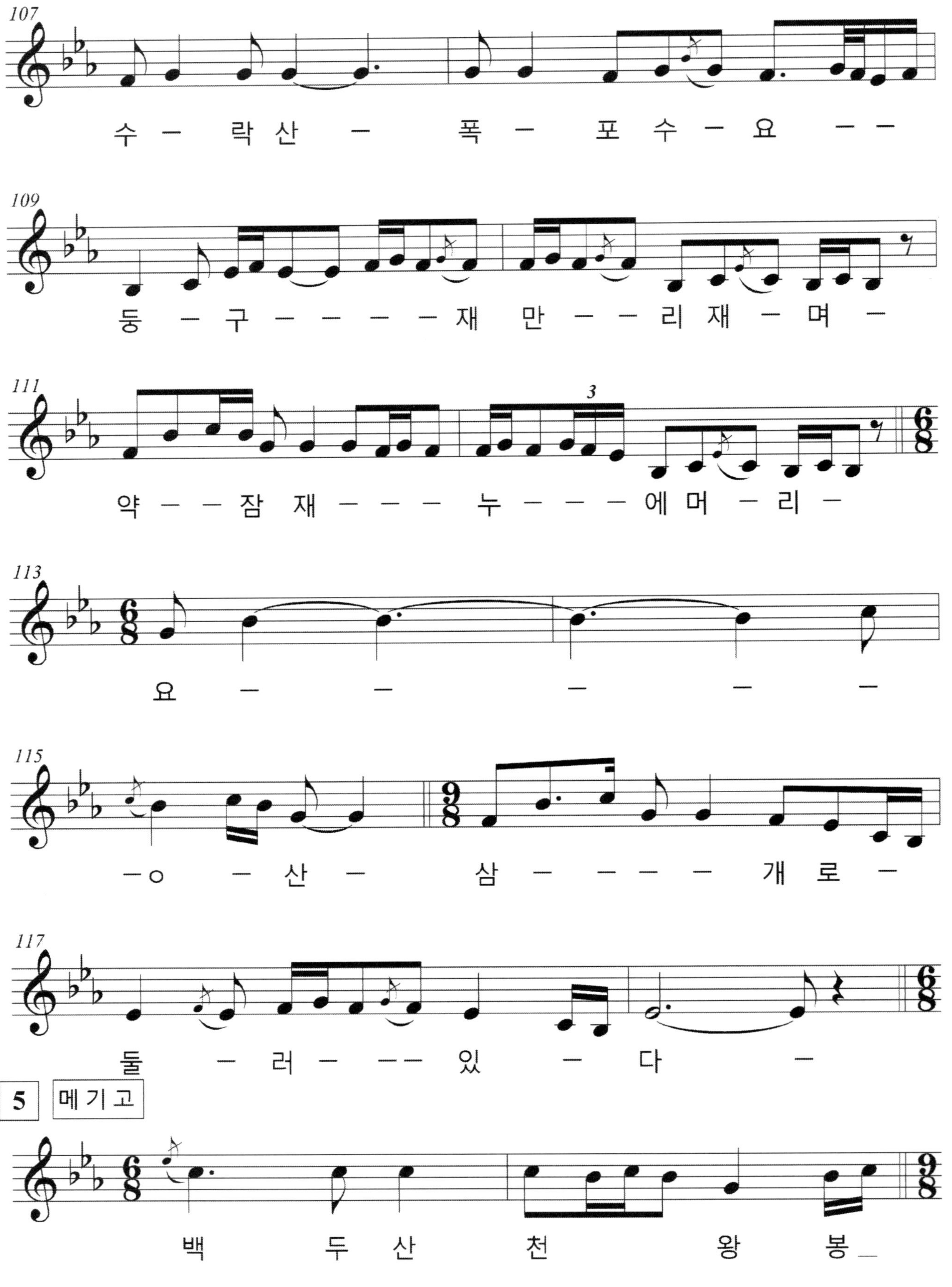
107
수 — 락 산 — 폭 — 포 수 — 요 — —
109
둥 — 구 — — — — 재 만 — — 리 재 — 며 —
111
약 — — 잠 재 — — — — 누 — — — 에 머 — 리 —
113
요 — — — — — — —
115
— 으 — 산 — 삼 — — — — 개 로 —
117
둘 — 러 — — 있 — 다 —
5 메기고
백 두 산 천 왕 봉_

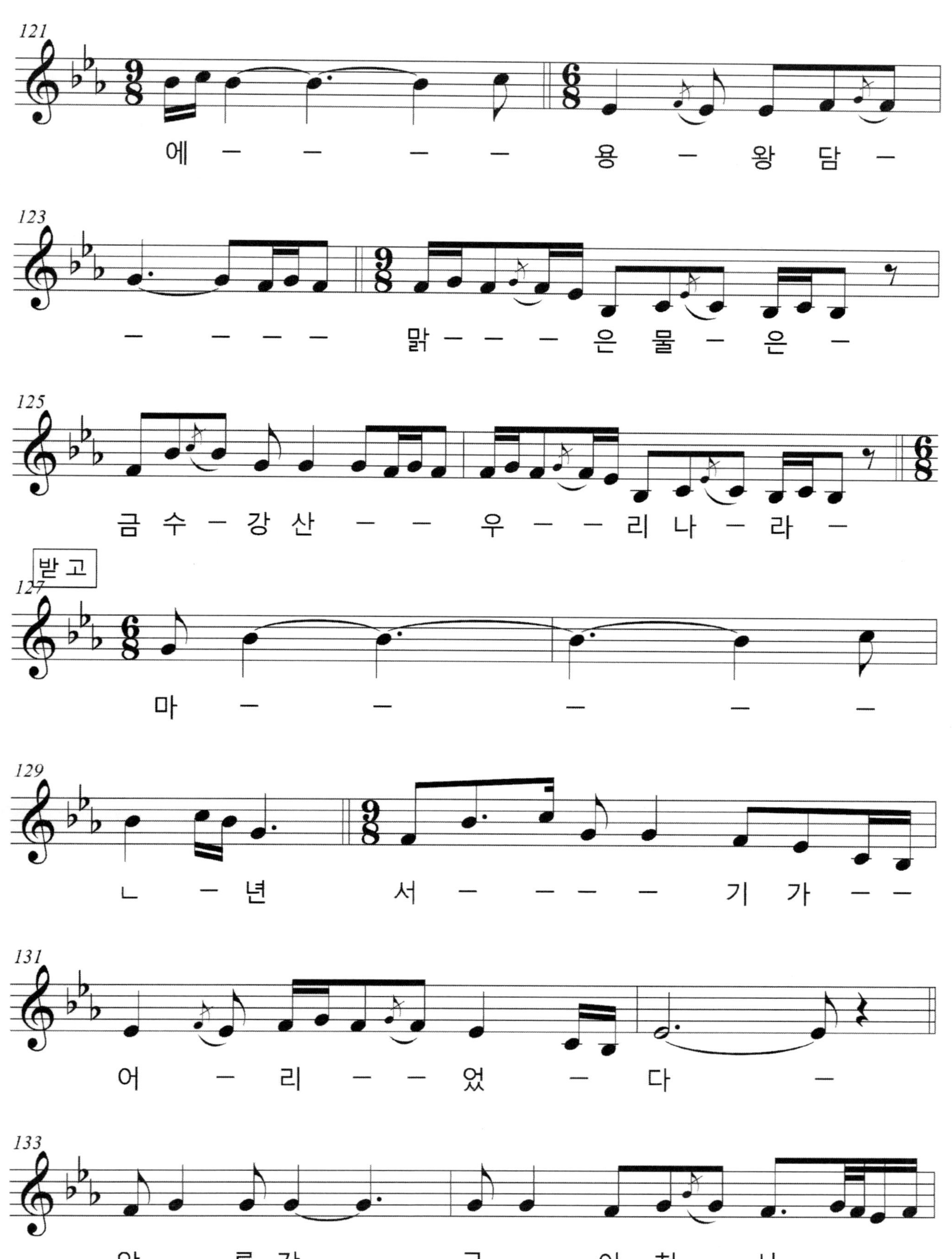
에 용 왕 담
에 맑 은 물 은
금 수 강 산 우 리 나 라
받 고
마
ㄴ 년 서 기 가
어 리 었 다
압 록 강 굽 이 쳐 서

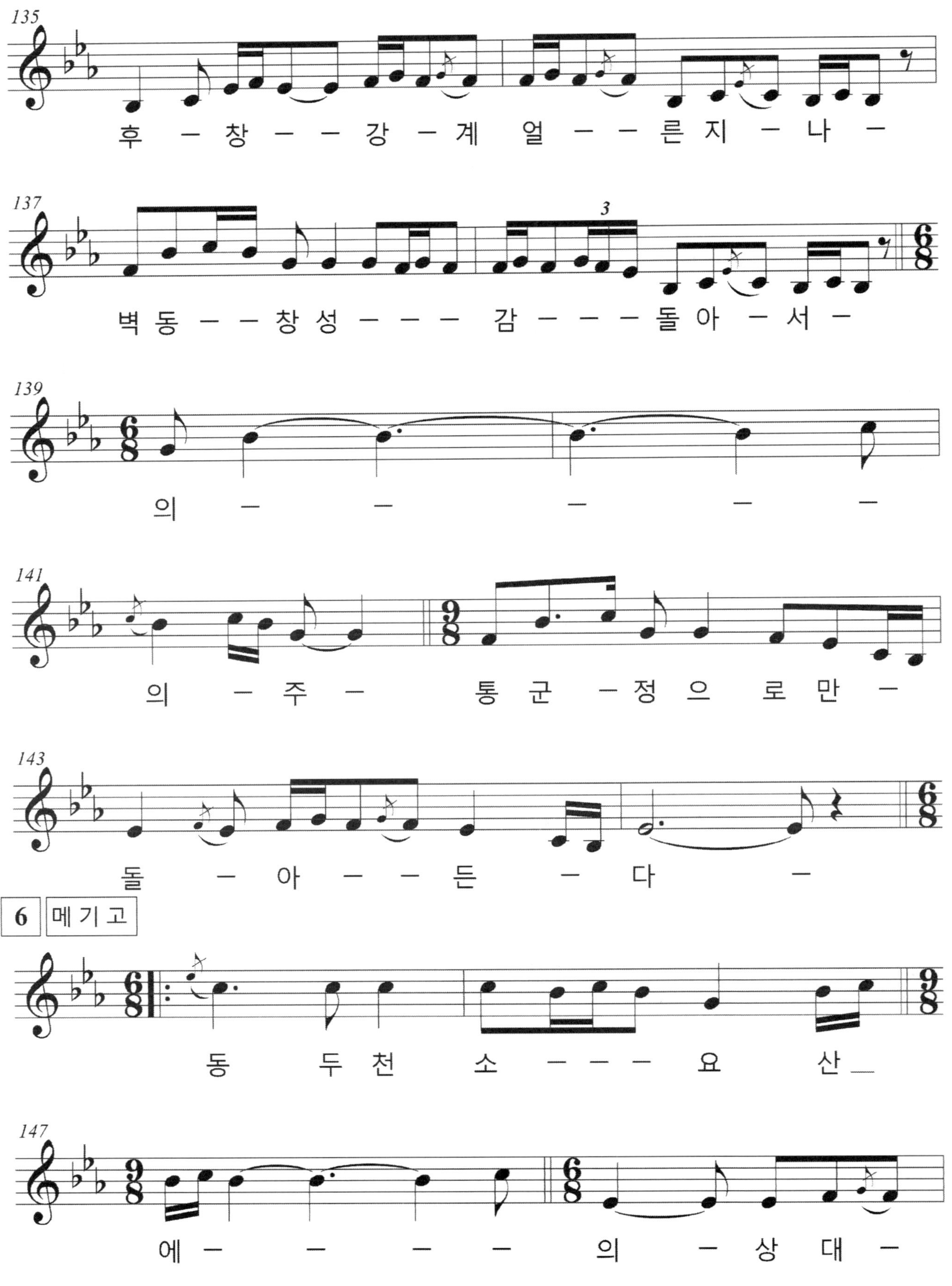
후 - 창 - - 강 - 계 얼 - - 른 지 - 나 -
벽 동 - - 창 성 - - - 감 - - - - 돌 아 - 서 -
의 - - - - - -
의 - 주 - 통 군 - 정 으 로 만 -
돌 - 아 - - 든 - 다 -
6 메기고
동 두 천 소 - - - 요 산 _
에 - - - - - 의 - 상 대 -

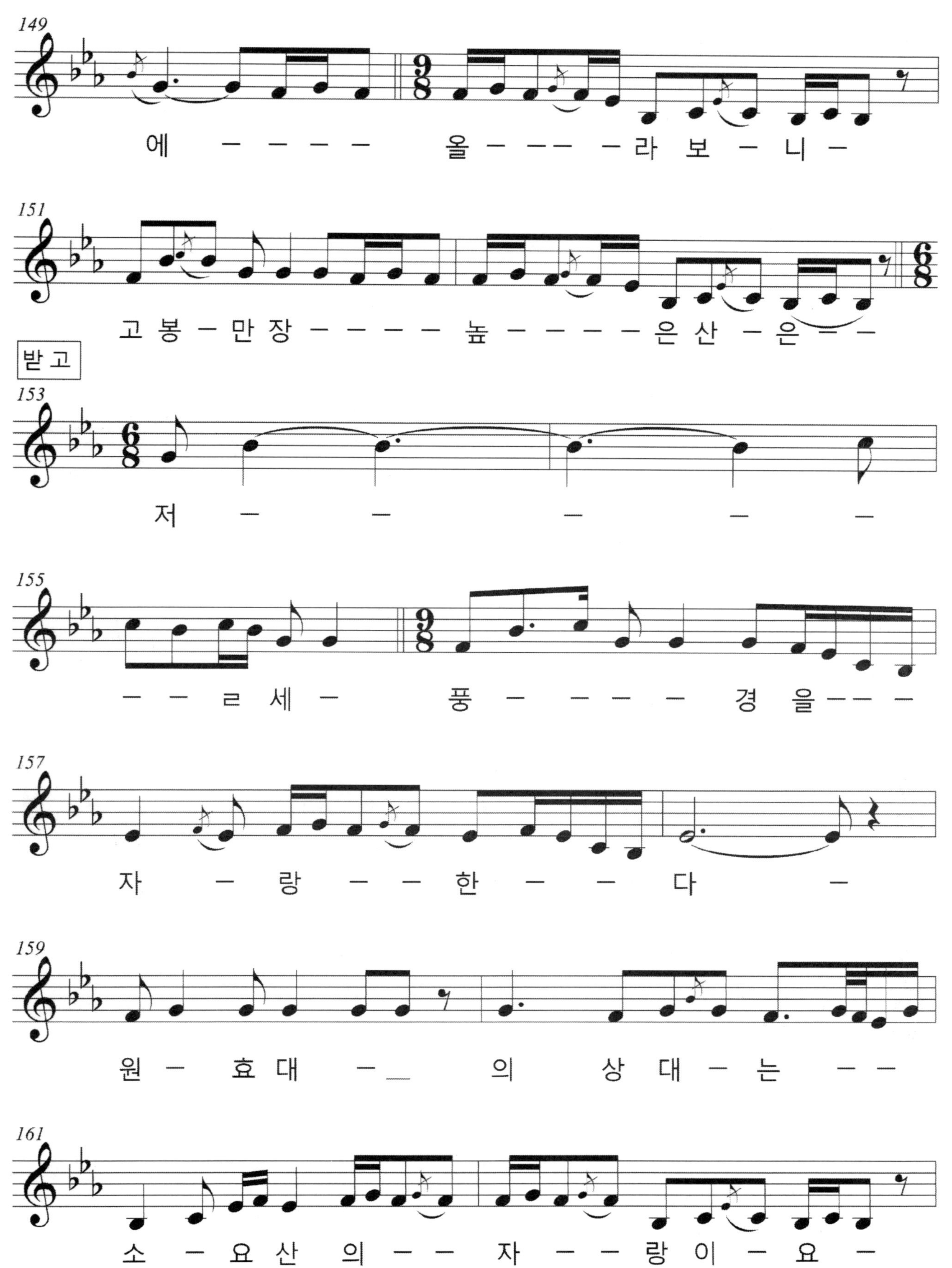
에 － － － － 올 － － － 라 보 － 니 －
고 봉 － 만 장 － － － － － 높 － － － － 은 산 － 은 － －
받고
저 － － － － － － － －
－ － 르 세 － 풍 － － － － 경 을 － － －
자 － 랑 － － 한 － － 다 －
원 － 효 대 － 의 상 대 － 는 － －
소 － 요 산 의 － － 자 － 랑 이 요 －

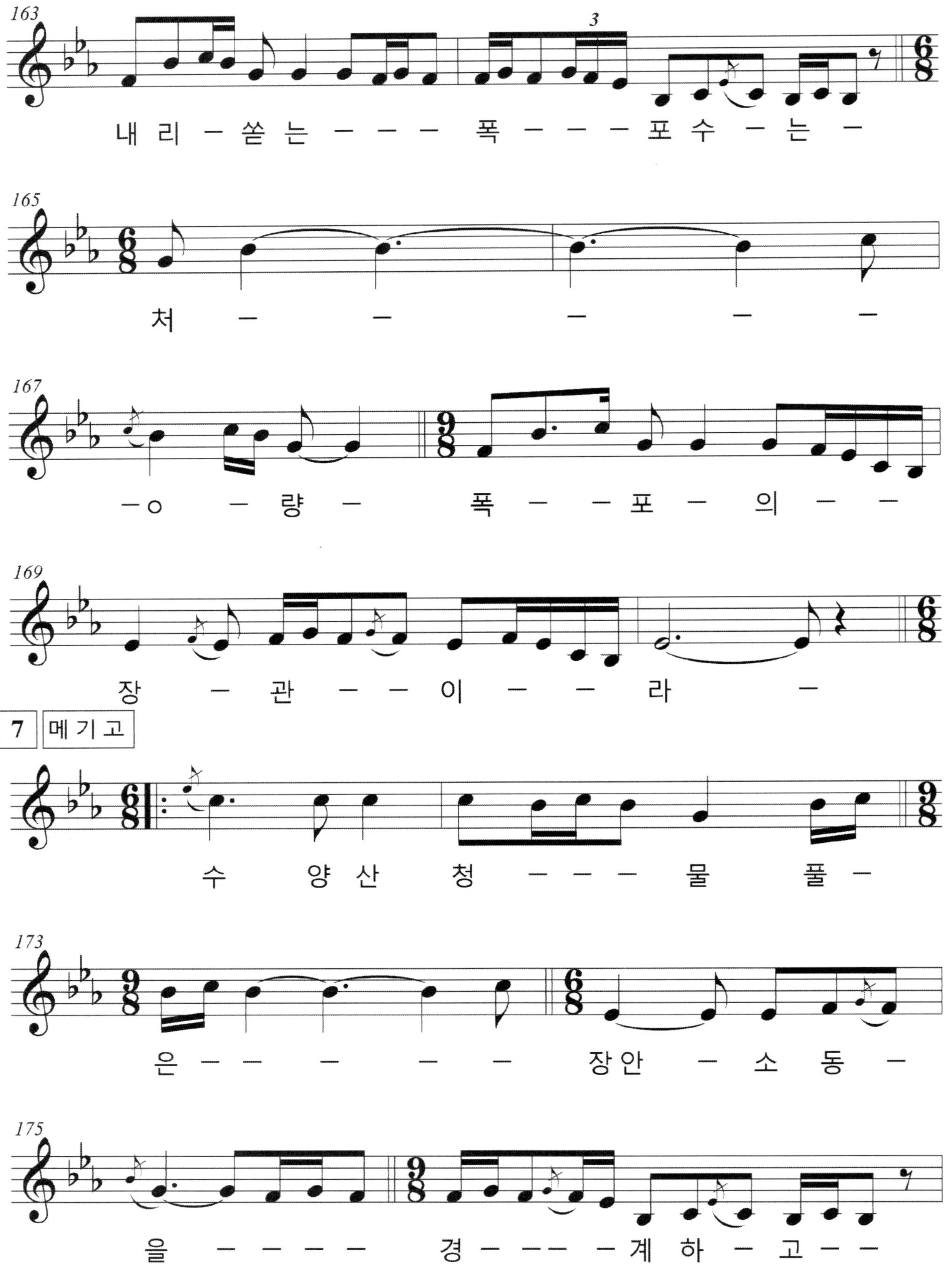
163
내 리 － 쏟 는 － － － － 폭 － － － － 포 수 － 는 －
165
처 － － － － － －
167
－ ㅇ － 량 － 폭 － － 포 － 의 － －
169
장 － 관 － － 이 － － 라 －
7 메기고
수 양 산 청 － － － 물 풀 －
173
은 － － － － － 장안 － 소 동 －
175
을 － － － － 경 － － － 계 하 － 고 － －

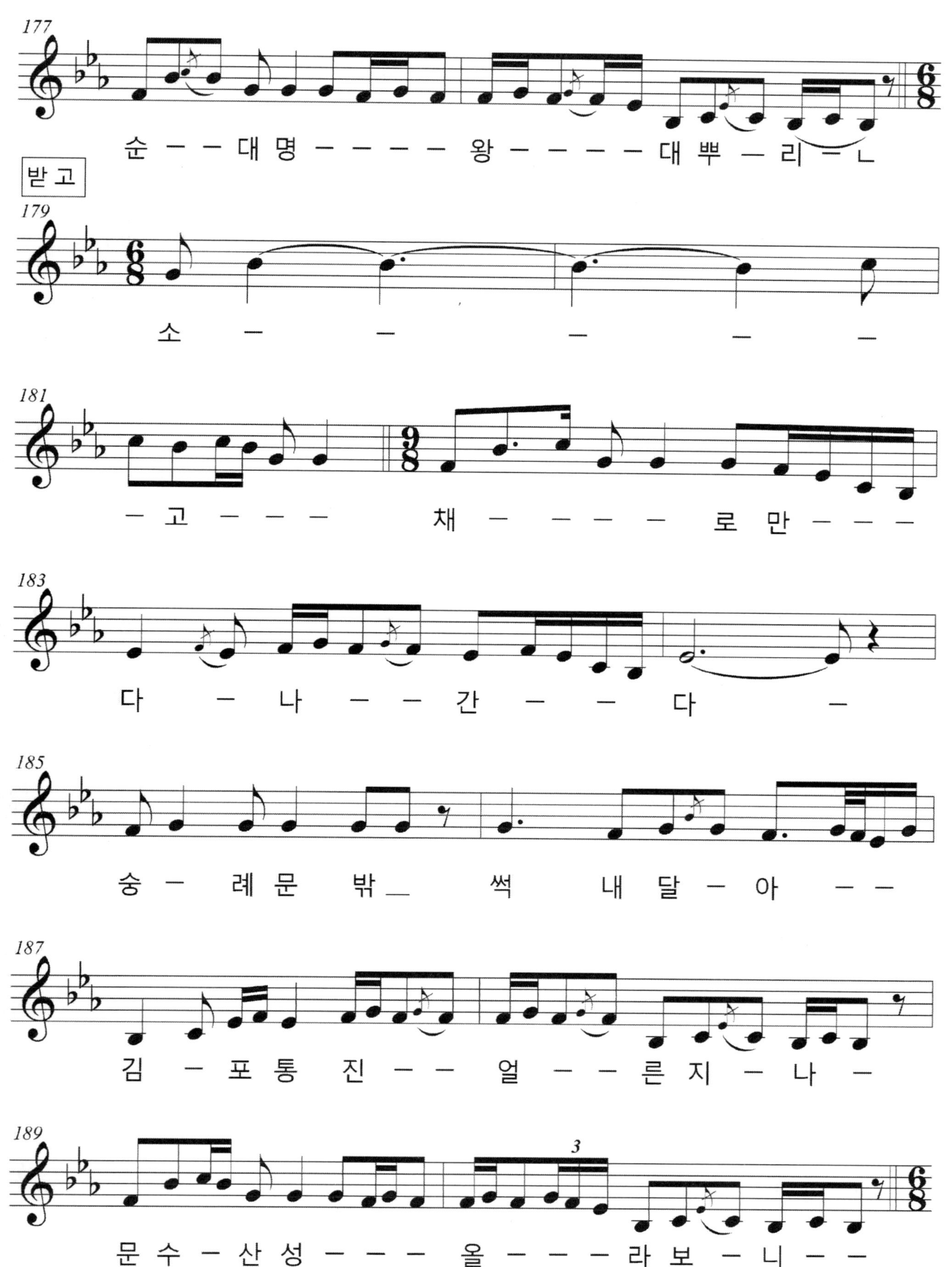

13
순 - - 대 명 - - - - 왕 - - - - 대 뿌 - 리 - ㄴ
받고
소 - - - - - - -
- 고 - - 채 - - - - 로 만 - - -
다 - 나 - - 간 - - 다 -
숭 - 례 문 밖 썩 내 달 아 - -
김 - 포 통 진 - - 얼 - - 른 지 - 나 -
문 수 - 산 성 - - - 올 - - 라 보 - 니 - -
77

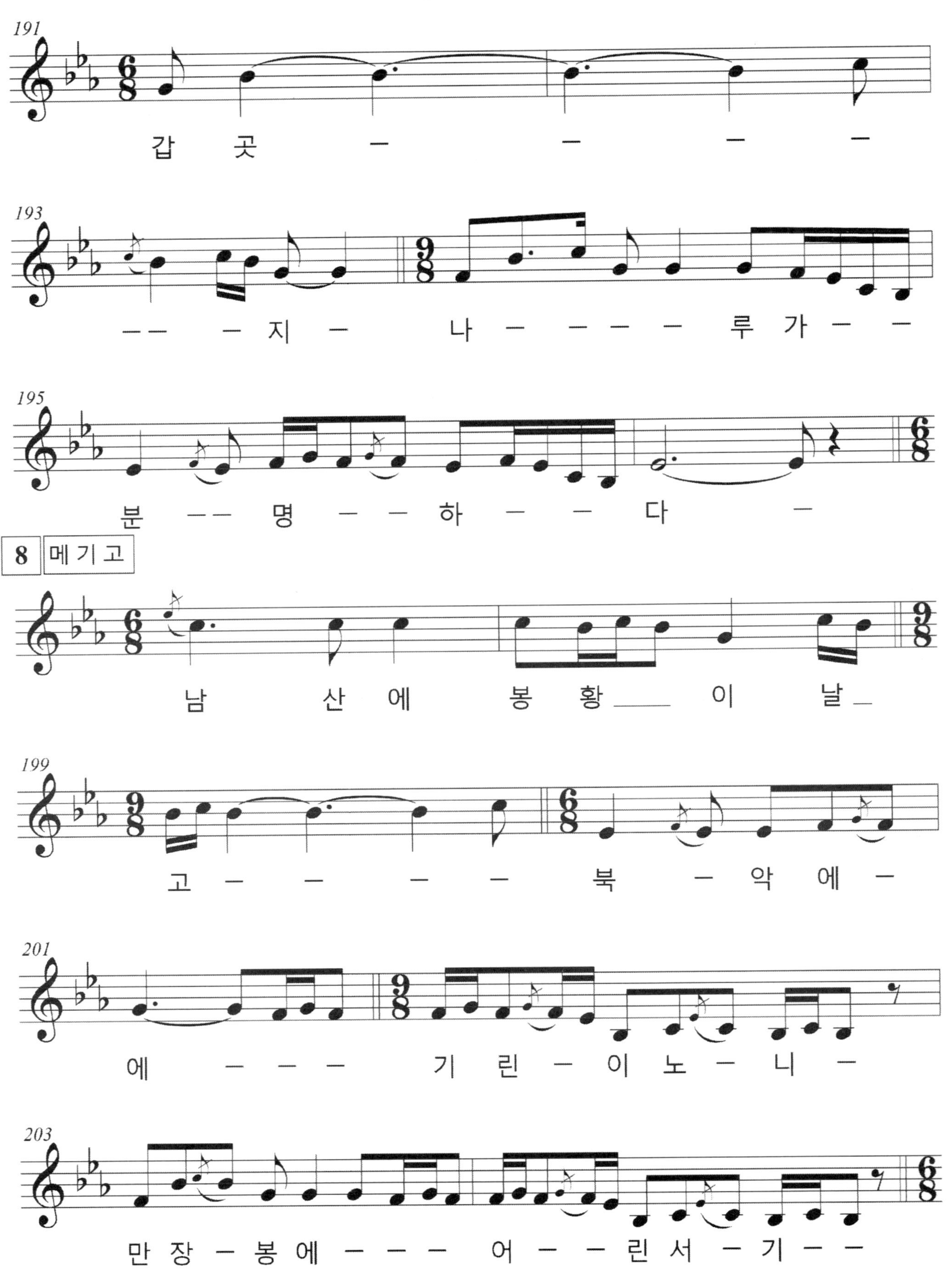
191
갑 곳 — — — —
193
— — — 지 — 나 — — — — 루 가 — —
195
분 — — 명 — — 하 — — 다 —
8 메기고
남 산 에 봉 황 이 날 —
199
고 — — — — 북 — 악 에 —
201
에 — — — 기 린 — 이 노 — 니 —
203
만 장 — 봉 에 — — — 어 — — 린 서 — 기 — —

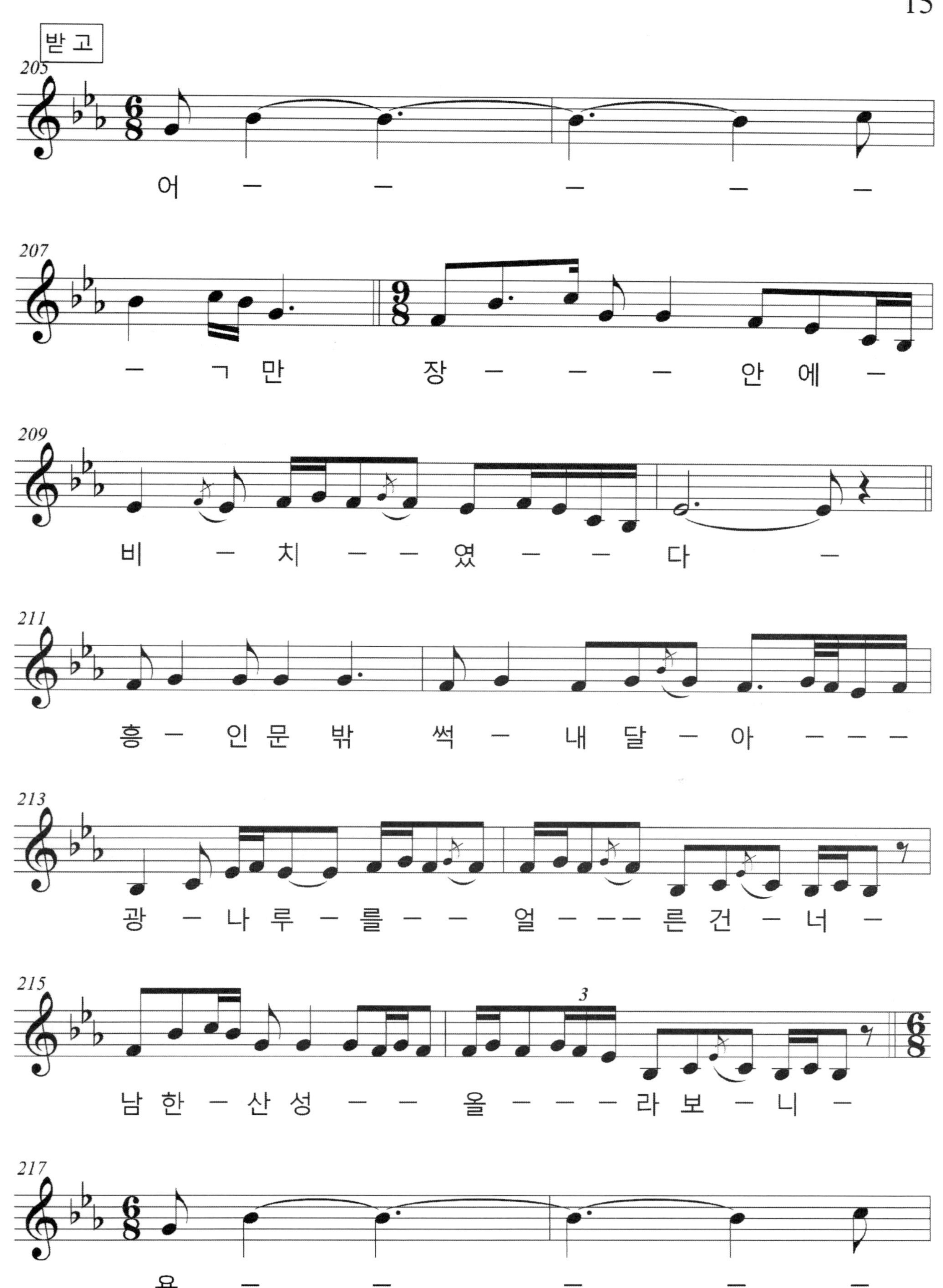
받고
어
ㄱ 만 장 안 에
비 치 였 다
흥 인 문 밖 썩 내 달 아
광 나 루 를 얼 른 건 너
남 한 산 성 올 라 보 니
용

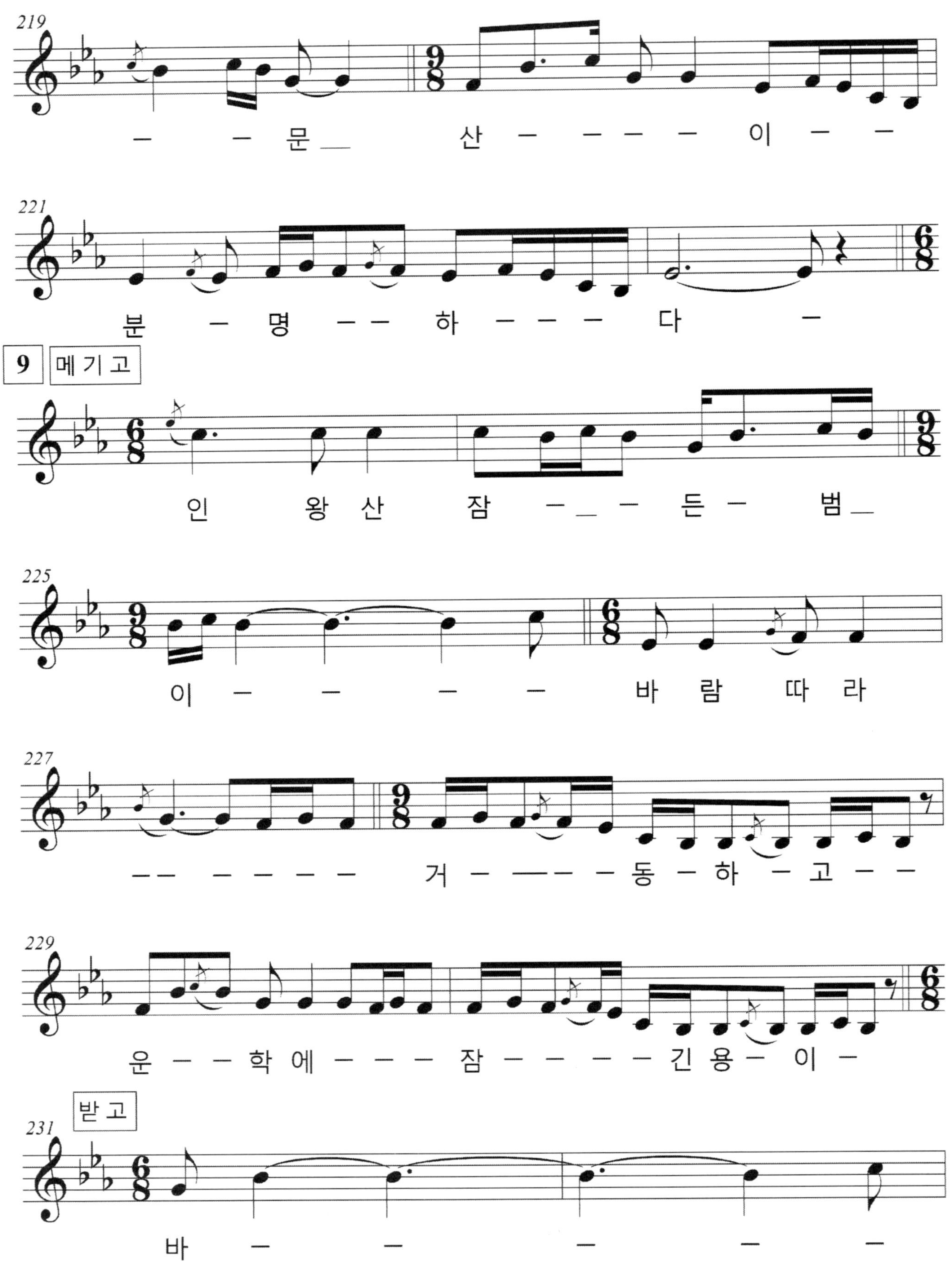
문 산 이
분 명 하 다
9 메기고
인 왕 산 잠 든 범
이 바 람 따 라
거 동 하 고
운 학에 잠 긴 용 이
받고
바

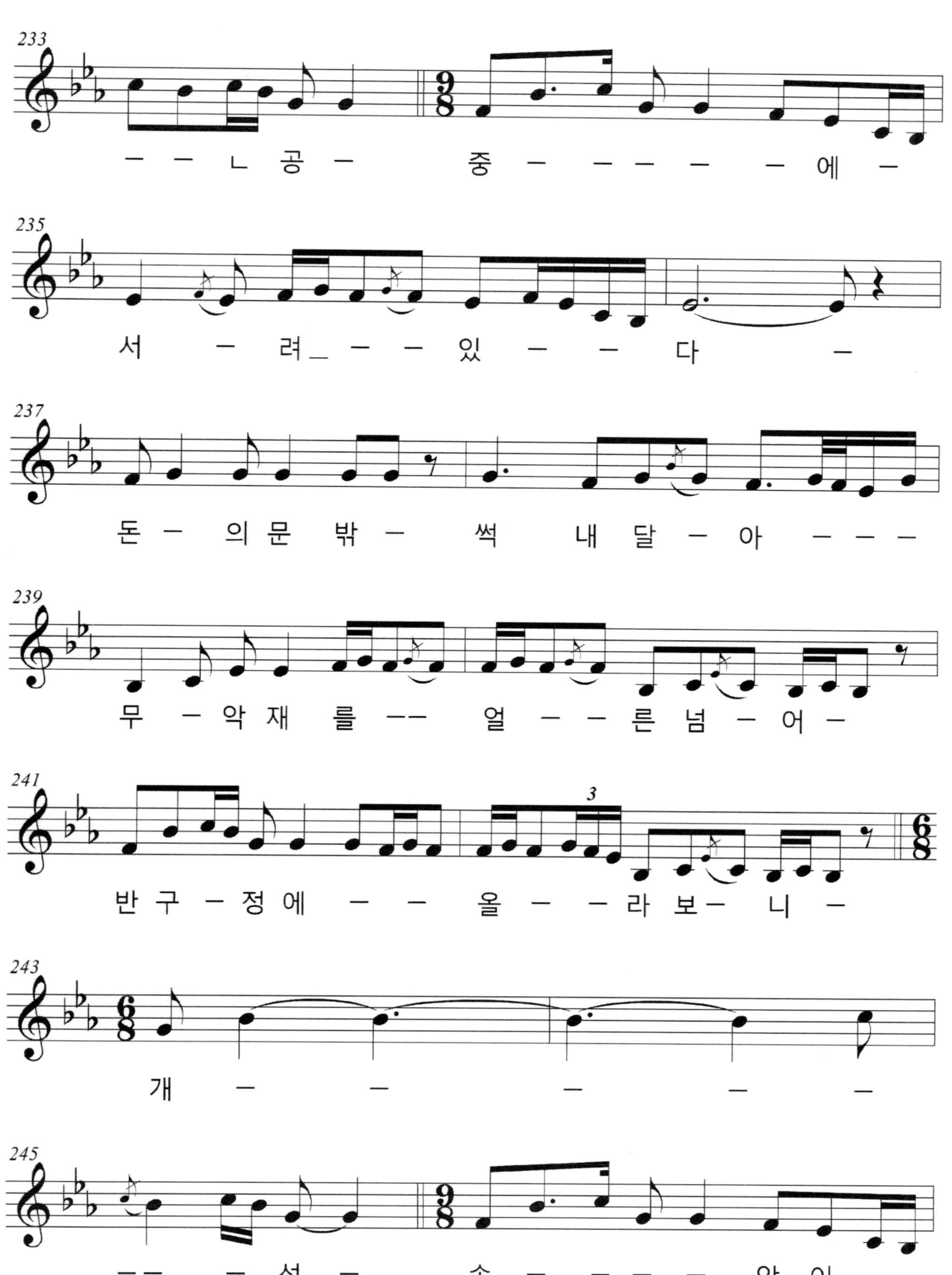
ㄴ공 － 중 － － － － － 에 －
서 － 려＿ － － 있 － － 다 －
돈 － 의문 밖 － 썩 내 달 － 아 － － －
무 － 악 재 를 － － 얼 － － 른 넘 － 어 －
반 구 － 정 에 － － － 올 － － 라 보 － 니 －
개 － － － － － － －
－ － － － 성 － 송 － － － － 악 이 －

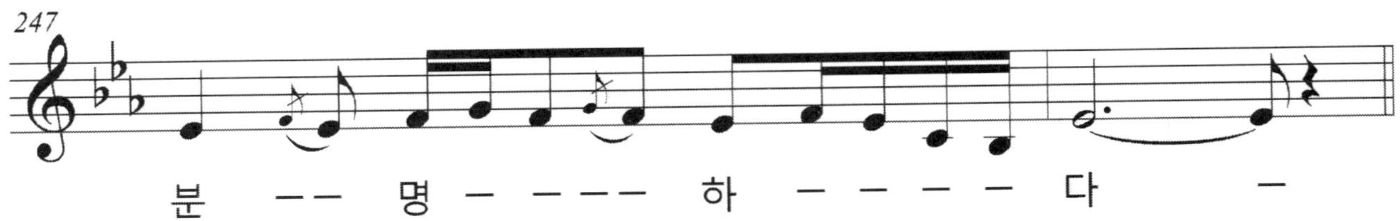
247
분 ― ― 명 ― ― ― ― 하 ― ― ― ― 다 ―

경기 자진 산 타령

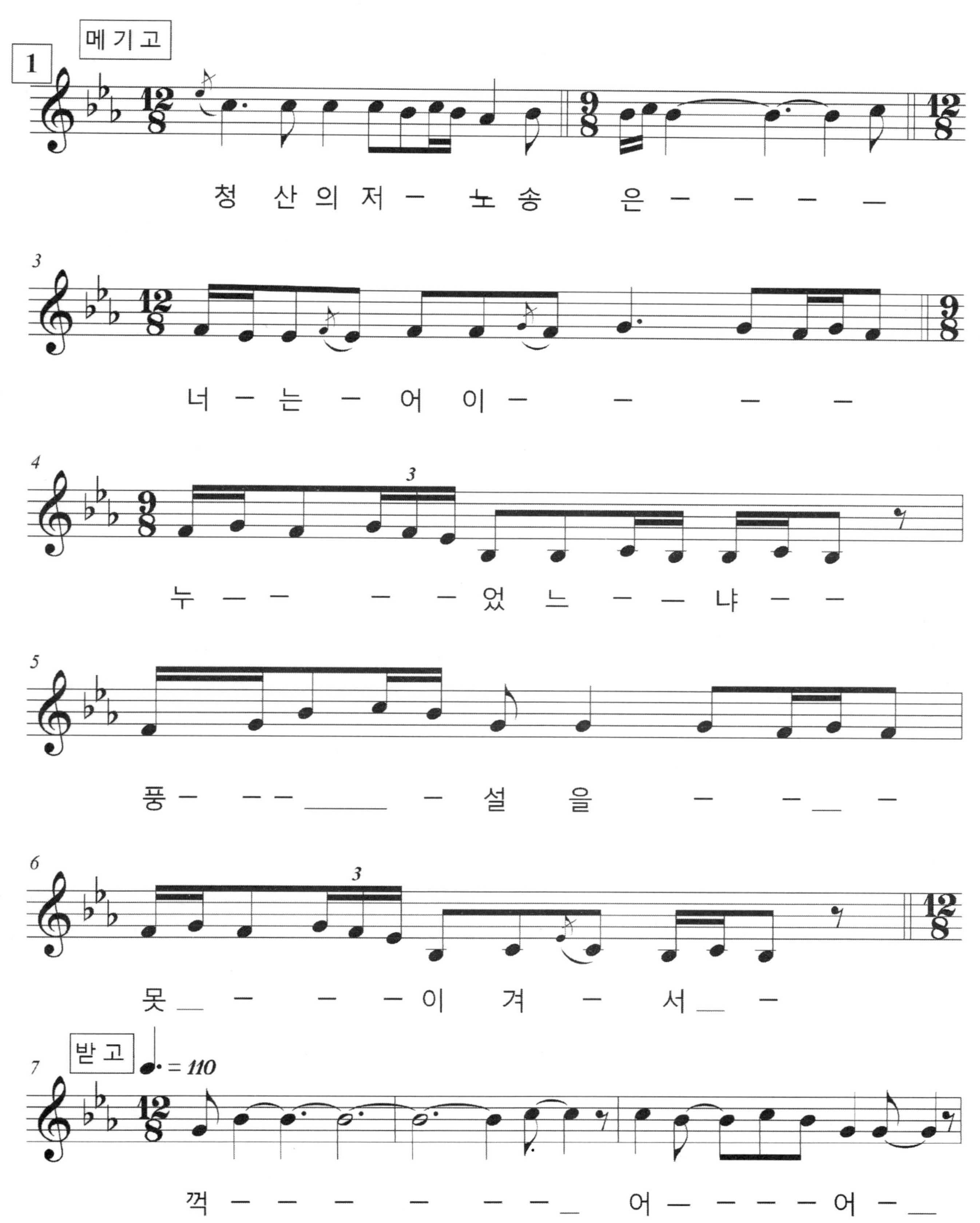

경 기 자 진 산 타 령

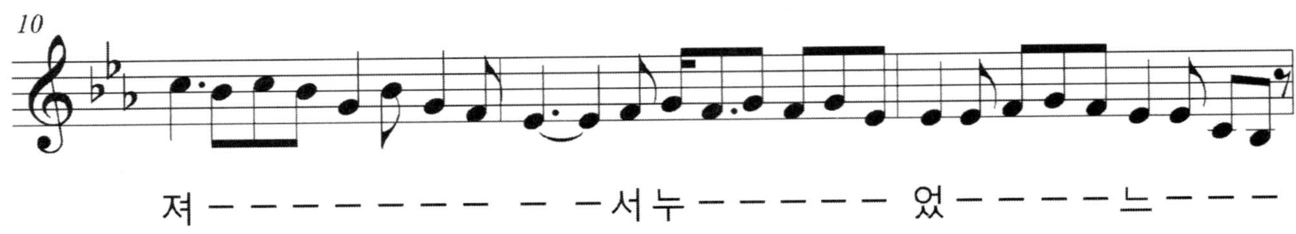
10
져 － － － － － － － － －서누－ － － － 었－ － － 느 － －

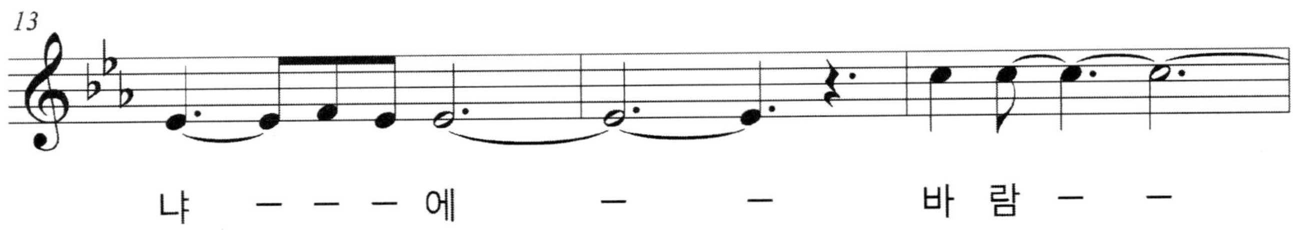
13
냐 － － －에 － － － 바 람 － －

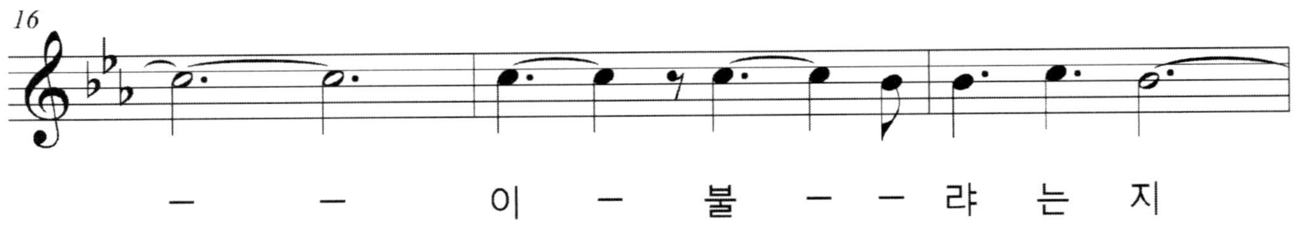
16
－ － 이 － 불 － －랴 는 지

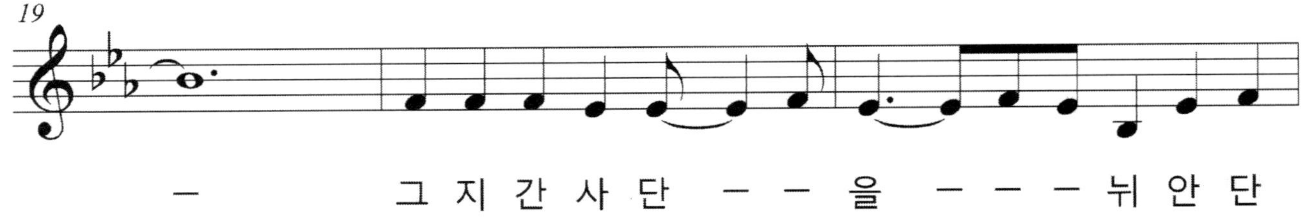
19
－ 그 지 간 사 단 － － 을 － － －뉘 안 단

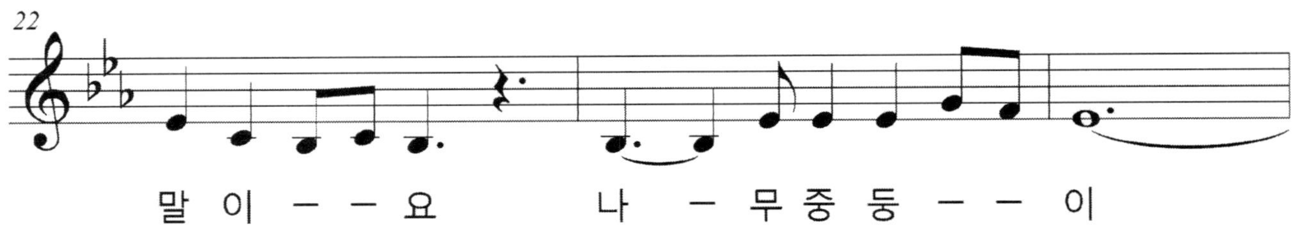
22
말 이 － －요 나 － 무 중 둥 － －이

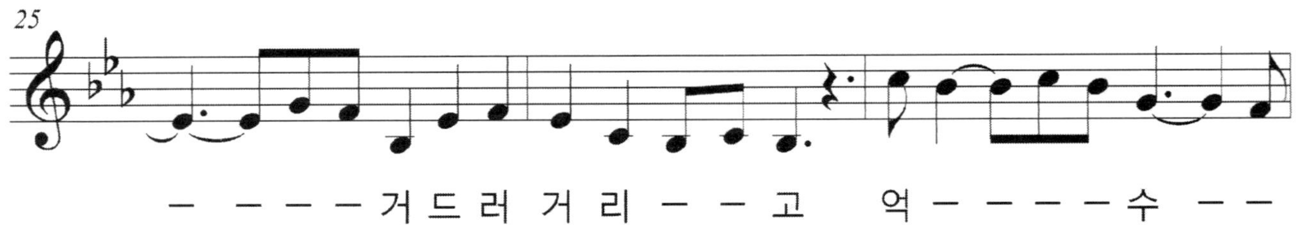
25
－ － － － 거 드 러 거 리 － －고 억 － － － 수 － －

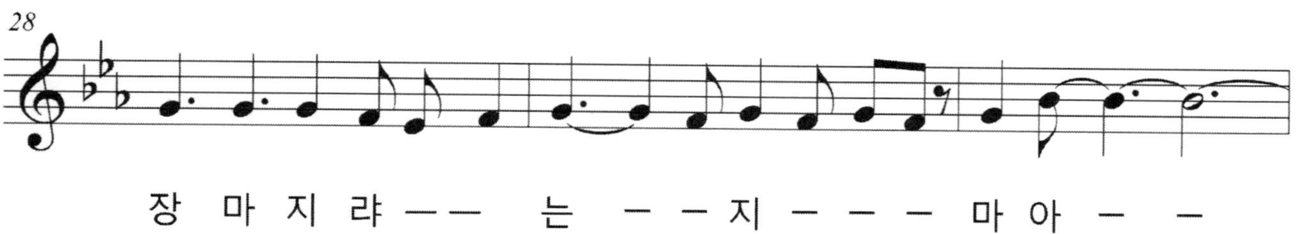
28
장 마 지 랴 — — 는 — — 지 — — — 마 아 — —

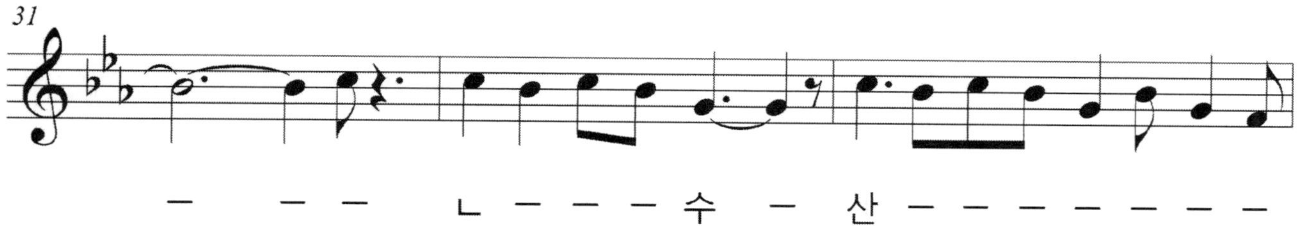
31
— — — — ㄴ — — — 수 — 산 — — — — — —

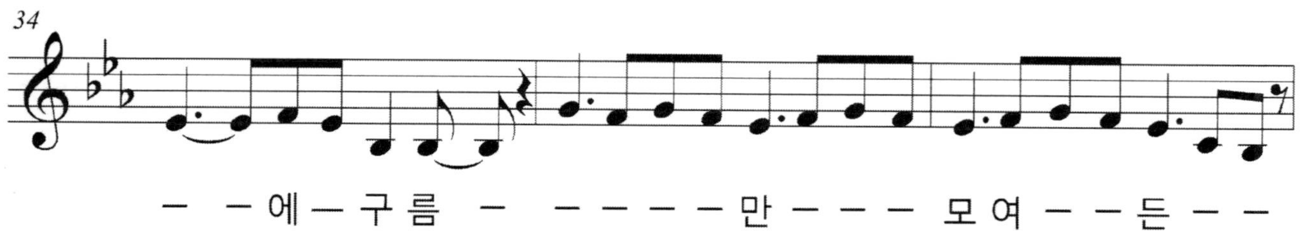
34
— — 에 — 구 름 — — — — — 만 — — — 모 여 — — 든 — — —

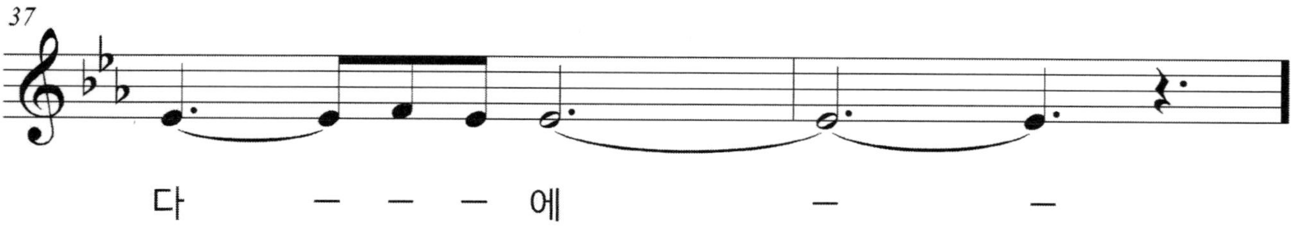
37
다 — — — 에 — —

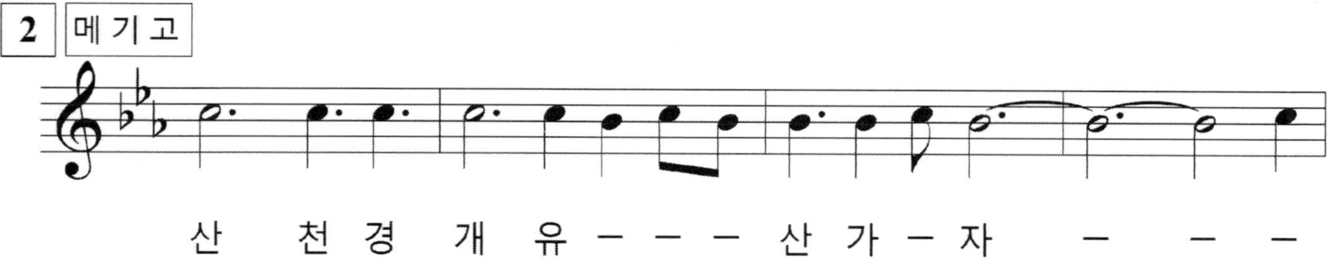
2 메 기 고
산 천 경 개 유 — — — 산 가 — 자 — — — —

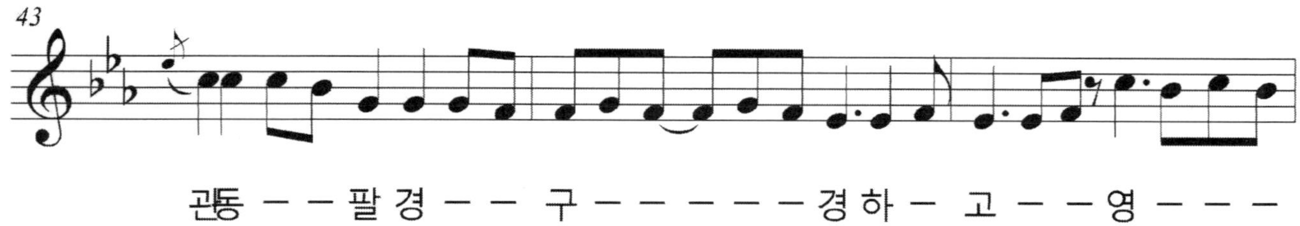
43
괸동 — — 팔 경 — — 구 — — — — — 경 하 — 고 — — 영 — — —

경 기 자 진 산 타 령

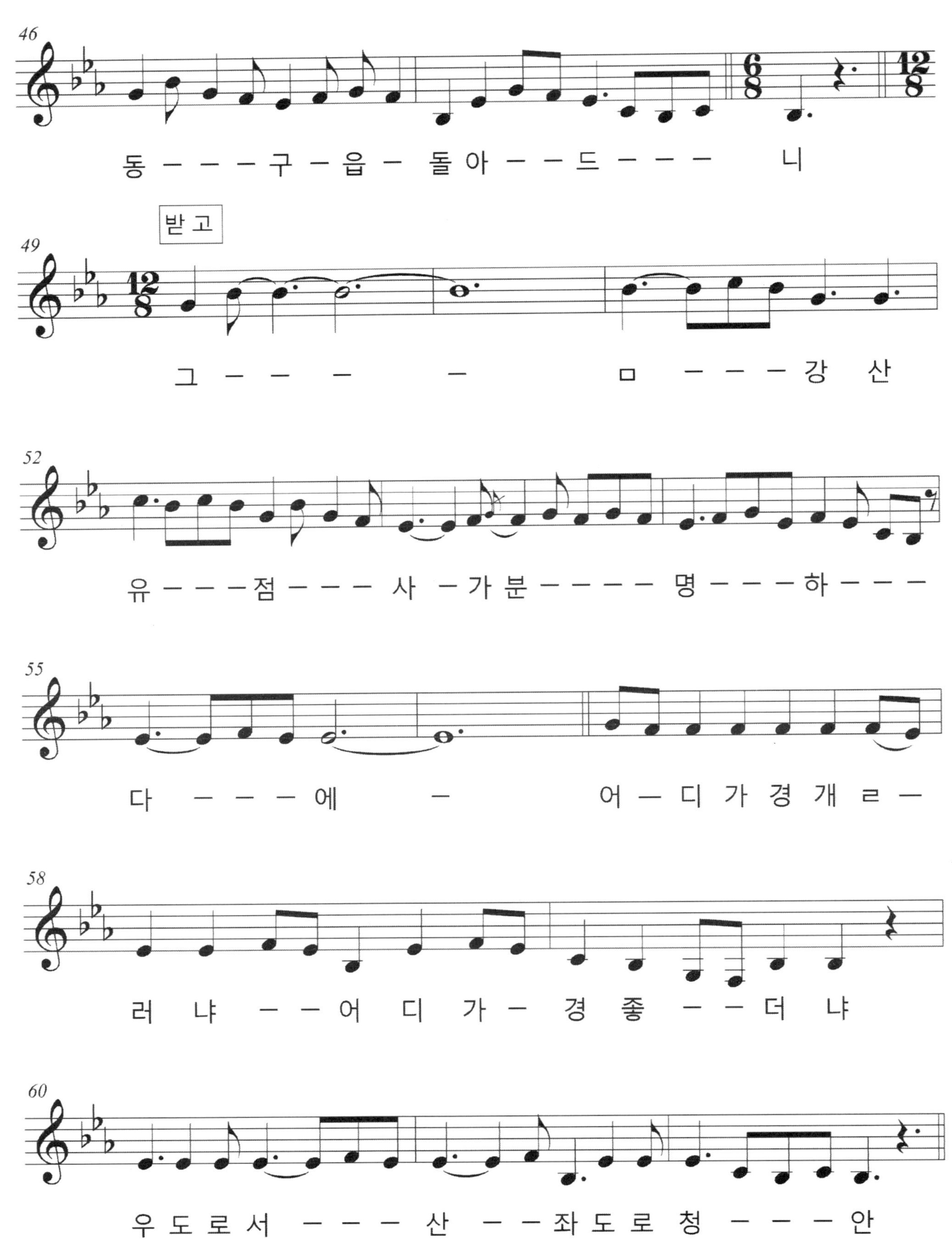
46
동 － － － 구 － 읍 － 돌 아 － － 드 － － － 니
받고
49
그 － － － － ㅁ － － － 강 산
52
유 － － － 점 － － － 사 － 가 분 － － － － 명 － － － 하 － － －
55
다 － － － 에 － 어 － 디 가 경 개 ㄹ －
58
러 냐 － － 어 디 가 － 경 좋 － － 더 냐
60
우 도 로 서 － － － － 산 － － 좌 도 로 청 － － － 안

경 기 자 진 산 타 령

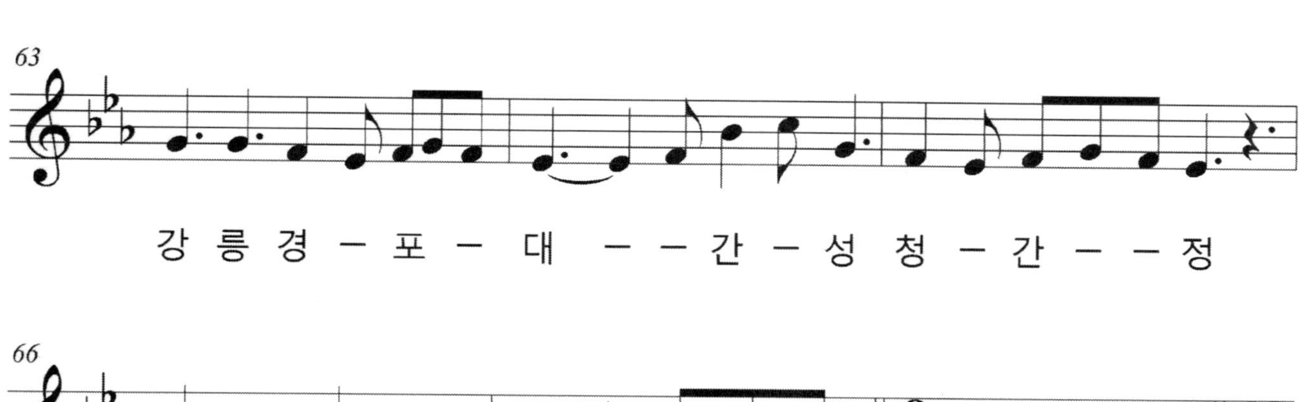
강 릉 경 - 포 - 대 - - - 간 - 성 청 - 간 - - 정

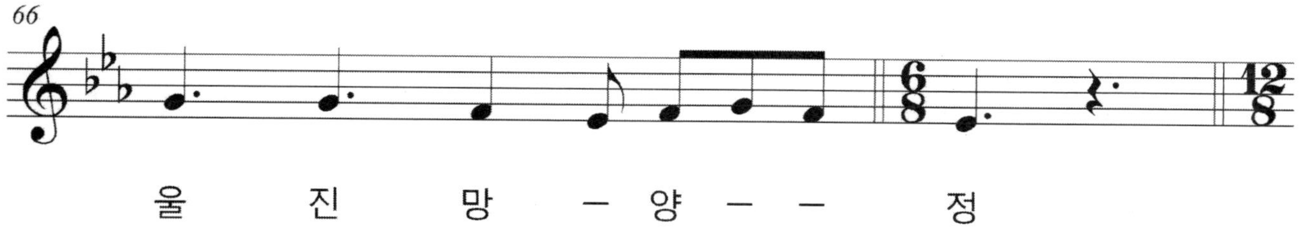
울 진 망 - 양 - - 정

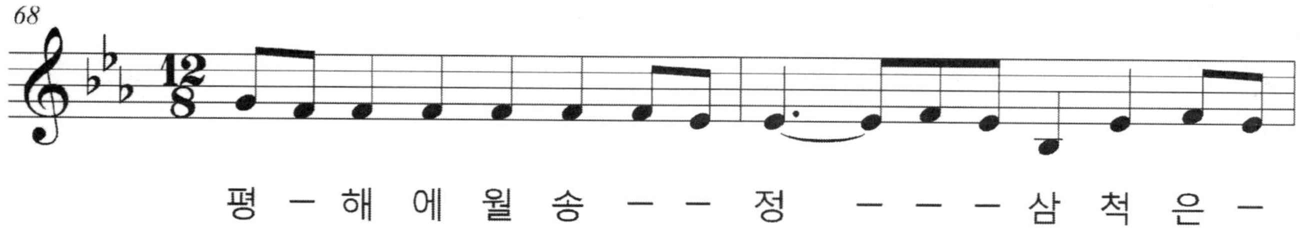
평 - 해 에 월 송 - - 정 - - - - 삼 척 은 -

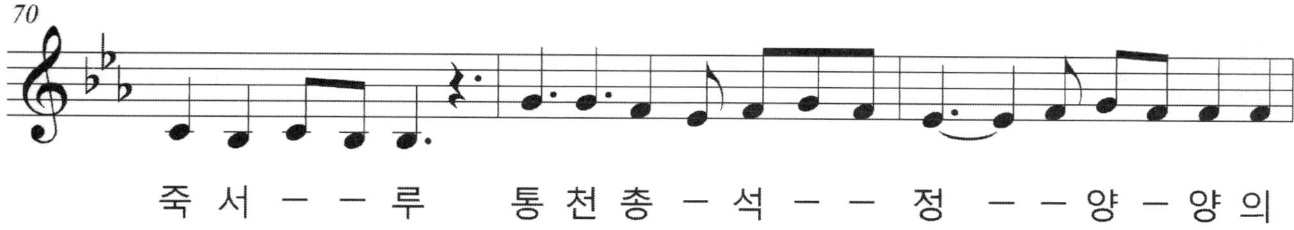
죽 서 - - 루 통 천 총 - 석 - - 정 - - 양 - 양 의

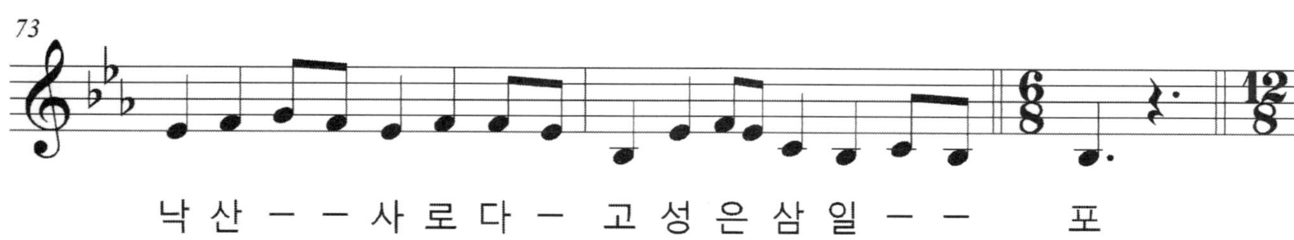
낙 산 - - 사 로 다 - 고 성 은 삼 일 - - 포

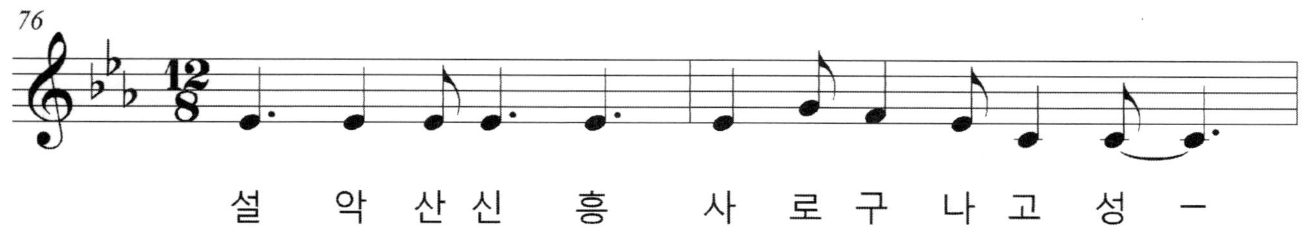
설 악 산 신 흥 사 로 구 나 고 성 -

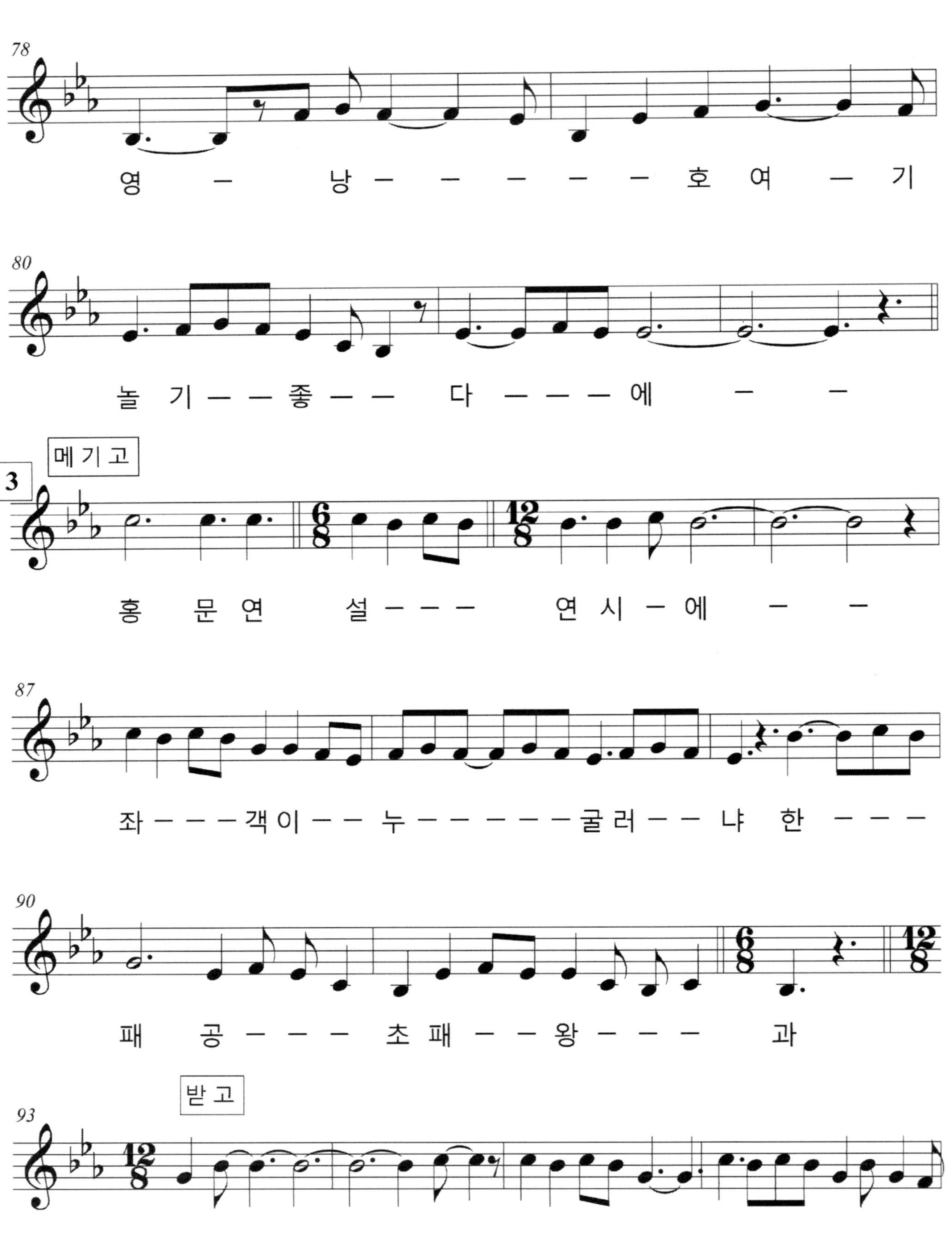
영 — 낭 — — — — — 호 여 — 기
놀 기 — — 좋 — — 다 — — — 에 — —
메 기 고
3
홍 문 연 설 — — — 연 시 — 에 — —
좌 — — — 객 이 — — 누 — — — — — — 굴 러 — — 냐 한 — — —
패 공 — — — 초 패 — — 왕 — — — 과
받 고
자 — — — — — — — ○ — — 량 — 지 — — — — —

경 기 자 진 산 타 령

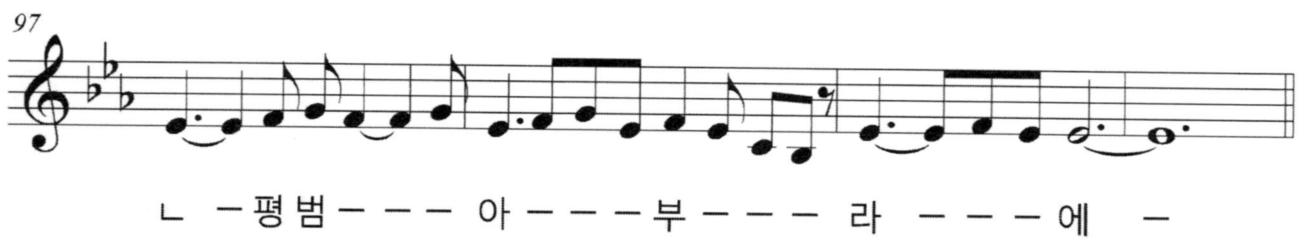
97
ㄴ －평범－－－아－－－부－－－라－－－에 －

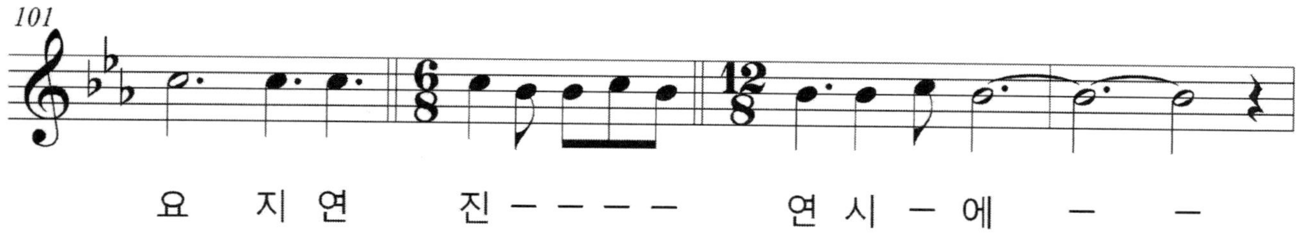
101
요 지 연 진－－－－ 연 시 － 에 － －

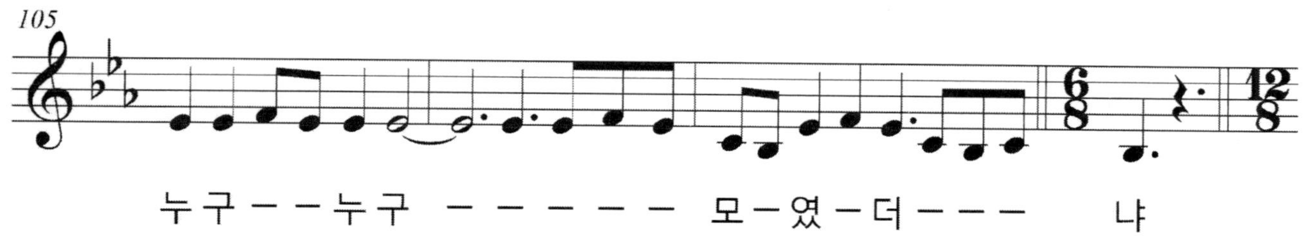
105
누구－－누구 － － － － － 모－였－더－－－ 냐

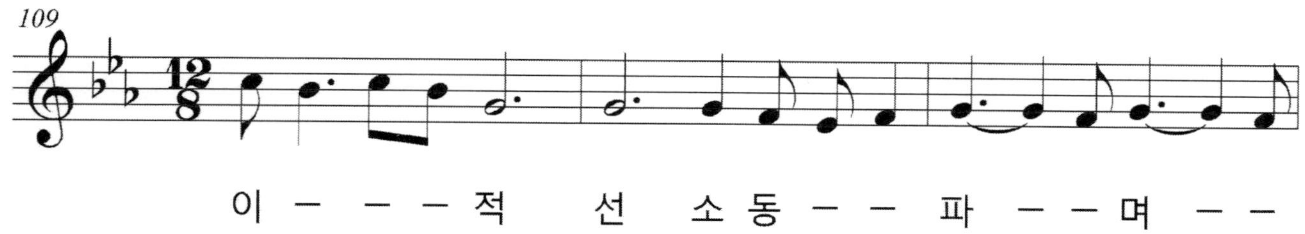
109
이 － － －적 선 소 동 － －파 － －며 － －

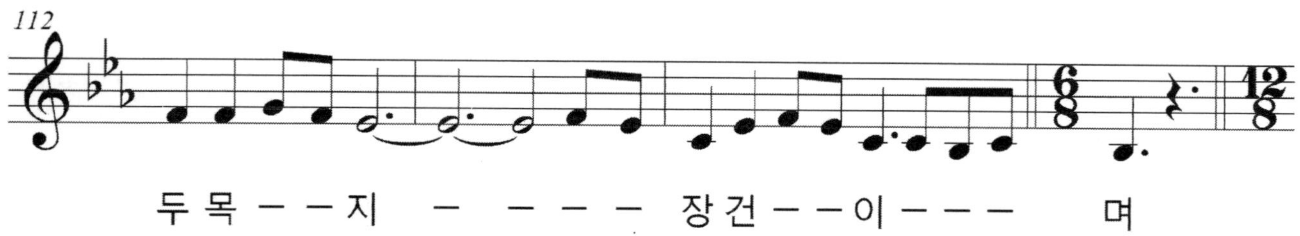
112
두 목 － －지 － － － － 장 건 － －이 － － － 며

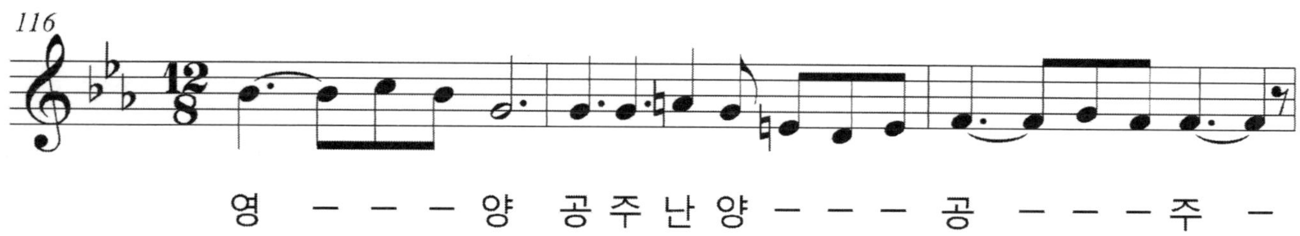
116
영 － － －양 공 주 난 양 － － －공 － － －주 －

경 기 자 진 산 타 령

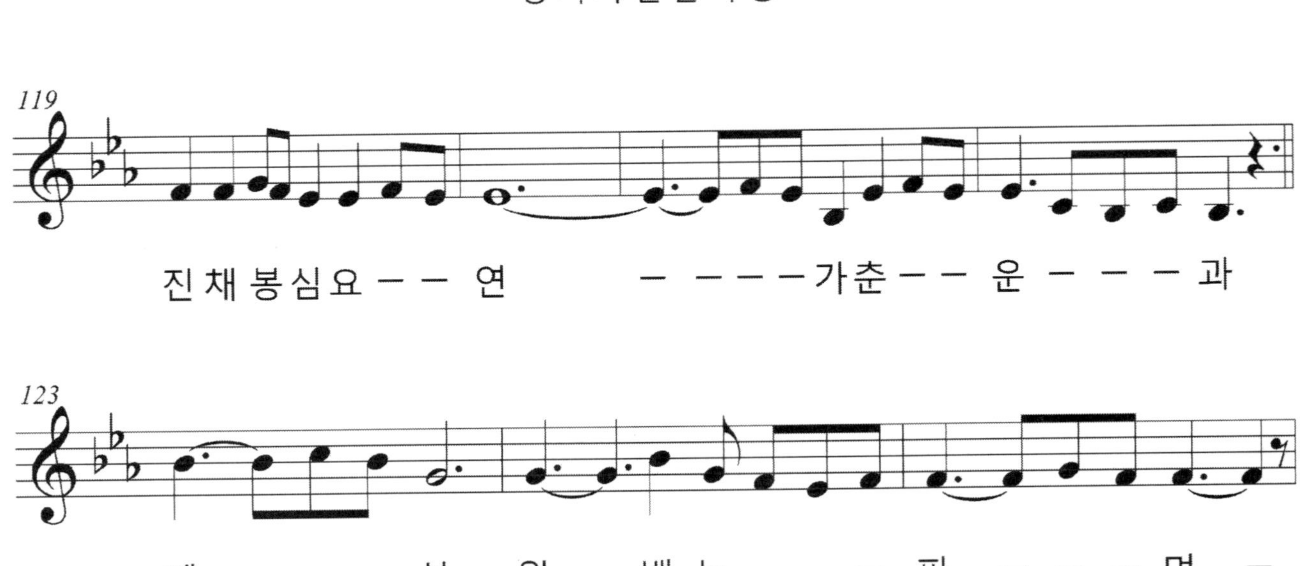
119
123
진 채 봉 심 요 － － 연 － － － － 가 춘 － － 운 － － － 과
계 － － － 섬 월 － 백 능 － － － 파 － － － 며 －

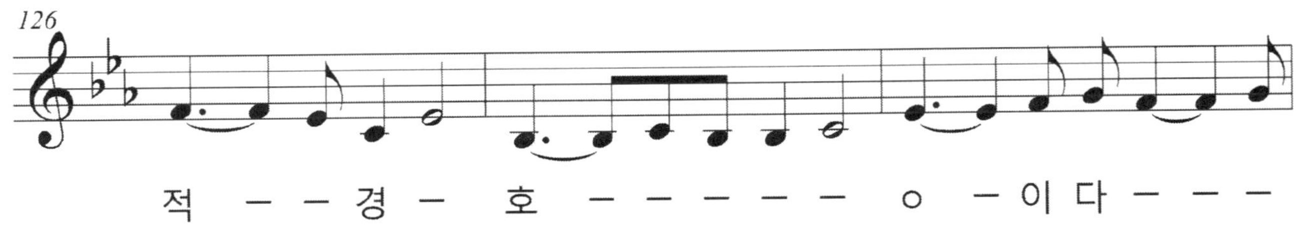
126
적 － － 경 － 호 － － － － － ㅇ － 이 다 － － －

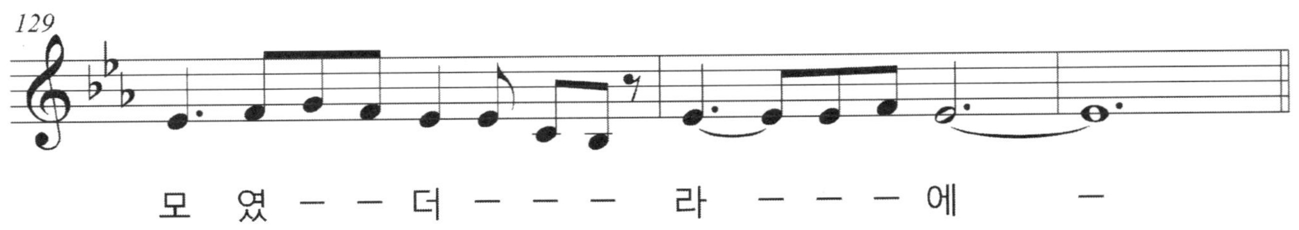
129
모 였 － － 더 － － － 라 － － － 에 －

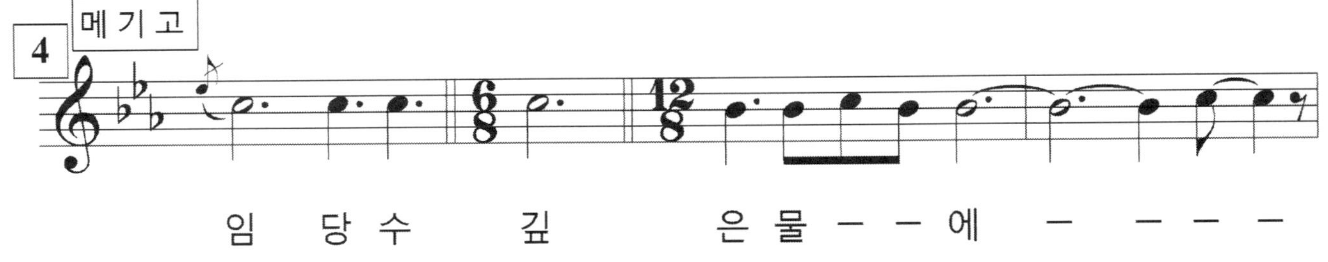
메 기 고
4
임 당 수 깊 은 물 － － 에 － － － － －

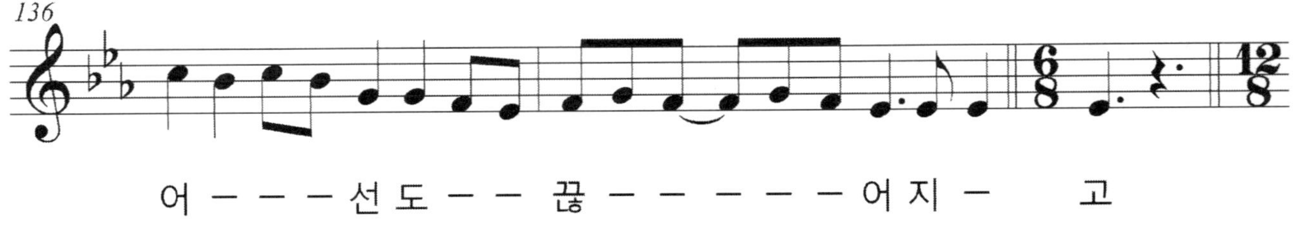
136
어 － － － 선 도 － － 끝 － － － － － － 어 지 － 고

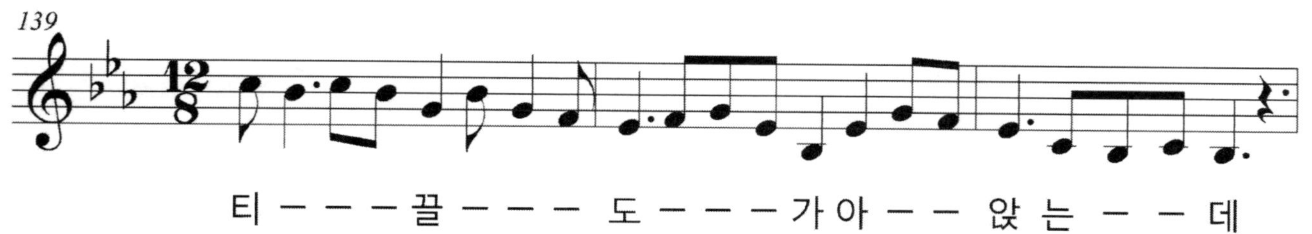
139
티 － － － 끌 － － － 도 － － － 가아 － － 앉 는 － － 데

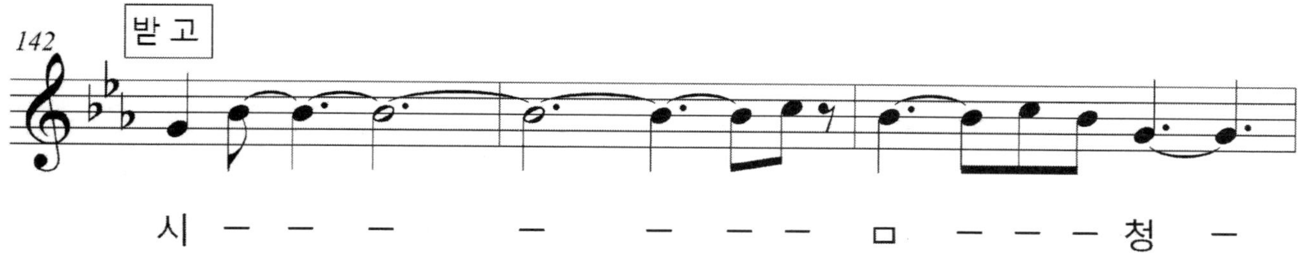
142
받고
시 － － － － － － － ㅁ － － 청 －

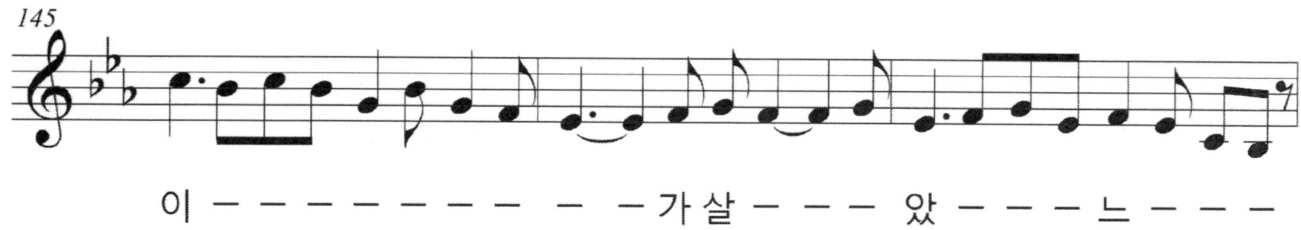
145
이 － － － － － － － － － 가살 － － 앉 － － 느 － － －

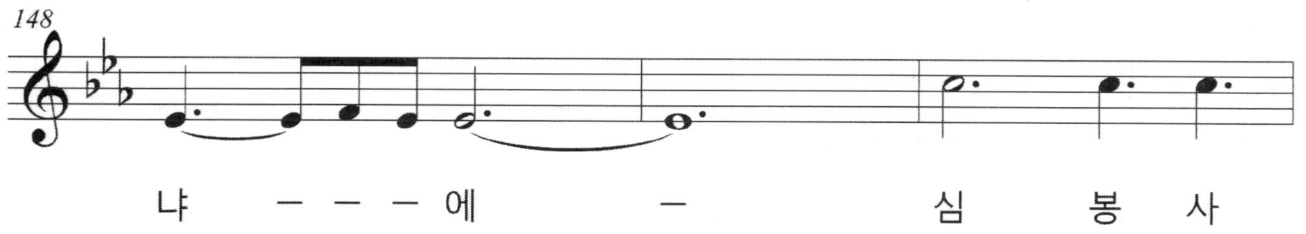
148
냐 － － － 에 － 심 봉 사

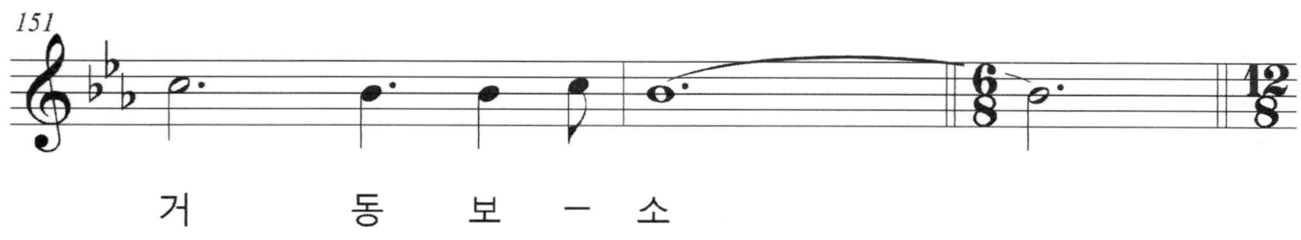
151
거 동 보 － 소

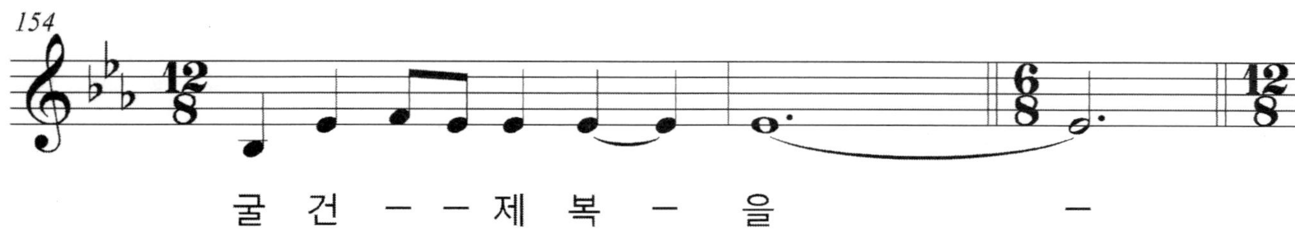
154
굴 건 － － 제 복 － 을 －

경기 자 진 산 타 령

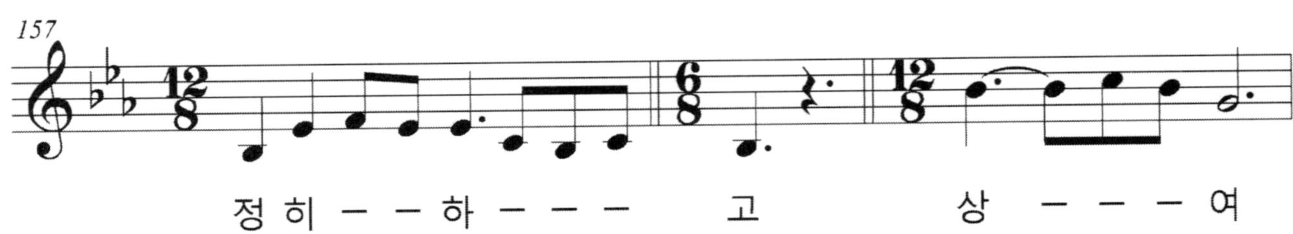
157
정 히 ― ― 하 ― ― ― 고 상 ― ― ― 여

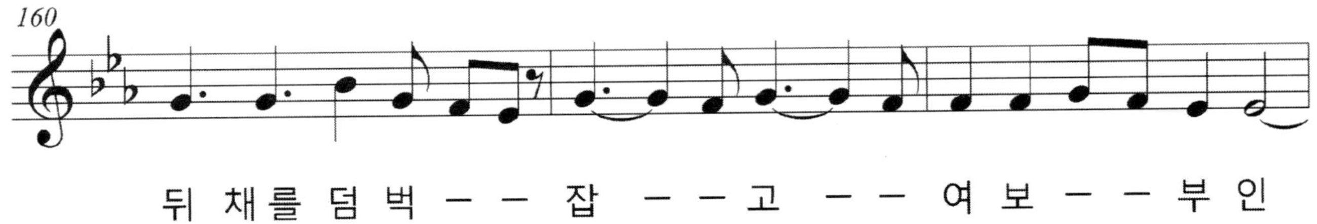
160
뒤 채 를 덤 벅 ― ― 잡 ― ― 고 ― ― 여 보 ― ― 부 인

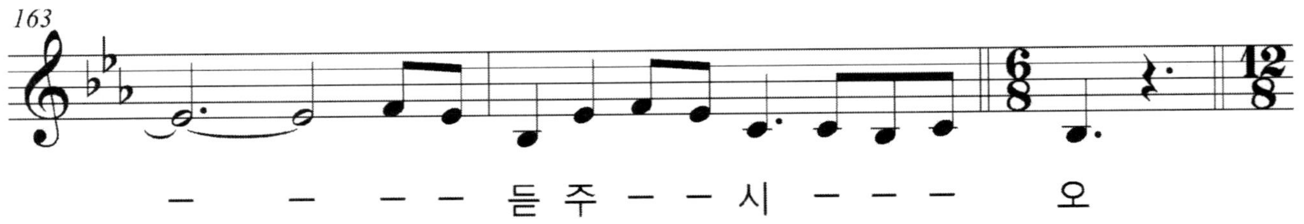
163
― ― ― ― 듣 주 ― ― 시 ― ― ― 오

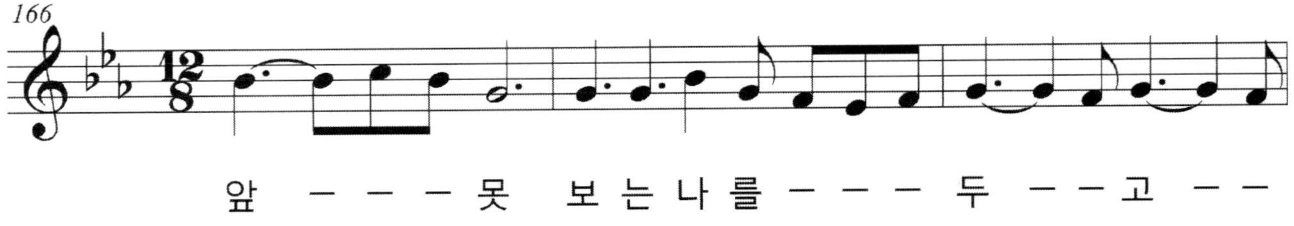
166
앞 ― ― ― 못 보 는 나 를 ― ― ― 두 ― ― 고 ― ―

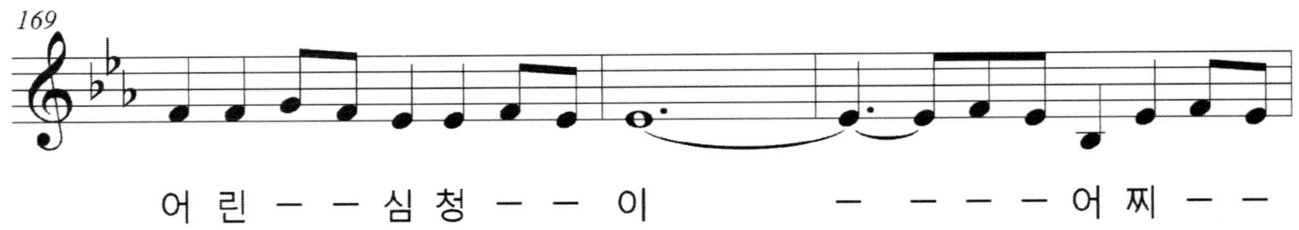
169
어 린 ― ― 심 청 ― ― 이 ― ― ― ― 어 찌 ― ―

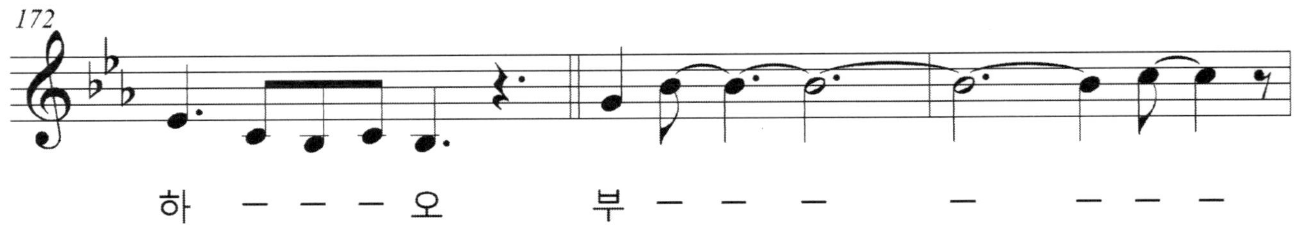
172
하 ― ― 오 부 ― ― ― ― ― ― ―

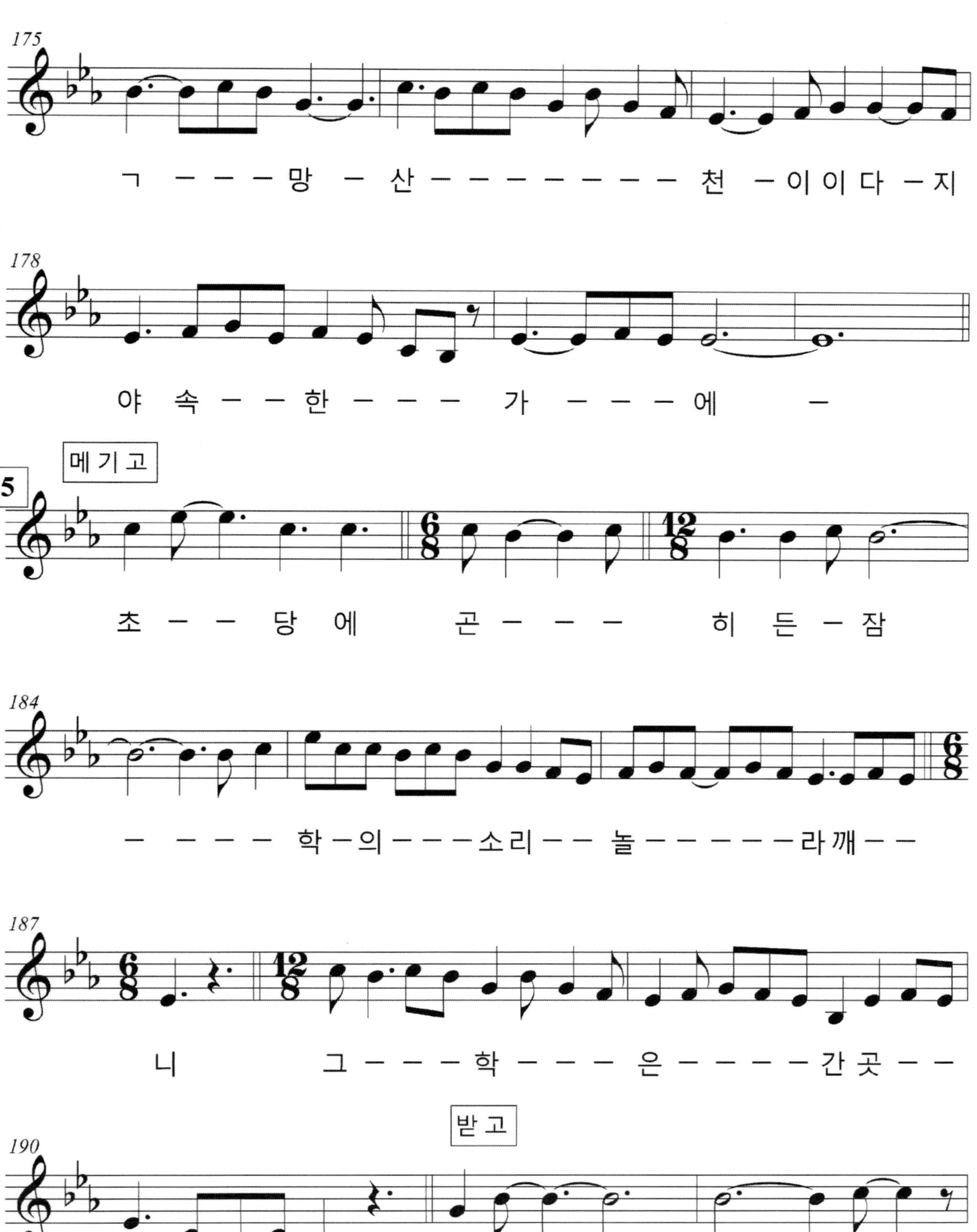
메기고
받고
ㄱ ― ― ―망 ―산 ― ― ― ― ― ―천 ―이 이 다 ―지
야 속 ― ―한 ― ― ―가 ― ― ―에 ―
초 ― ―당 에 곤 ― ― ― 히 든 ―잠
― ― ― ― ―학 ―의 ― ― ―소 리 ― ― 놀 ― ― ― ― ― ―라 깨 ― ―
니 그 ― ― ―학 ― ― 은 ― ― ― ―간 곳 ― ―
없 ― ― ―고 드 ― ― ― ― ― ― ― ― ―

경기자진산타령

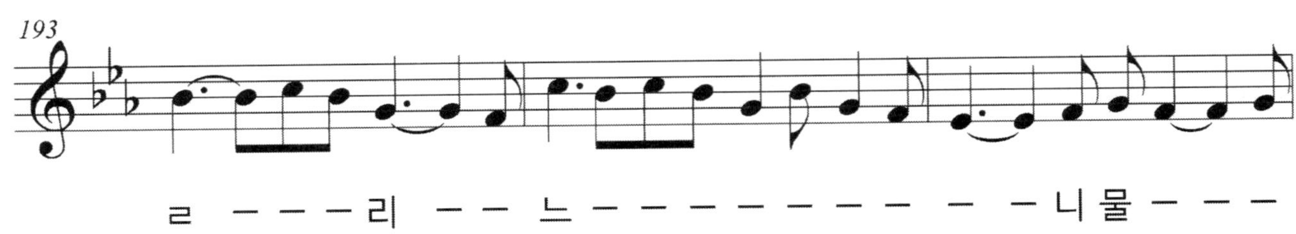

193
르 ー ー ー 리 ー ー 느 ー ー ー ー ー ー ー ー ー ー ー 니 물 ー ー ー

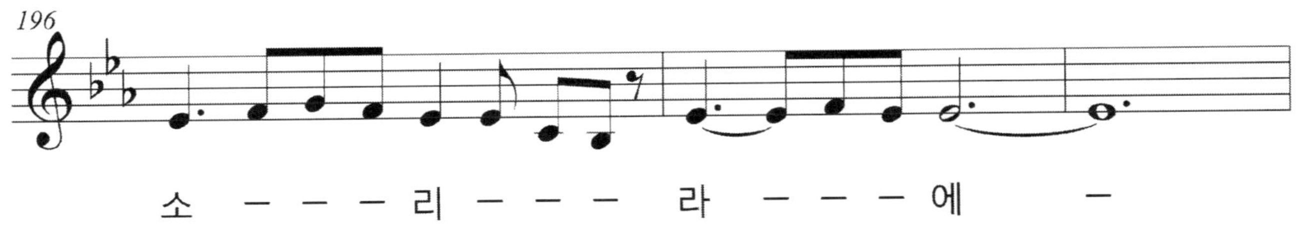

196
소 ー ー ー 리 ー ー ー 라 ー ー ー 에 ー

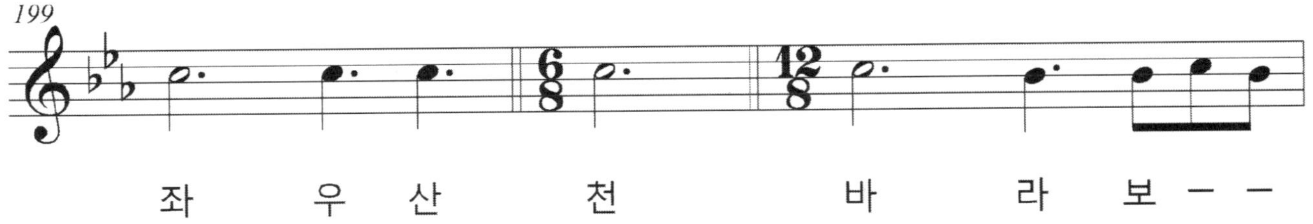

199
좌 우 산 천 바 라 보 ー ー

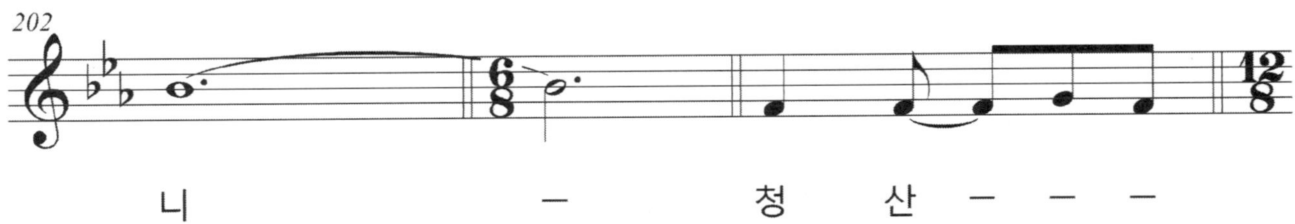

202
니 ー 청 산 ー ー ー

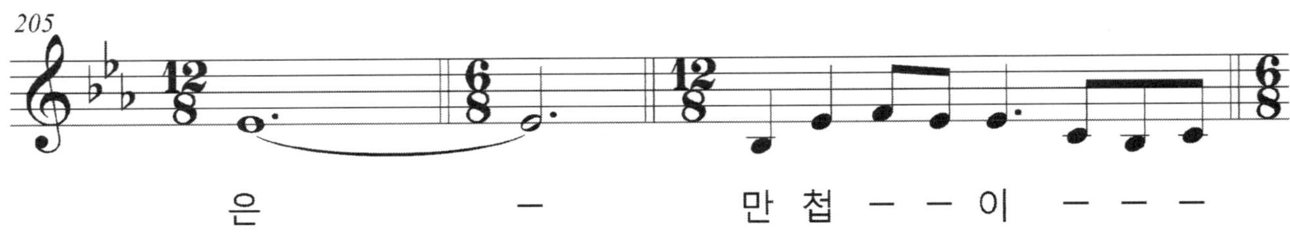

은 ー 만 첩 ー ー 이 ー ー ー

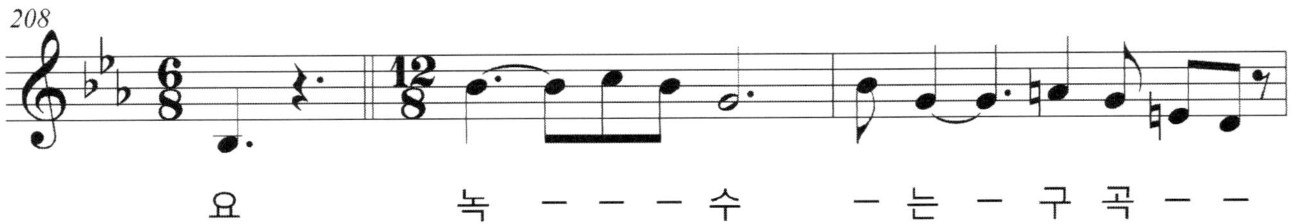

208
요 녹 ー ー ー 수 ー 는 ー 구 곡 ー ー

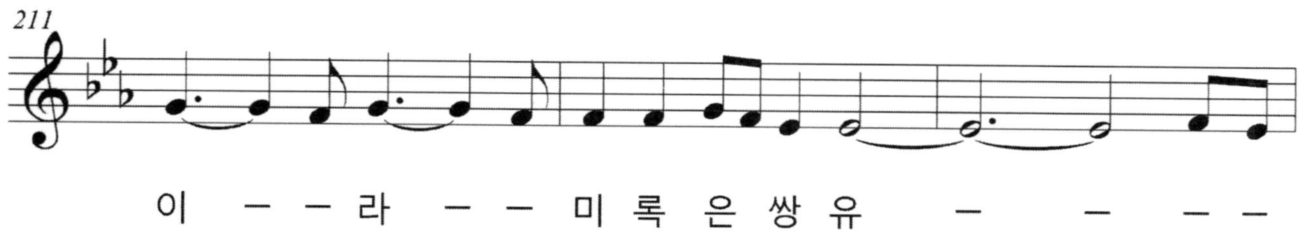
이 － － 라 － － 미 록 은 쌍 유 － － － －

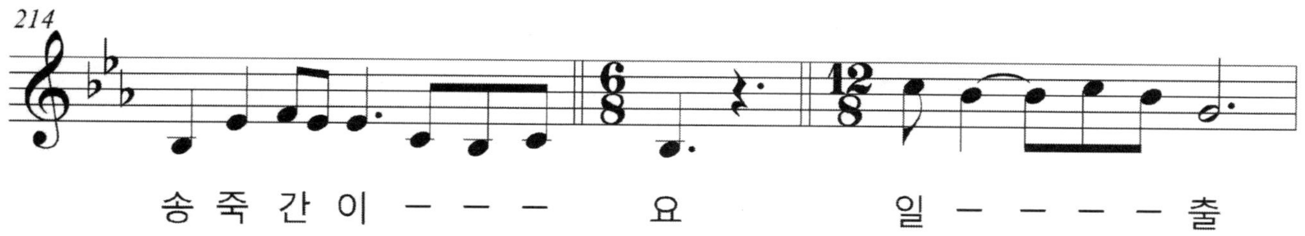
송 죽 간 이 － － － 요 일 － － － － 출

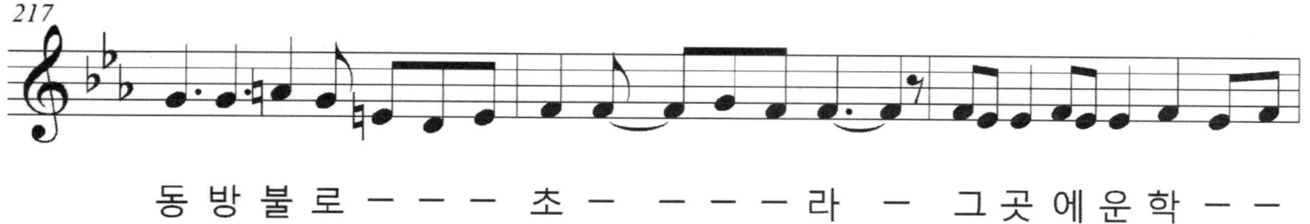
동 방 불 로 － － － 초 － － － － 라 － 그 곳 에 운 학 － －

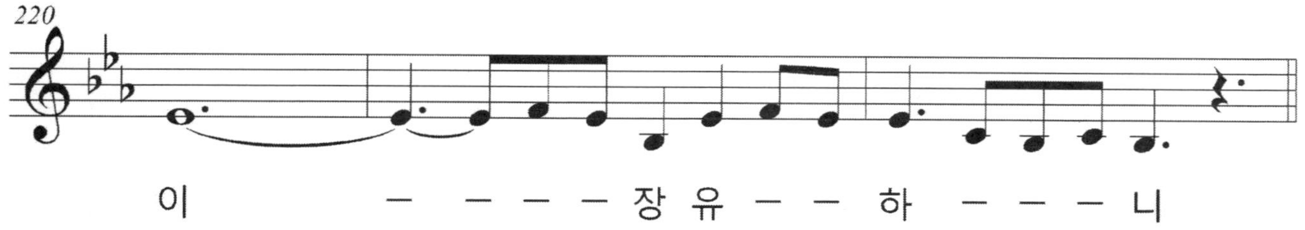
이 － － － － － 장 유 － － 하 － － － 니

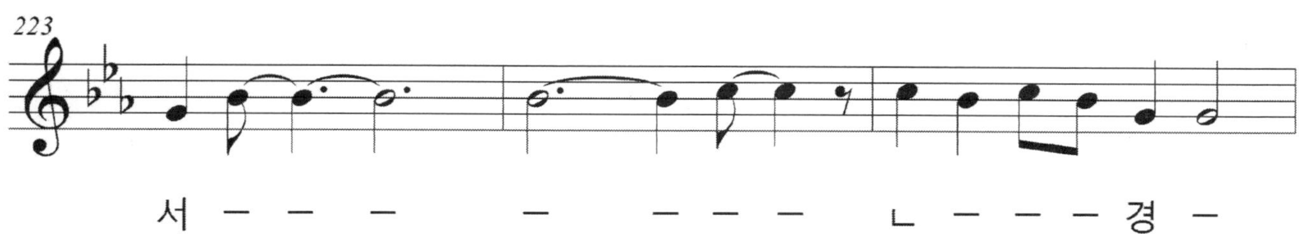
서 － － － － － － － ㄴ － － 경 －

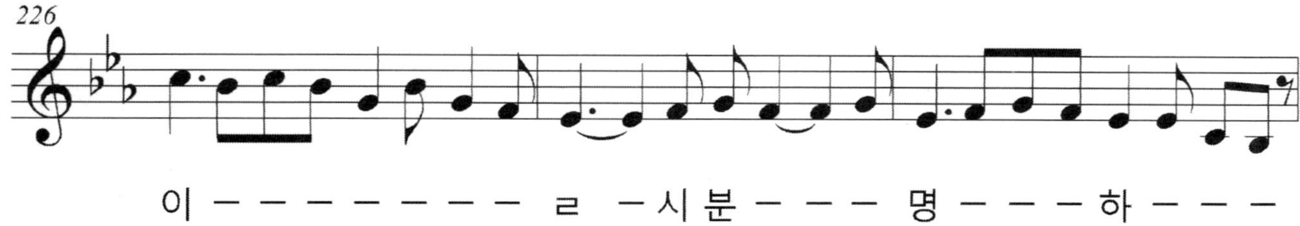
이 － － － － － － ㄹ － 시 분 － － － 명 － － － 하 － － －

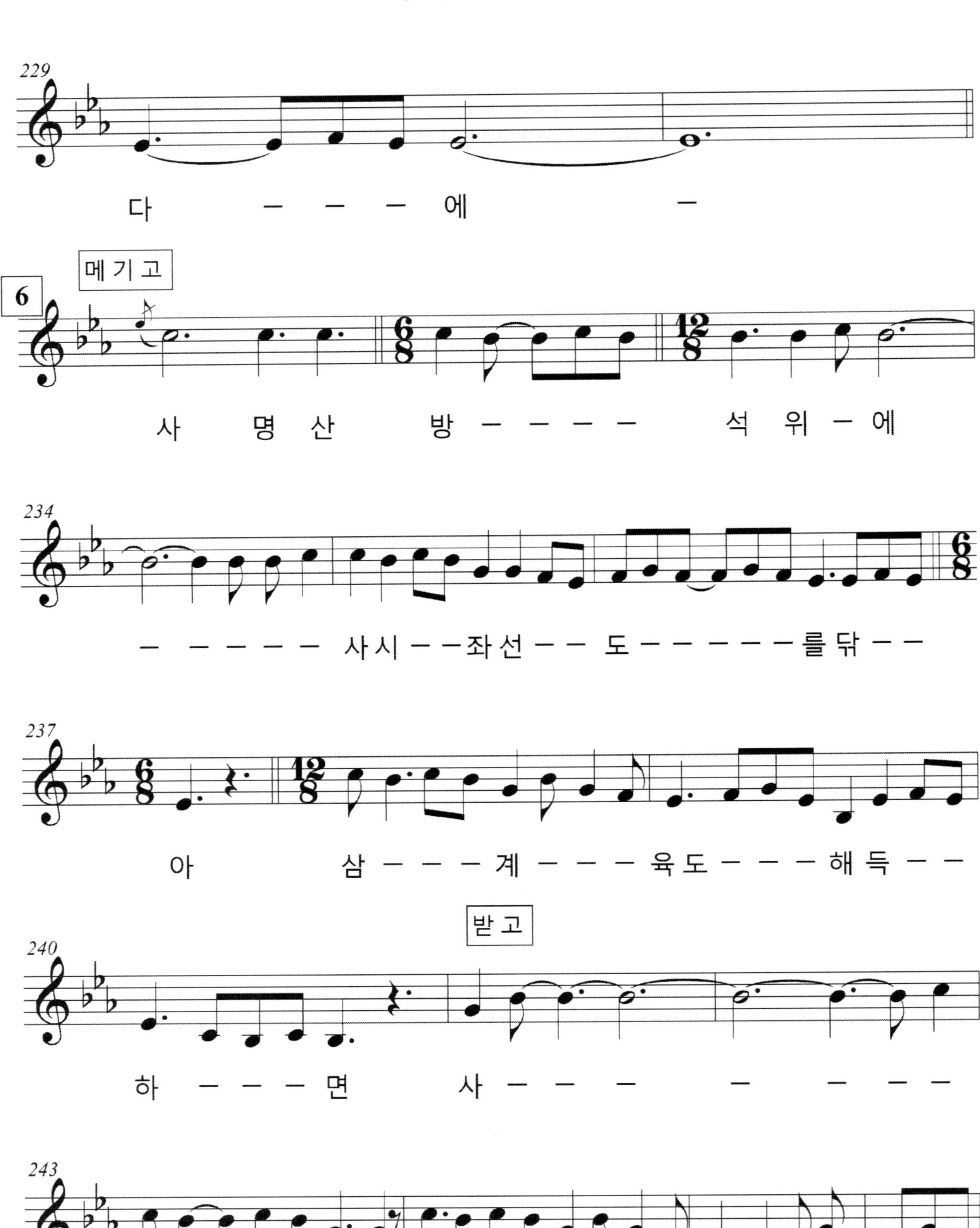
229
다 － － － 에 －
메 기 고
6
사 명 산 방 － － － － 석 위 － 에
234
－ － － － － － 사 시 － － 좌 선 － － 도 － － － － － 를 닦 － －
237
아 삼 － － － 계 － － － 육 도 － － － 해 득 － － －
받 고
240
하 － － － 면 사 － － － － － － － － － －
243
－ － － － － － 종 － 녈 － － － － － － － 반 － 을 이 － － － －

경 기 자 진 산 타 령

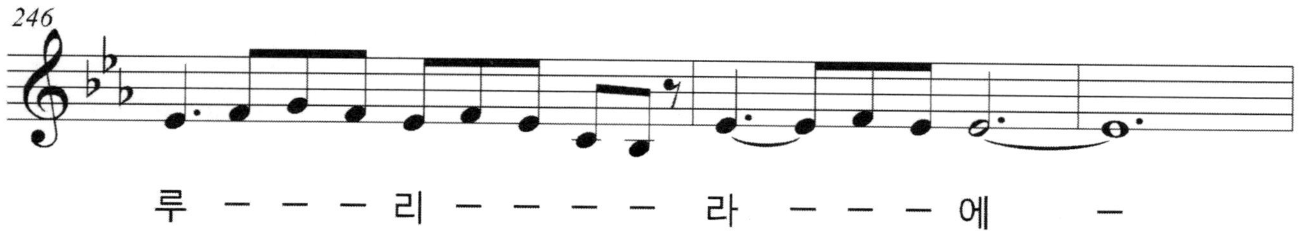
246
루 ― ― ― 리 ― ― ― ― 라 ― ― ― 에 ―

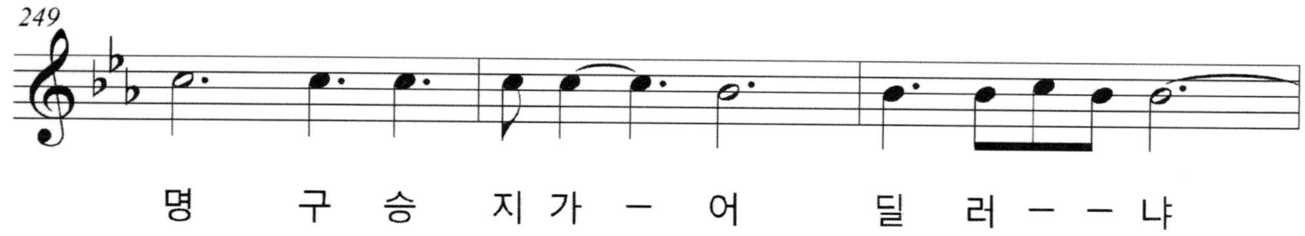
249
명 구 승 지 가 ― 어 딜 러 ― ― 냐

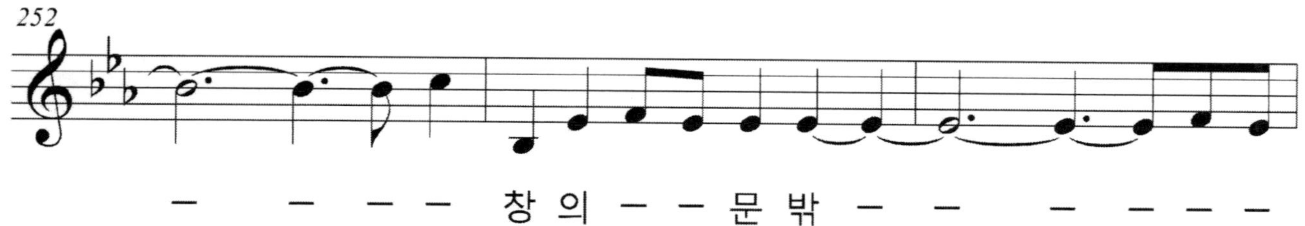
252
― ― ― ― ― 창 의 ― ― 문 밖 ― ― ― ― ― ―

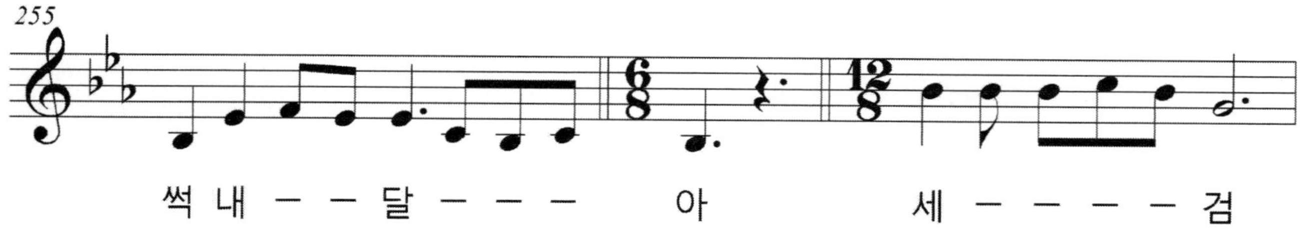
255
썩 내 ― ― 달 ― ― ― 아 세 ― ― ― ― 검

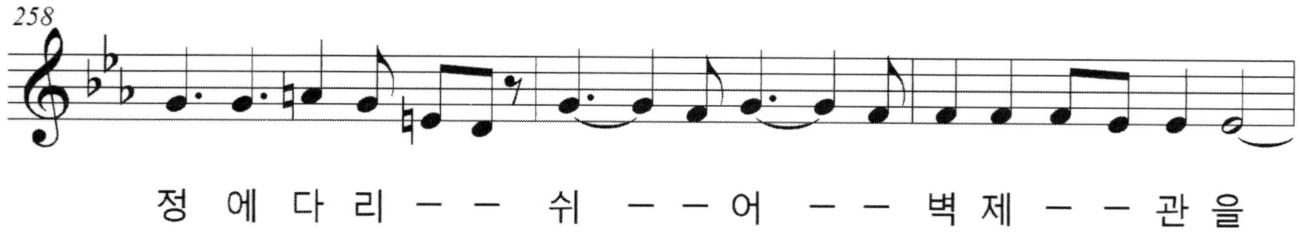
258
정 에 다 리 ― ― 쉬 ― ― 어 ― ― 벽 제 ― ― 관 을

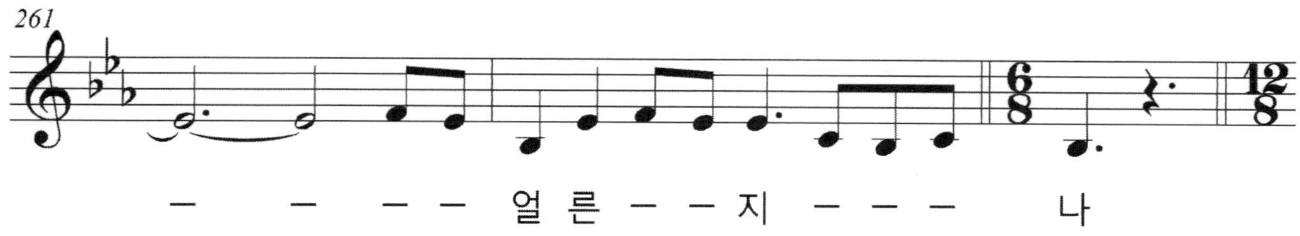
261
― ― ― ― ― 얼 른 ― ― 지 ― ― ― 나

경기 자진 산타령

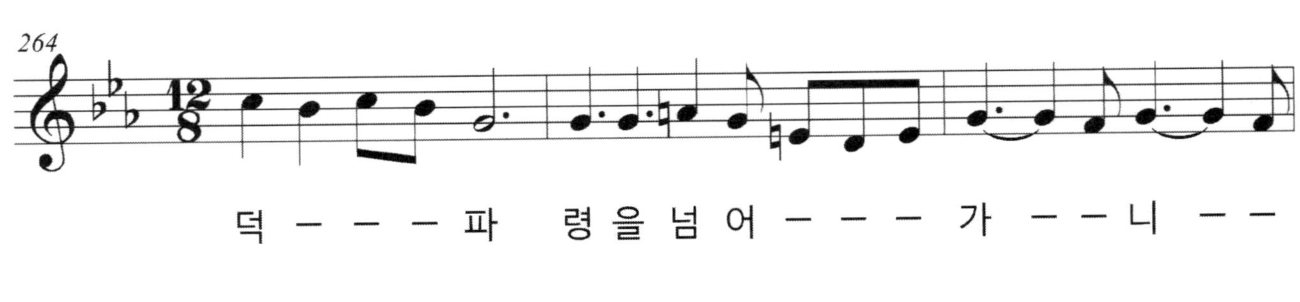
264
12/8
덕 ― ― ― 파 령을 넘 어 ― ― ― 가 ― ― 니 ― ―

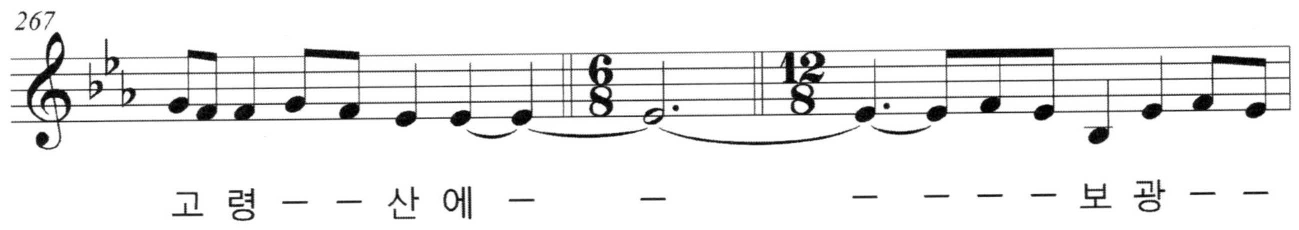
267
6/8
12/8
고 령 ― ― 산 에 ― ― ― ― ― ― ― 보 광 ― ―

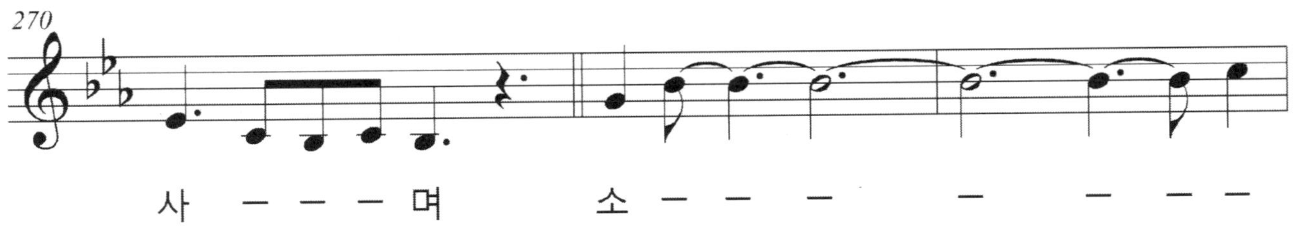
270
사 ― ― ― 며 ― 소 ― ― ― ― ― ― ― ―

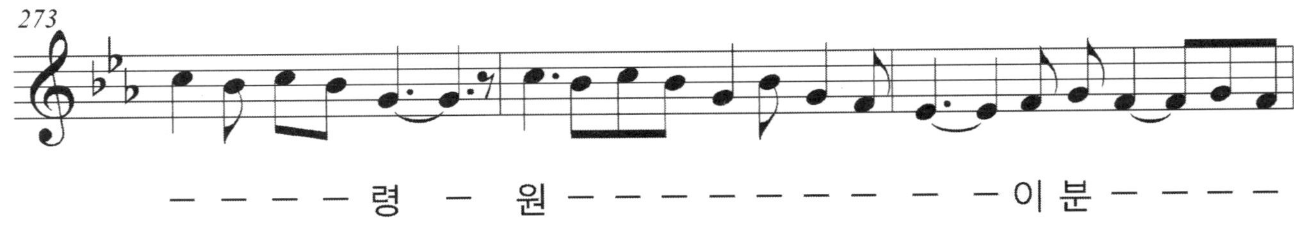
273
― ― ― ― ― 령 ― 원 ― ― ― ― ― ― ― ― ―이 분 ― ― ― ―

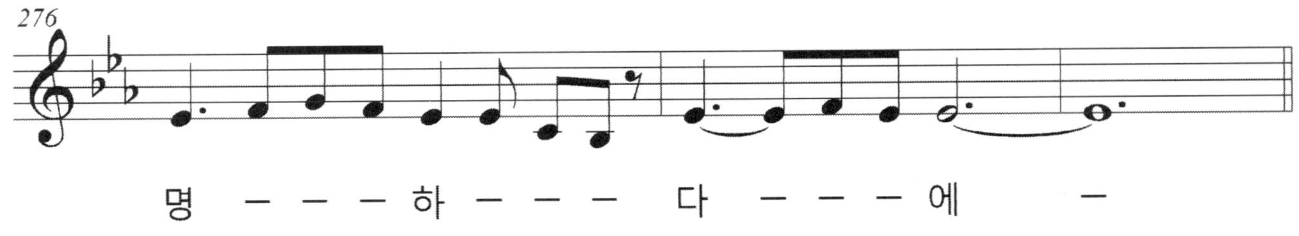
276
명 ― ― ― 하 ― ― ― 다 ― ― ― 에 ―

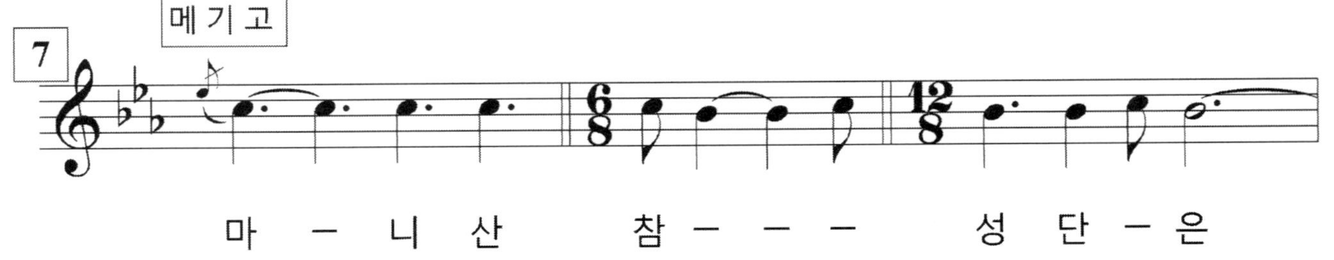
메 기 고
7
6/8
12/8
마 ― 니 산 참 ― ― ― 성 단 ―은

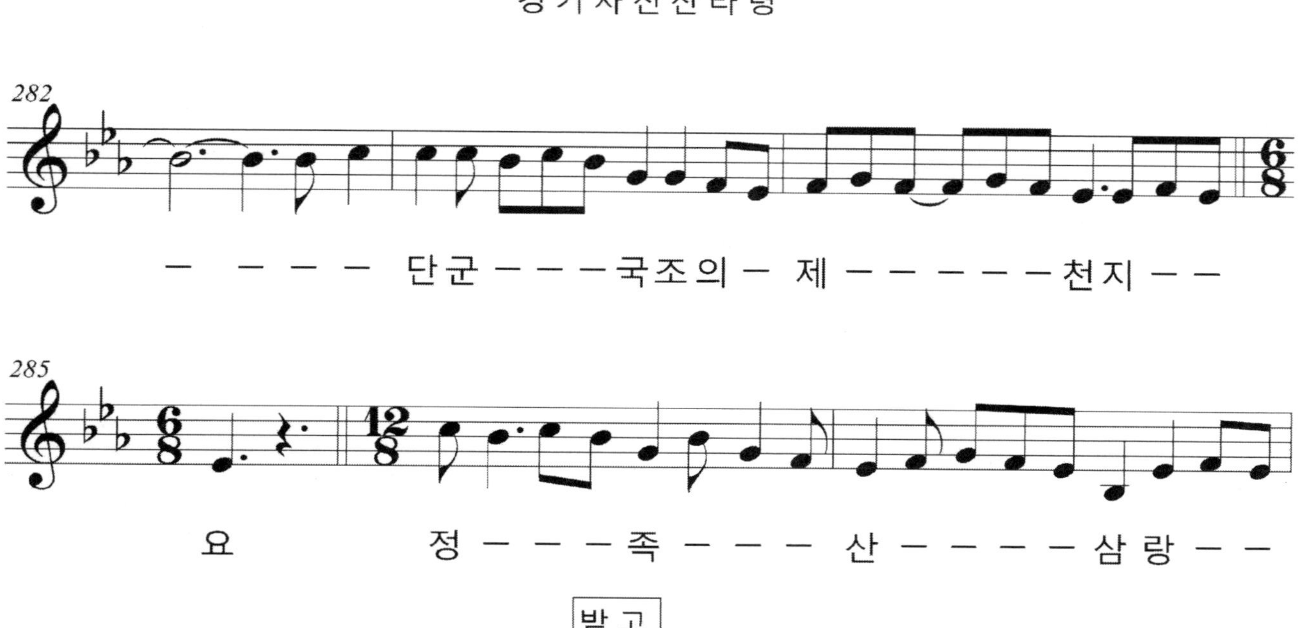
282
285
단군 ― ― ― 국조의 ― 제 ― ― ― ― ― 천지 ― ―
요 정 ― ― ― 족 ― ― ― 산 ― ― ― ― 삼 랑 ― ―

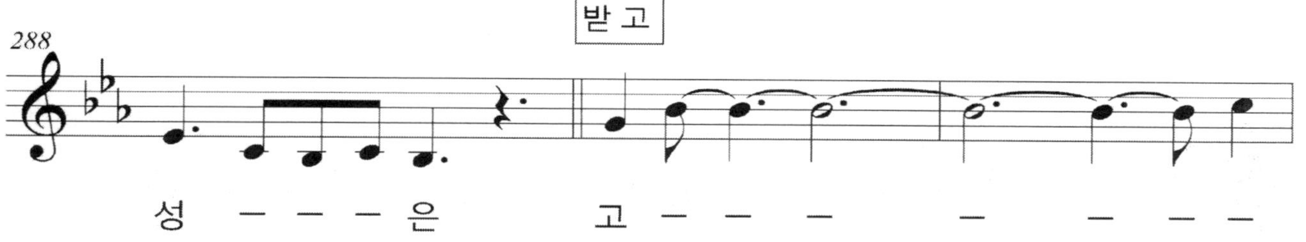
288
받 고
성 ― ― ― 은 고 ― ― ― ― ― ― ― ―

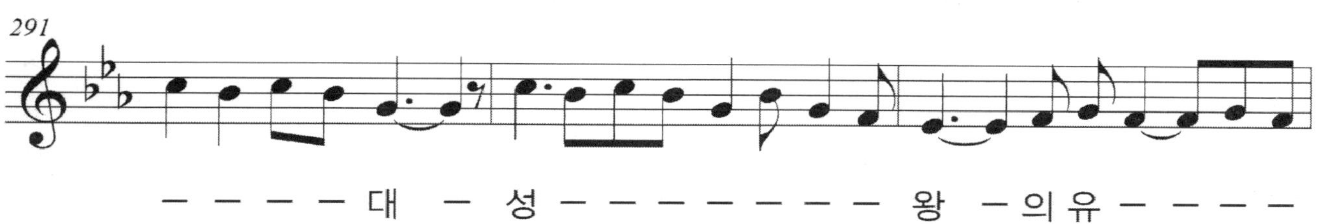
291
― ― ― ― ― 대 ― 성 ― ― ― ― ― ― ― 왕 ―의유 ― ― ―

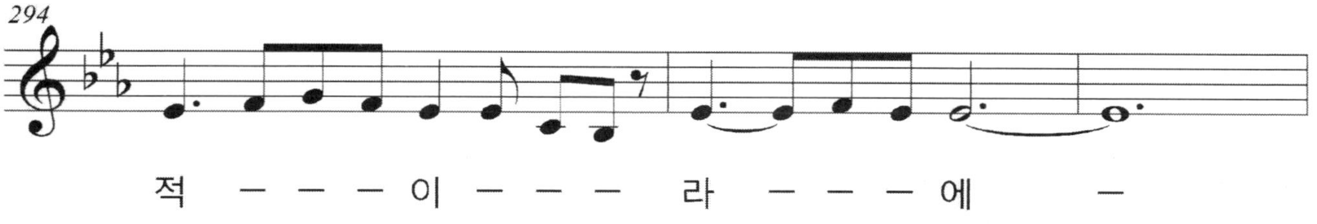
294
적 ― ― ― 이 ― ― ― 라 ― ― ― 에 ― ―

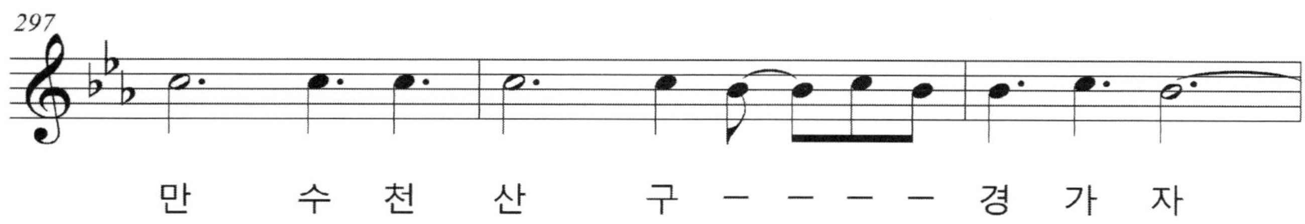
297
만 수 천 산 구 ― ― ― ― ― 경 가 자

경 기 자 진 산 타 령

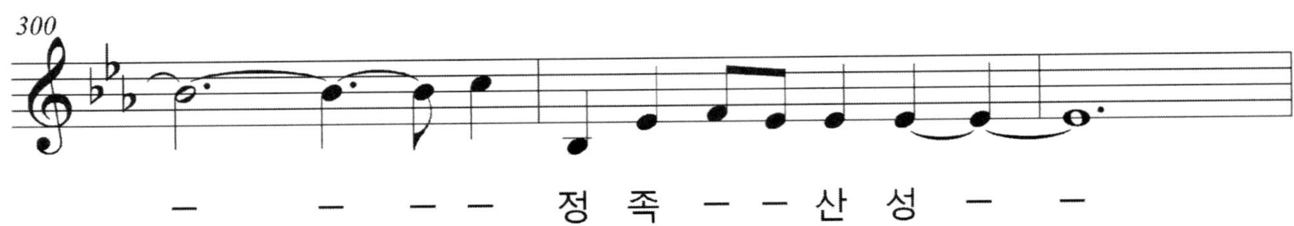

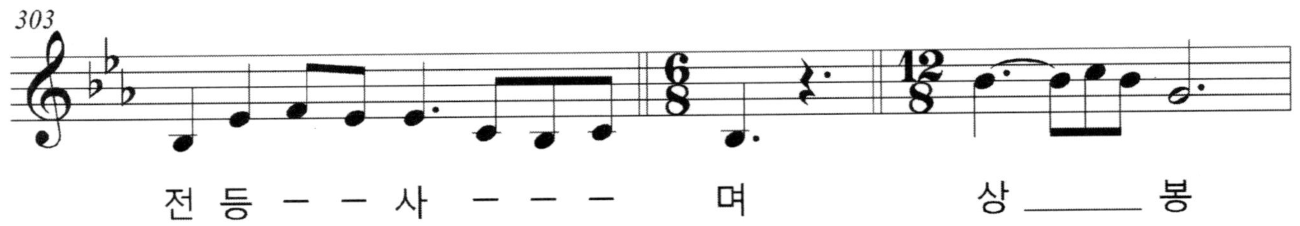

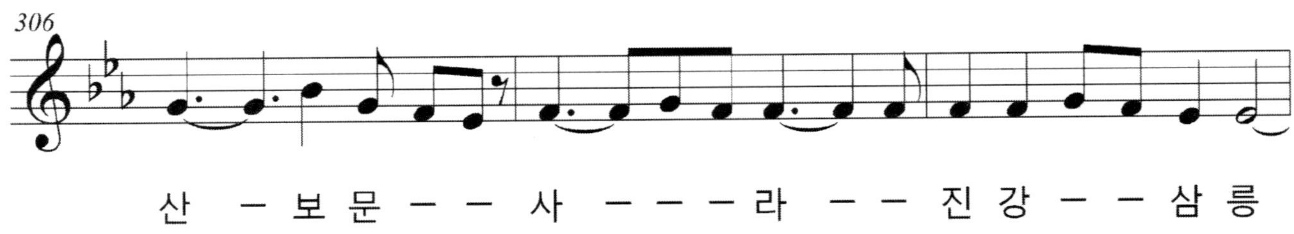

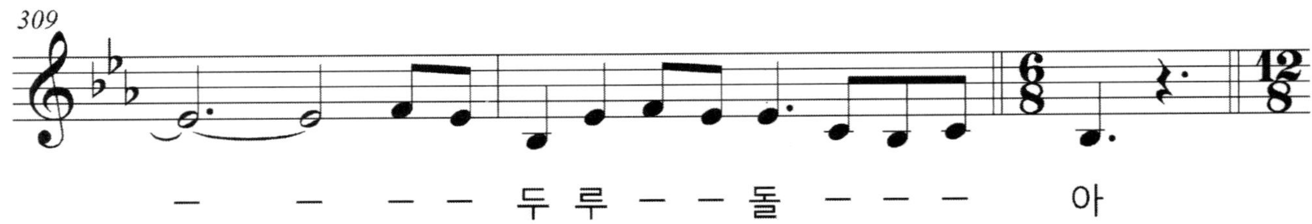

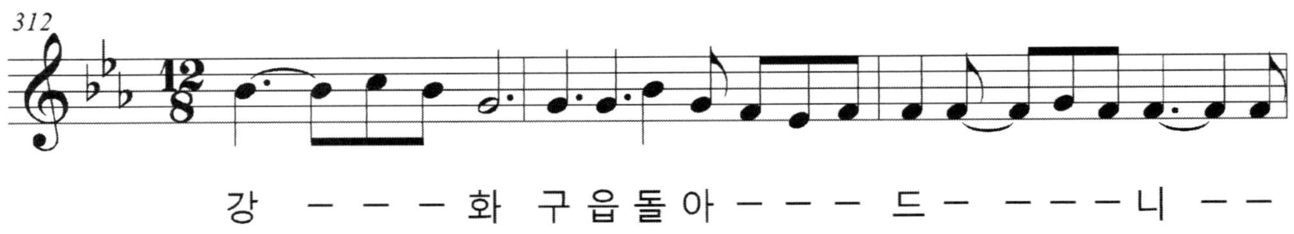

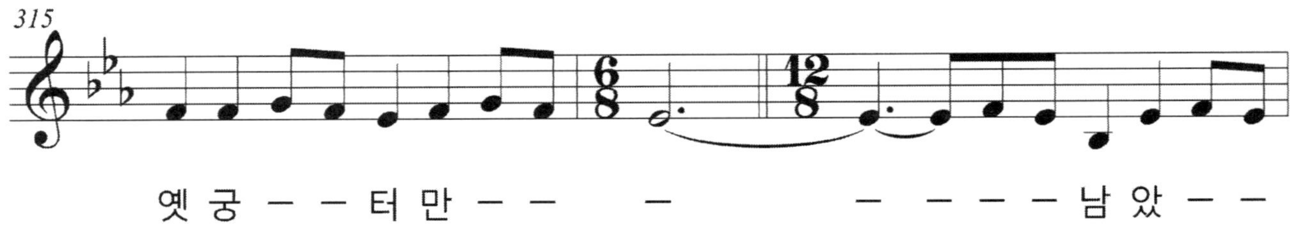

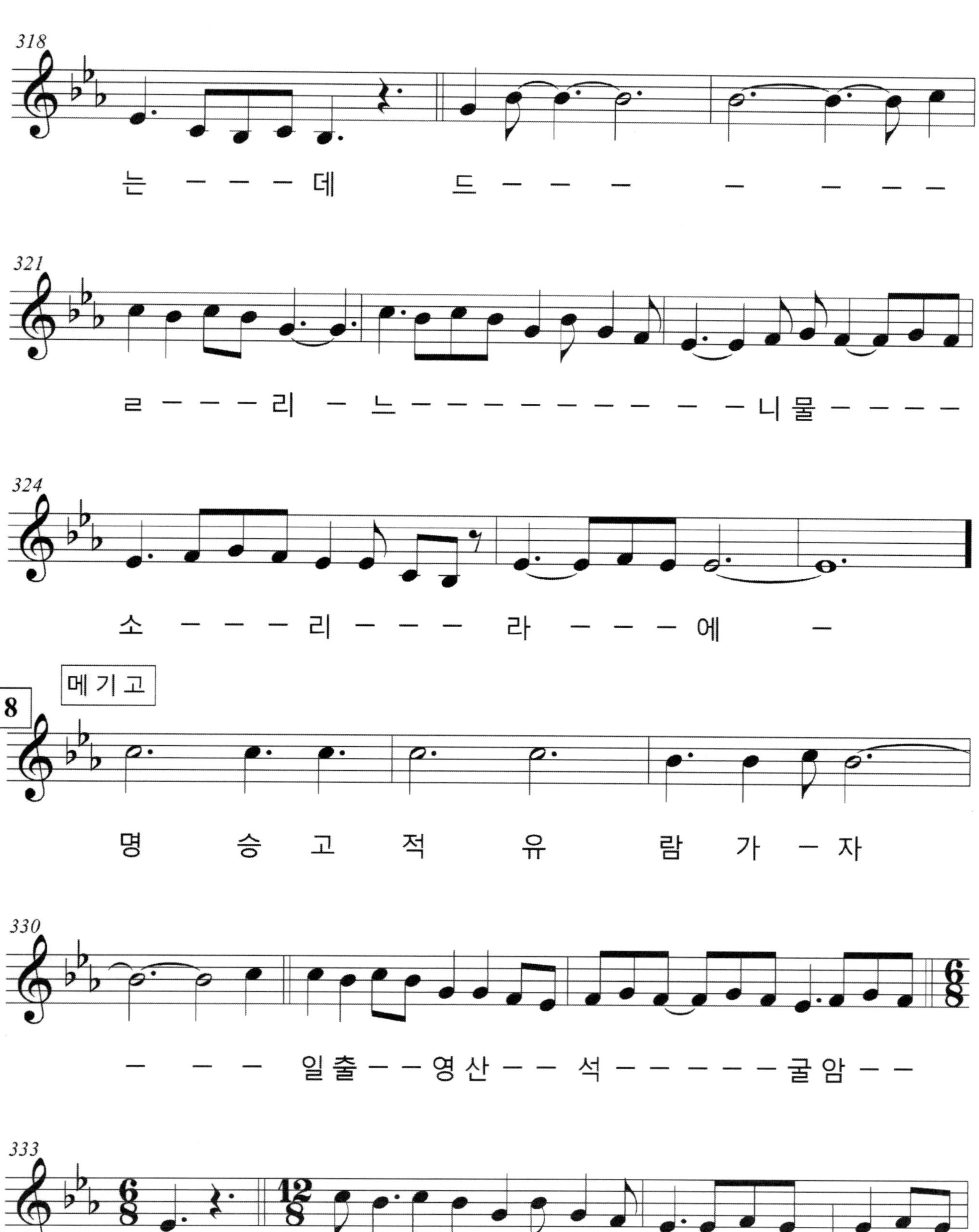

경 기 자 진 산 타 령
318
는 ㅡ ㅡ ㅡ 데 드 ㅡ ㅡ ㅡ ㅡ ㅡ ㅡ ㅡ
321
ㄹ ㅡ ㅡ ㅡ 리 ㅡ 느 ㅡ ㅡ ㅡ ㅡ ㅡ ㅡ ㅡ ㅡ ㅡ 니 물 ㅡ ㅡ ㅡ ㅡ
324
소 ㅡ ㅡ ㅡ 리 ㅡ ㅡ ㅡ 라 ㅡ ㅡ ㅡ 에 ㅡ
메 기 고
8
명 승 고 적 유 람 가 ㅡ 자
330
ㅡ ㅡ ㅡ ㅡ 일출 ㅡ ㅡ 영산 ㅡ ㅡ 석 ㅡ ㅡ ㅡ ㅡ ㅡ 굴 암 ㅡ ㅡ
333
과 반 ㅡ ㅡ ㅡ 월 ㅡ ㅡ ㅡ 성 ㅡ ㅡ ㅡ 돌 아 ㅡ ㅡ

경 기 자 진 산 타 령

받고

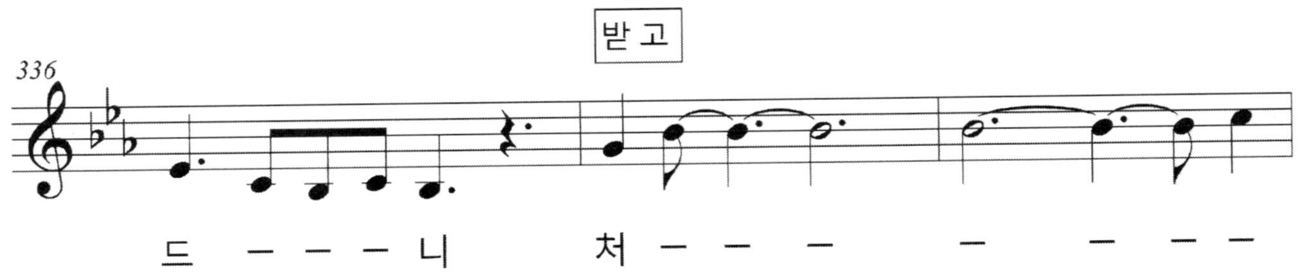

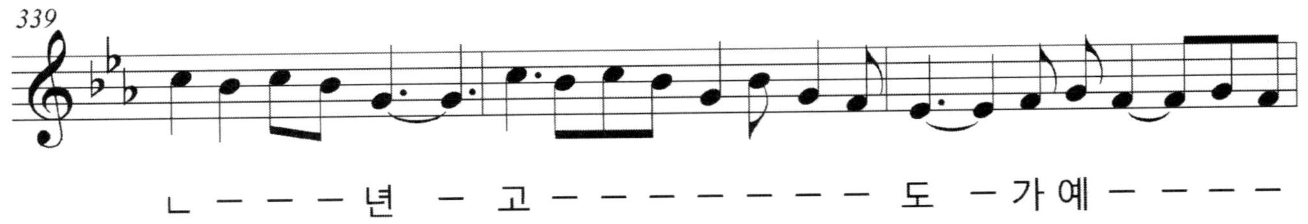

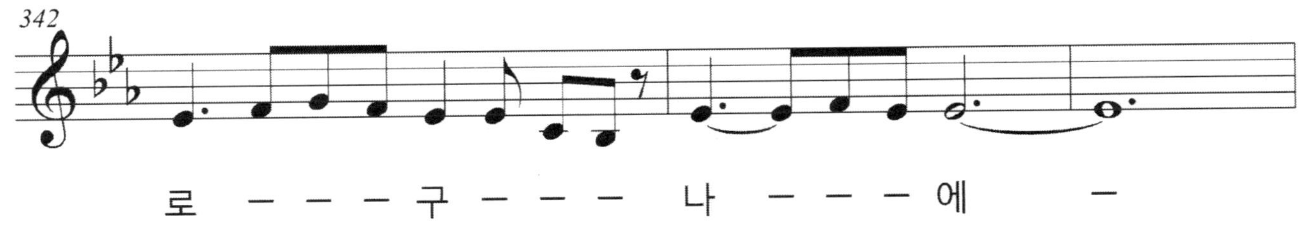

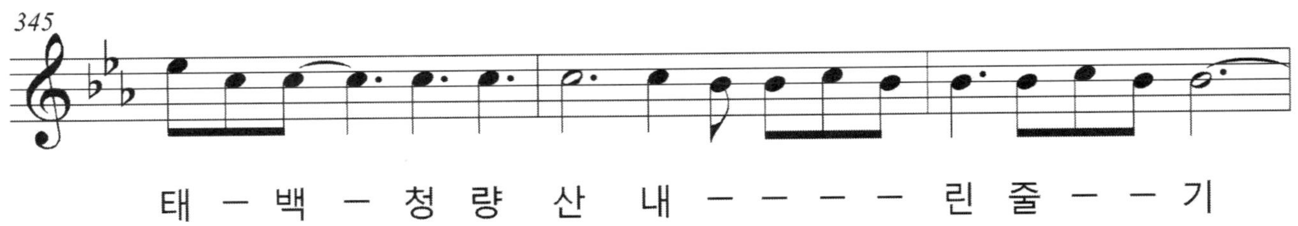

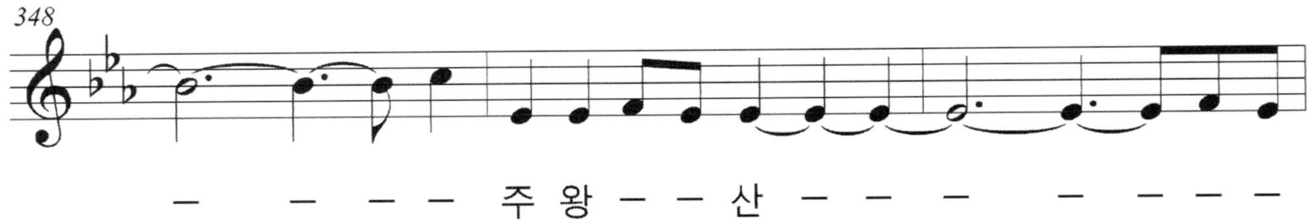

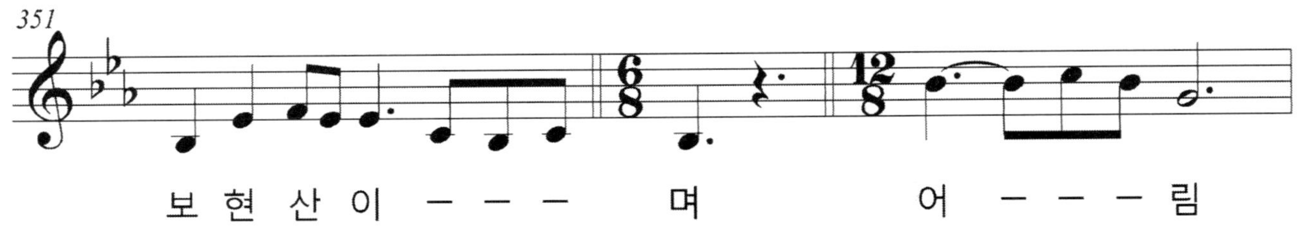

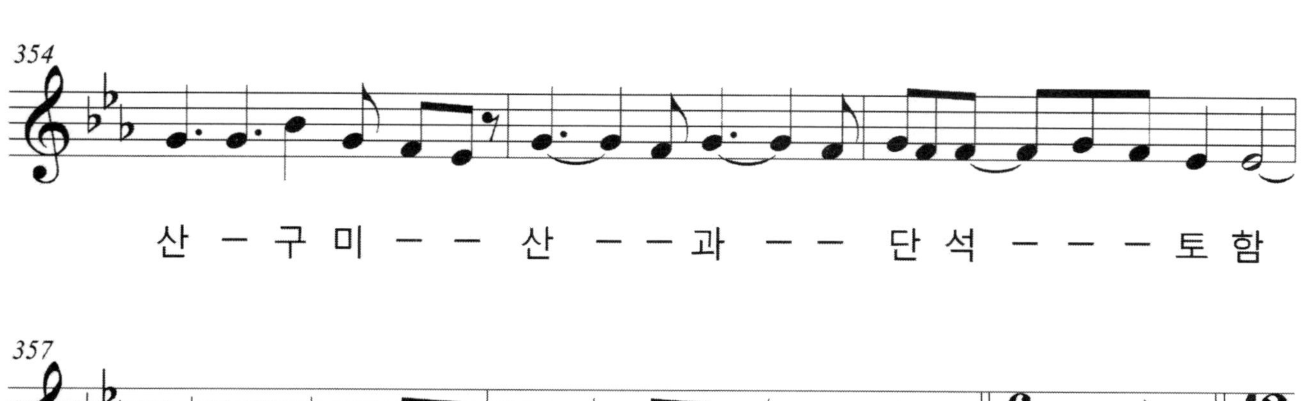
354
산 － 구 미 － － 산 － － 과 － － 단 석 － － － 토 함

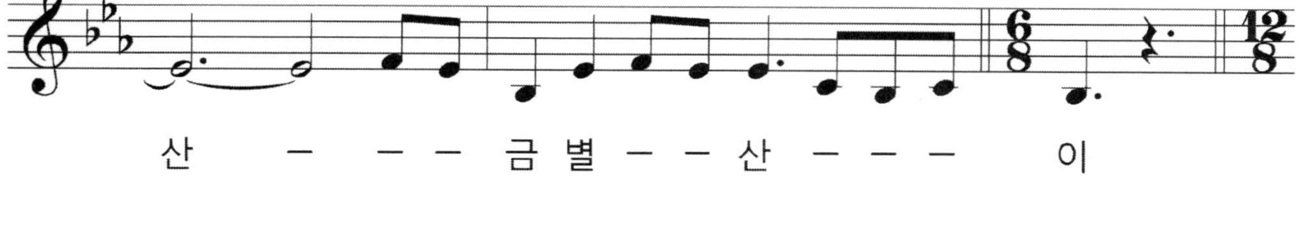
357
산 － － － － 금 별 － － 산 － － － 이

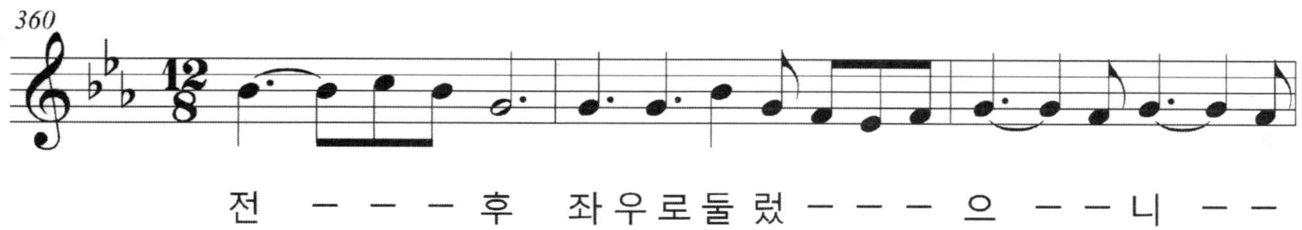
360
전 － － － 후 좌우로둘렀 － － － 으 － － 니 － －

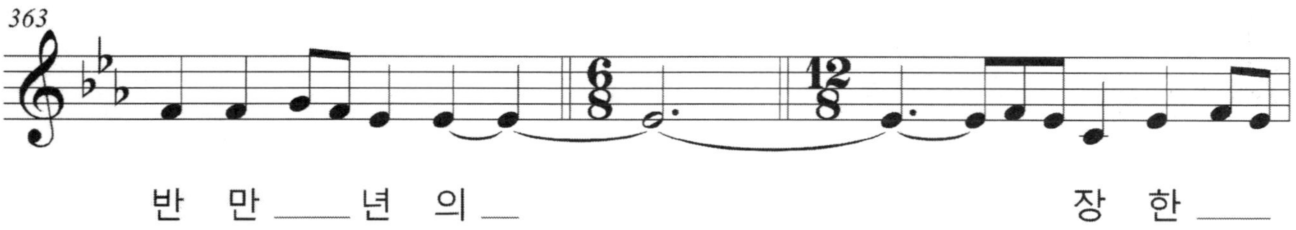
363
반 만 ＿＿ 년 의 ＿ 장 한 ＿＿

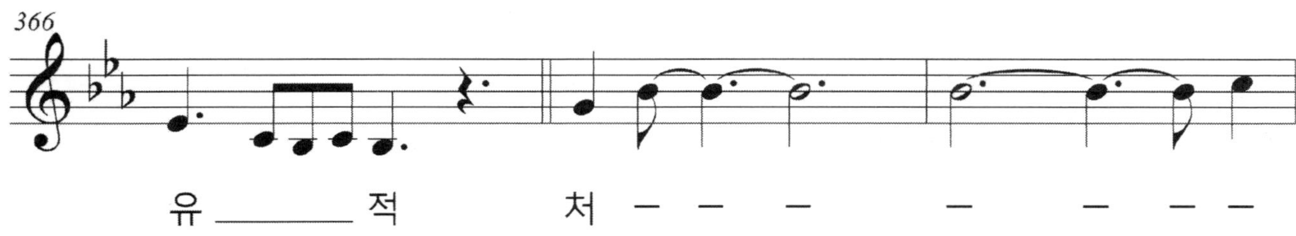
366
유 ＿＿＿ 적 처 － － － － － － －

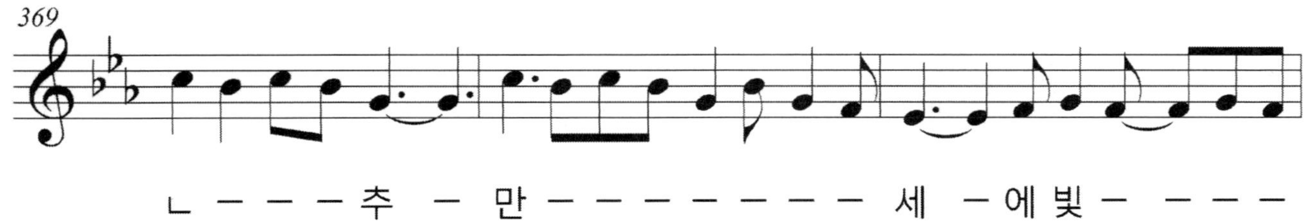
369
ㄴ － － － 추 － 만 － － － － － － 세 － 에빛 － － － －

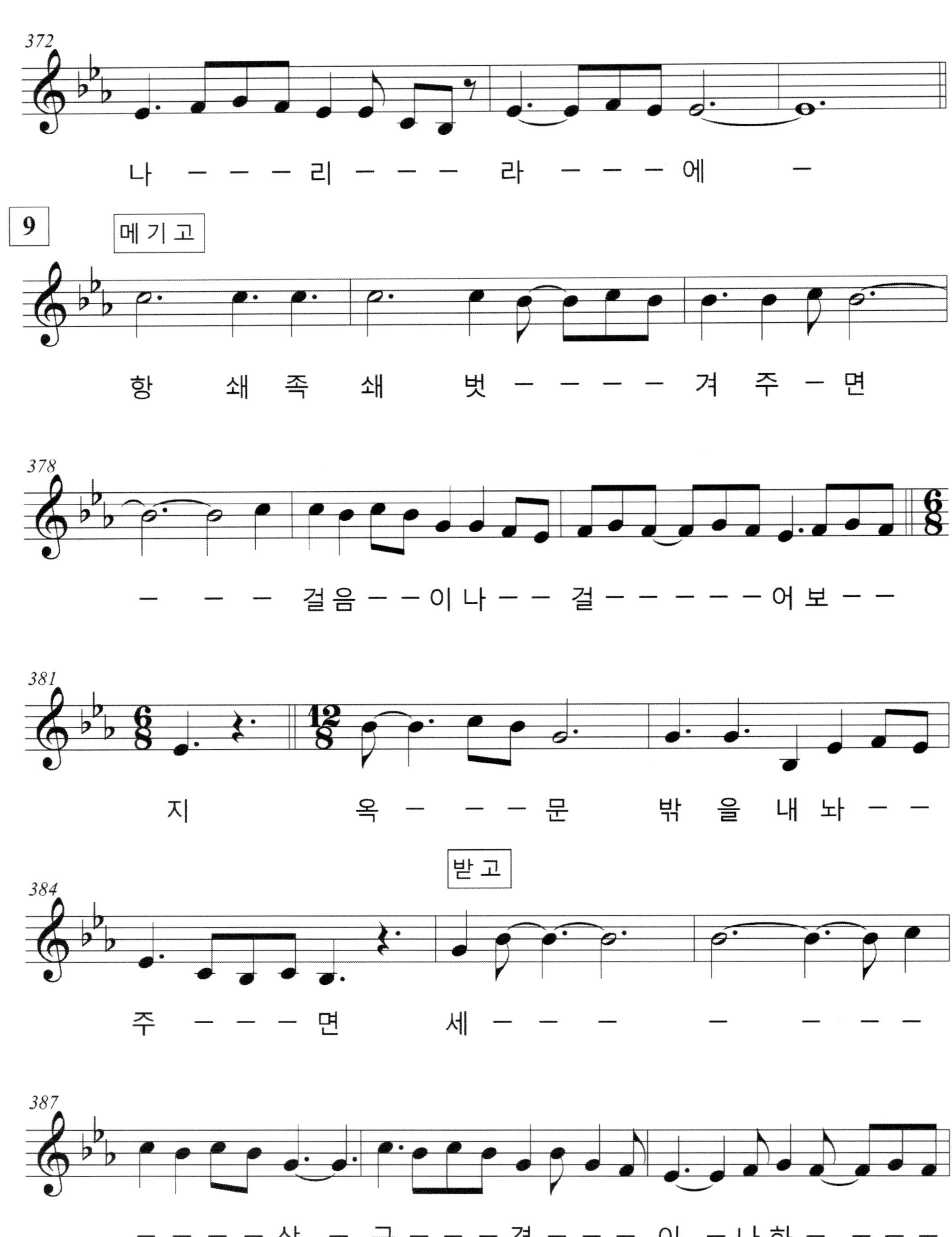
나 — — — 리 — — — 라 — — — 에 — —
메 기 고
항 쇄 족 쇄 벗 — — — — — 겨 주 — 면
— — — — 걸 음 — — 이 나 — — 걸 — — — — — — 어 보 — —
지 옥 — — — 문 밖 을 내 놔 — — —
받 고
주 — — — 면 세 — — — — — — — —
— — — — — 상 — 구 — — — 경 — — — 이 — 나 하 — — — —

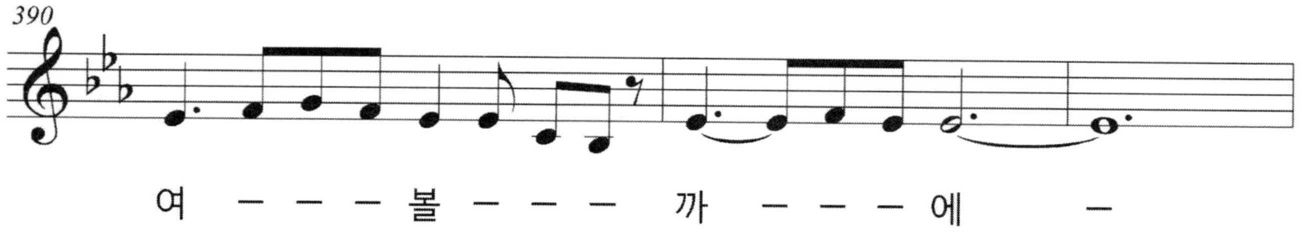
여 - - - 볼 - - - 까 - - - 에 -

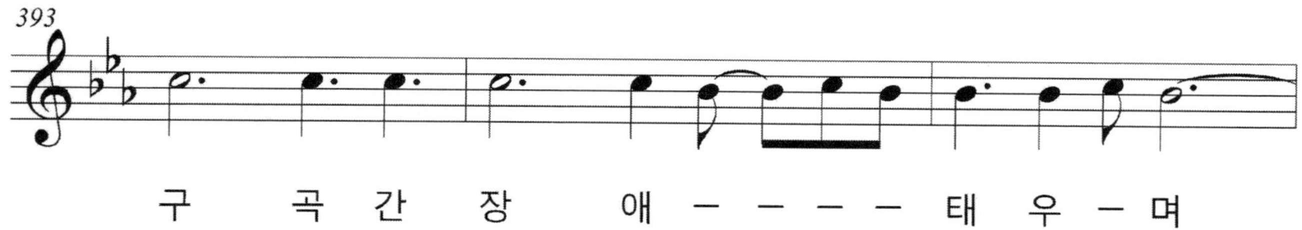
구 곡 간 장 애 - - - - 태 우 - 며

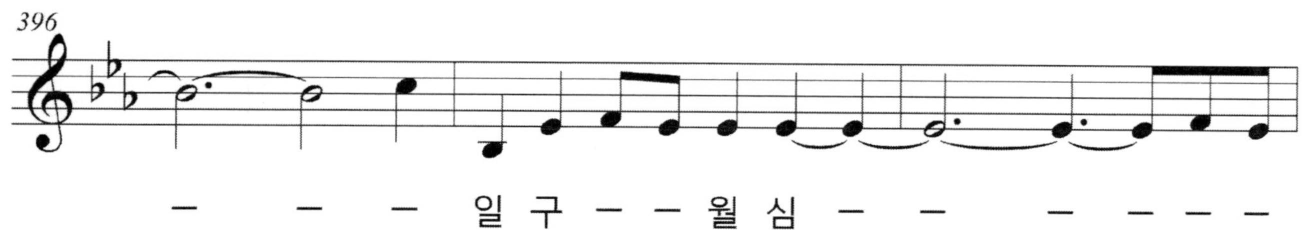
- - - - 일 구 - - 월 심 - - - - - - -

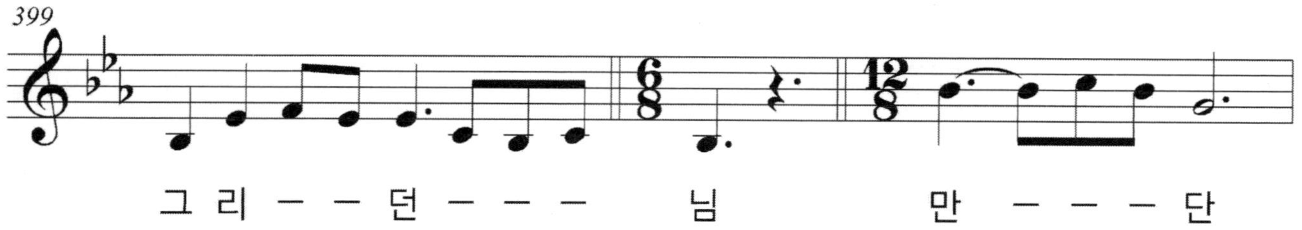
그 리 - - 던 - - - 님 만 - - - 단

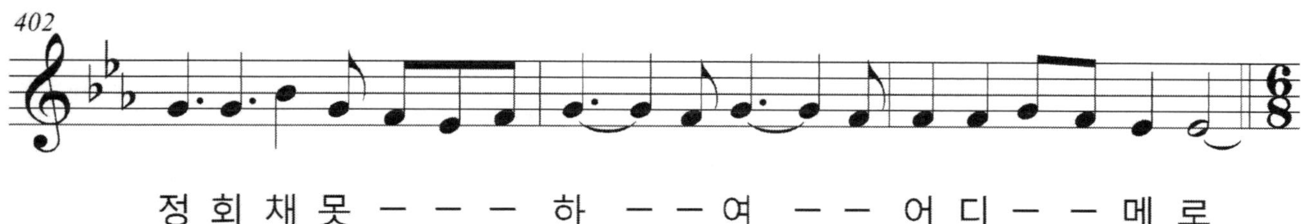
정 회 채 못 - - - - 하 - - 여 - - 어 디 - - 메 로

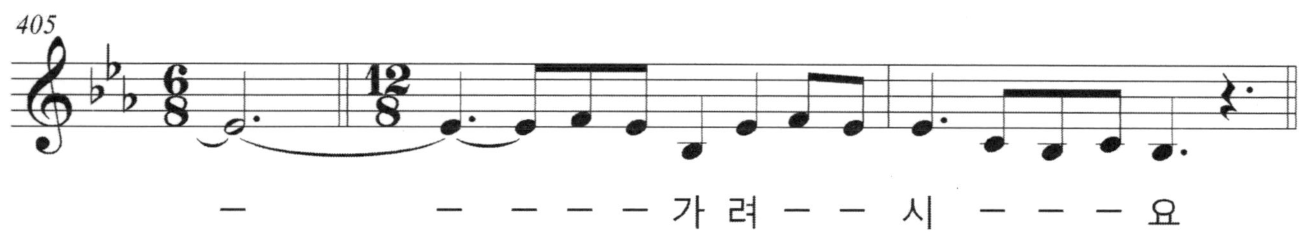
- - - - - 가 려 - - 시 - - - 요

경기 자진산타령

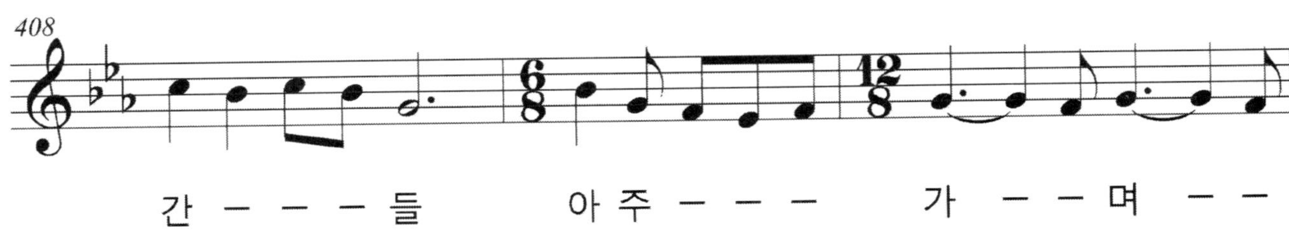
간 ㅡ ㅡ ㅡ 들　아 주 ㅡ ㅡ ㅡ　가 ㅡ ㅡ 며 ㅡ ㅡ

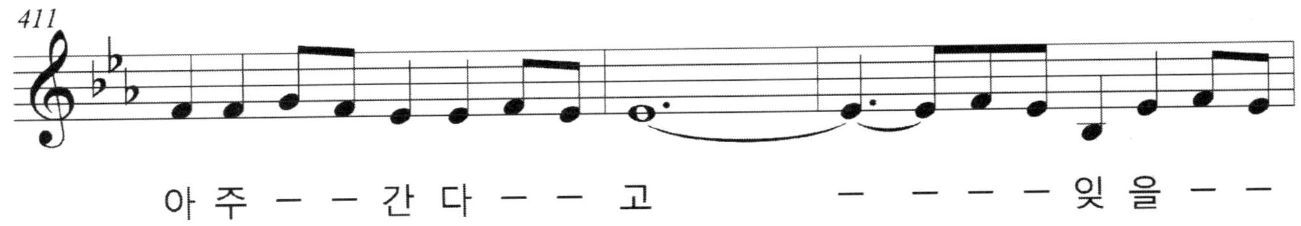
아 주 ㅡ ㅡ 간 다 ㅡ ㅡ 고　ㅡ ㅡ ㅡ ㅡ ㅡ 잊 을 ㅡ ㅡ

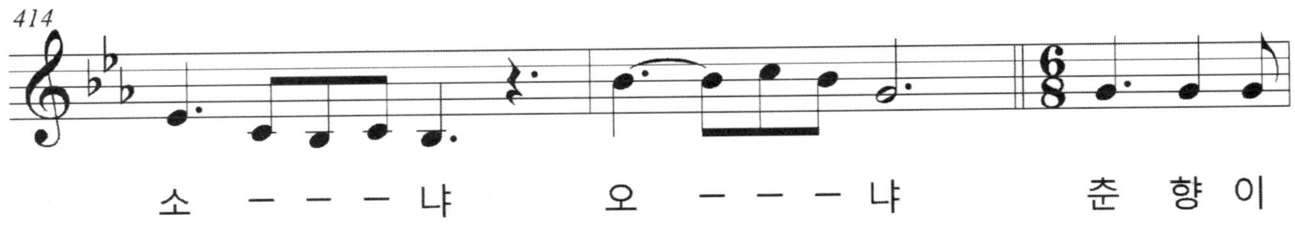
소 ㅡ ㅡ ㅡ 냐　오 ㅡ ㅡ ㅡ 냐　춘 향 이

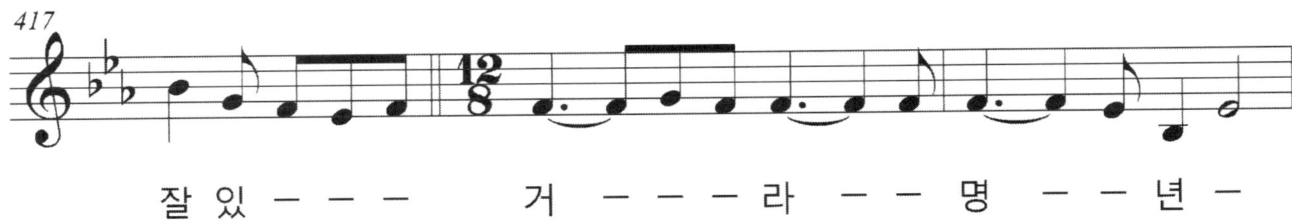
잘 있 ㅡ ㅡ ㅡ　거 ㅡ ㅡ ㅡ 라 ㅡ ㅡ 명 ㅡ ㅡ 년 ㅡ

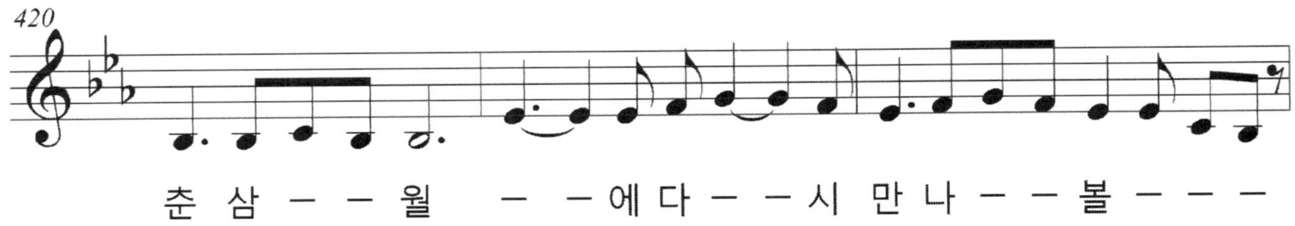
춘 삼 ㅡ ㅡ 월 ㅡ ㅡ 에 다 ㅡ ㅡ 시 만 나 ㅡ ㅡ 볼 ㅡ ㅡ ㅡ

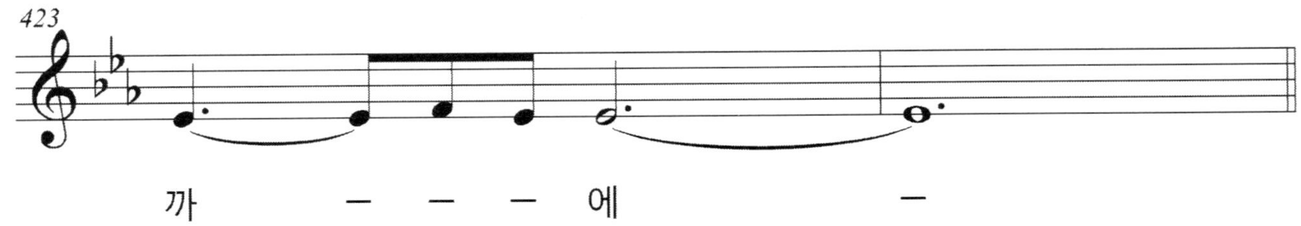
까 ㅡ ㅡ ㅡ 에　ㅡ

경 기 자 진 산 타 령

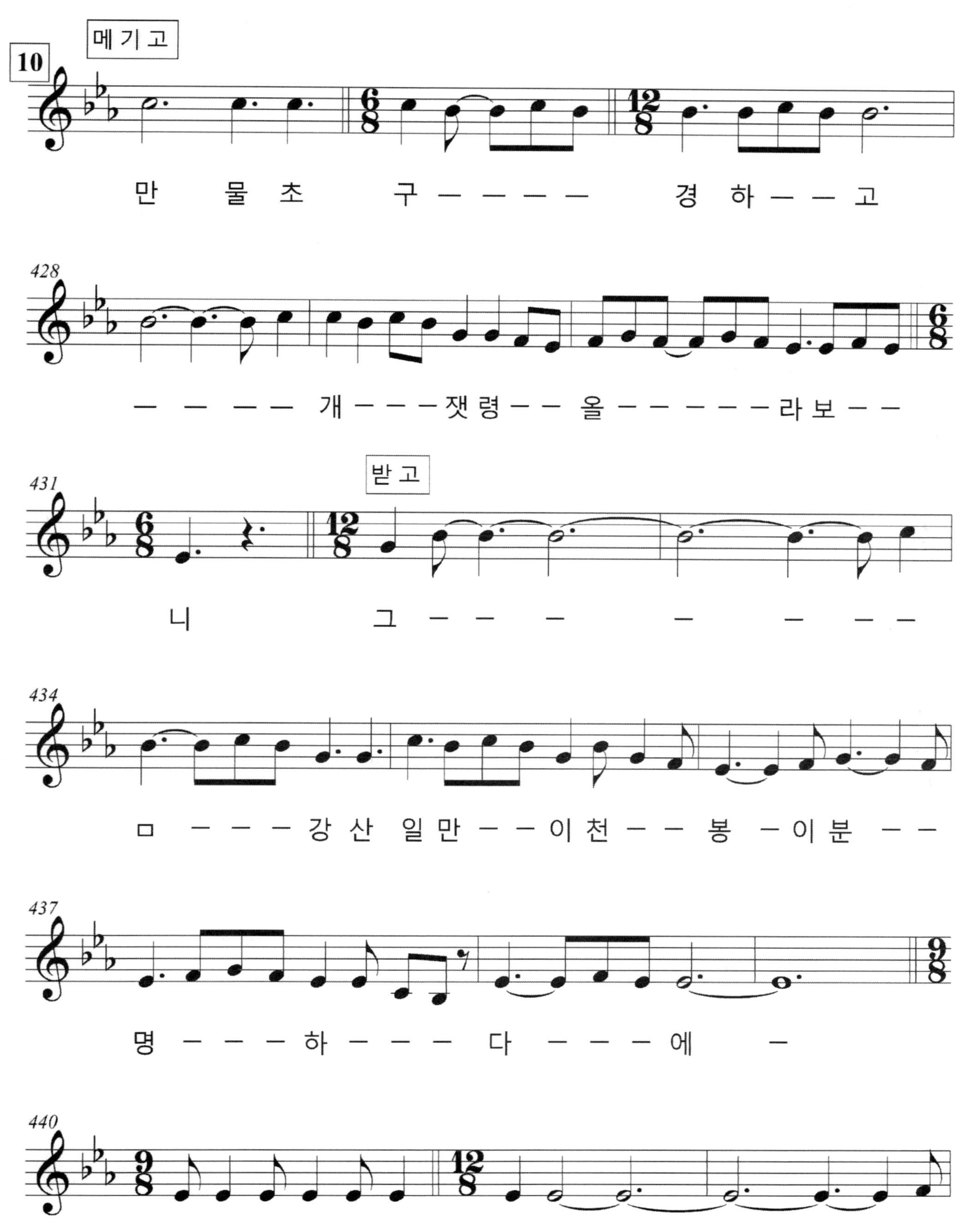
메기고
10
만 물 초 구 — — — — — 경 하 — — 고
428
— — — — — 개 — — — 잿 령 — — 올 — — — — — — 라 보 — —
받고
431
니 그 — — — — — — — —
434
ㅁ — — — — 강 산 일 만 — — 이 천 — — 봉 — 이 분 — —
437
명 — — — 하 — — — 다 — — — 에 —
440
일 락 서 산 해 는 뚝 떨 — — — — —

경 기 자 진 산 타 령

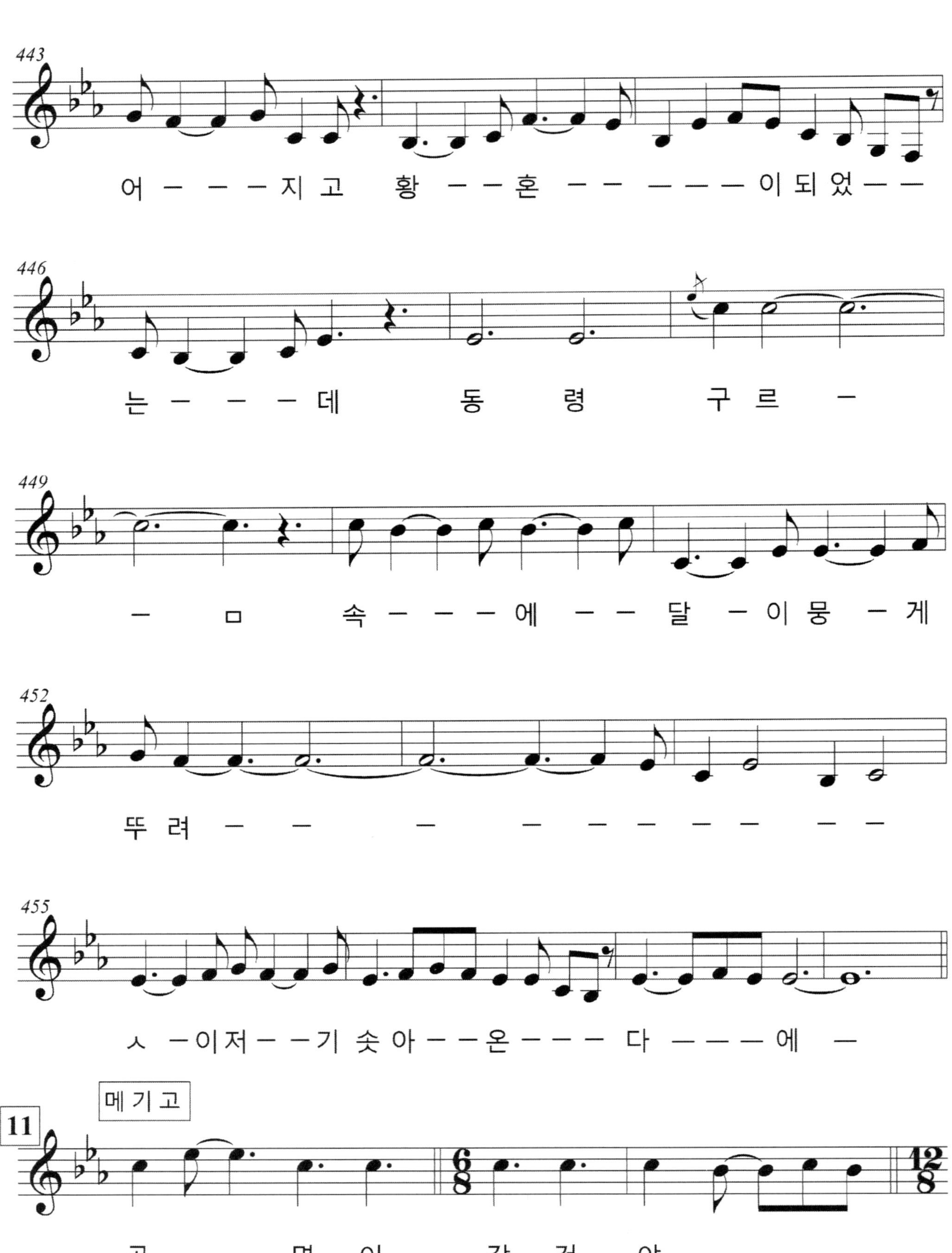
443
어 ─ ─ ─ 지 고 황 ─ ─ 혼 ─ ─ ─ ─ ─ ─ 이 되 었 ─ ─
446
는 ─ ─ ─ 데 동 령 구 르 ─
449
─ ㅁ 속 ─ ─ ─ 에 ─ ─ 달 ─ 이 뭉 ─ 게
452
뚜 려 ─ ─ ─ ─ ─ ─ ─ ─ ─ ─ ─
455
ㅅ ─ 이 저 ─ ─ 기 솟 아 ─ ─ 온 ─ ─ ─ 다 ─ ─ ─ 에 ─
메 기 고
11
공 ─ ─ 명 이 갈 건 야 ─ ─ ─ ─ ─

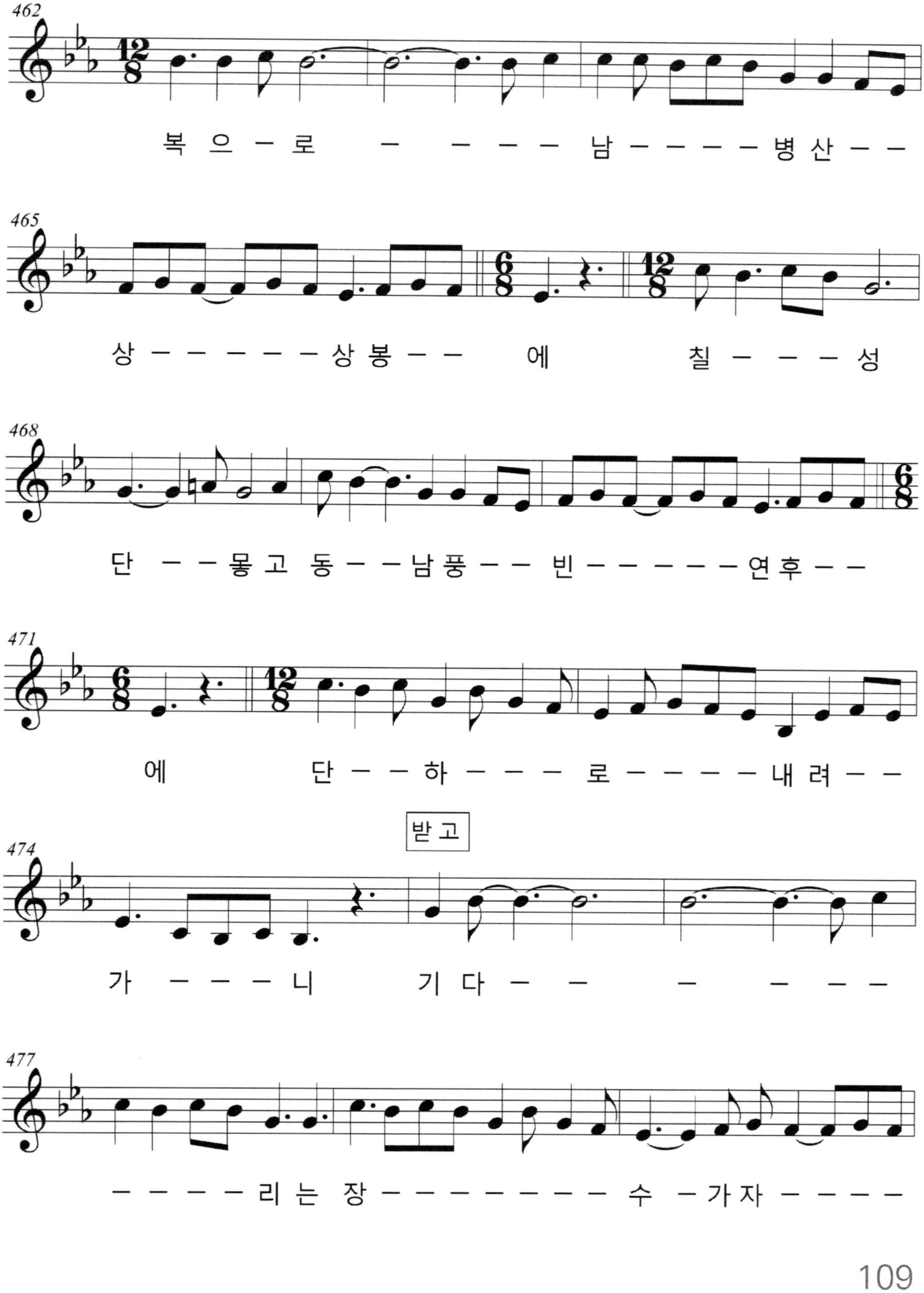

경 기 자 진 산 타 령

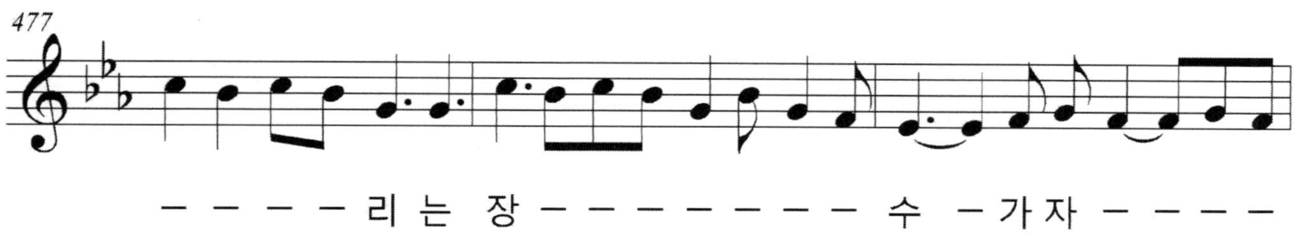

경 기 자 진 산 타 령

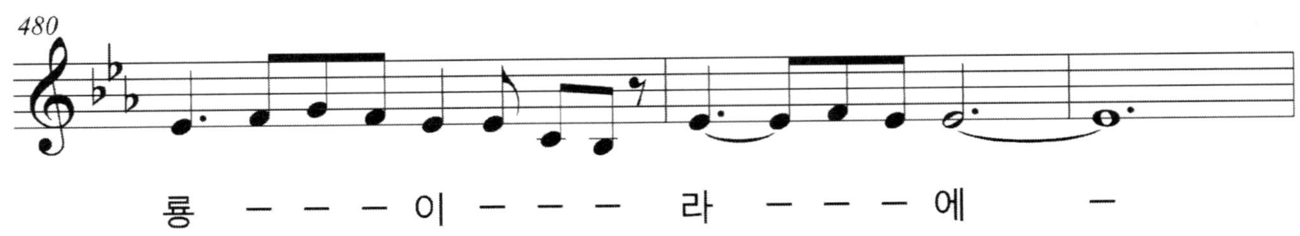
룡 ― ― ― 이 ― ― ― 라 ― ― 에 ―

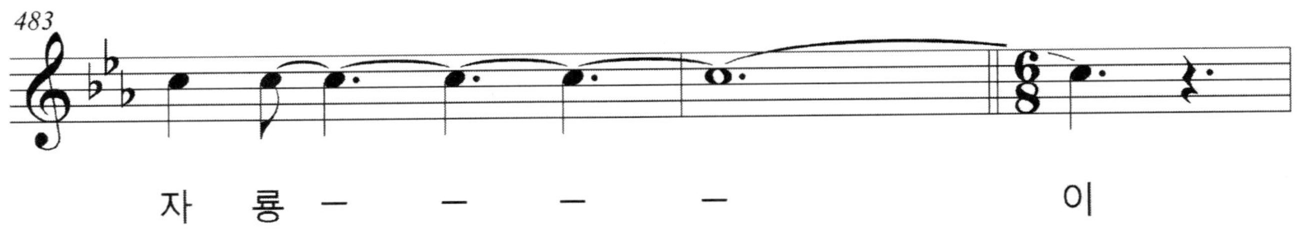
자 룡 ― ― ― ― ― 이

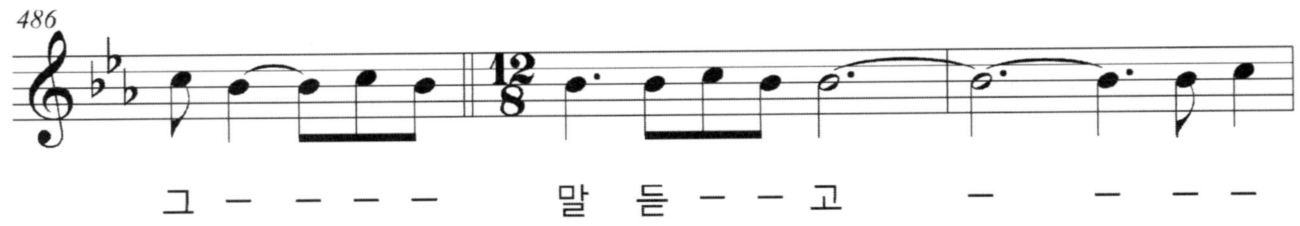
그 ― ― ― ― 말 듣 ― ― 고 ― ― ― ―

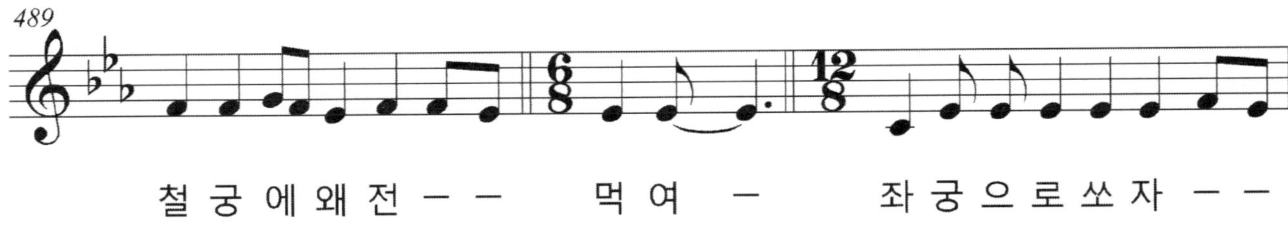
철 궁 에 왜 전 ― ― 먹 여 ― 좌 궁 으 로 쏘 자 ― ―

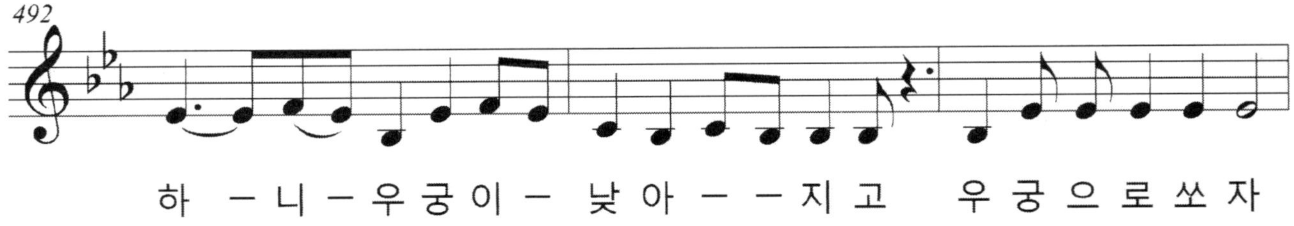
하 ― 니 ― 우 궁 이 ― 낮 아 ― ― 지 고 우 궁 으 로 쏘 자

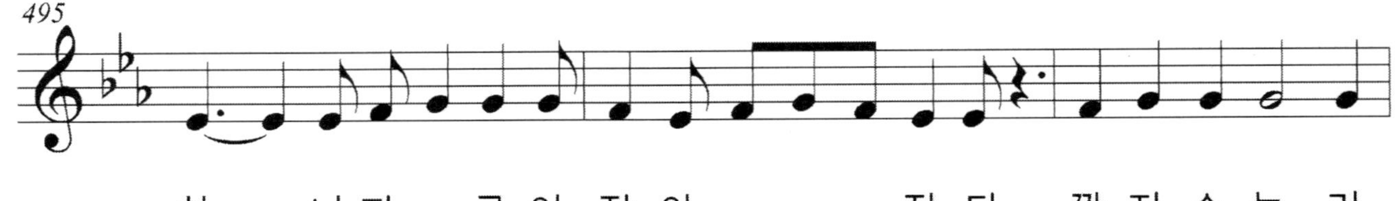
하 ― 니 좌 ― 궁 이 잦 아 ― ― ― 진 다 깍 지 손 눌 러

경기자진산타령

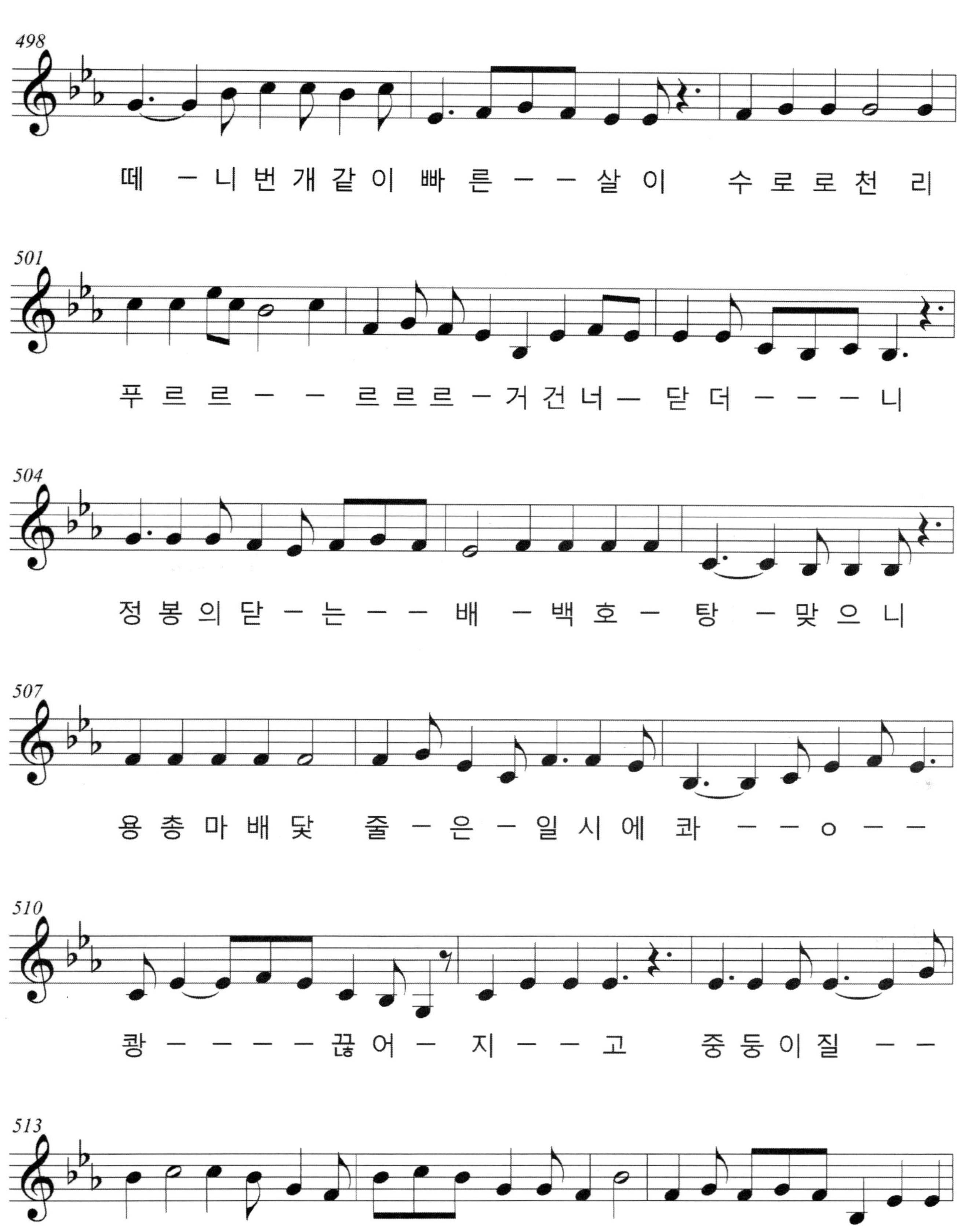
498
떼 ― 니 번 개 같 이 빠 른 ― ― 살 이 수 로 로 천 리
501
푸 르 르 ― ― 르 르 르 ― 거 건 너 ― 닫 더 ― ― ― 니
504
정 봉 의 닫 ― 는 ― ― 배 ― 백 호 ― 탕 ― 맞 으 니
507
용 총 마 배 닺 줄 ― 은 ― 일 시 에 콰 ― ― ㅇ ― ―
510
콰 ― ― ― ― 끊 어 ― 지 ― ― 고 중 둥 이 질 ― ―
513
끈 ― 부 러 ― 져 강 ― ― 상 에 둥 ― 두 ― ㅇ ― ― 떠 내 려

경기 자진 산타령

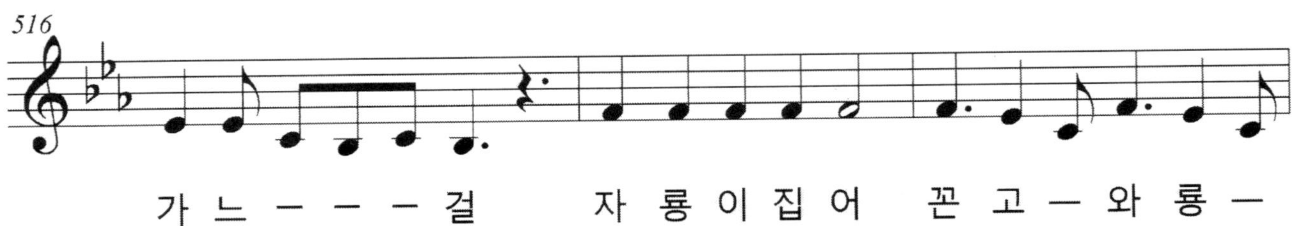

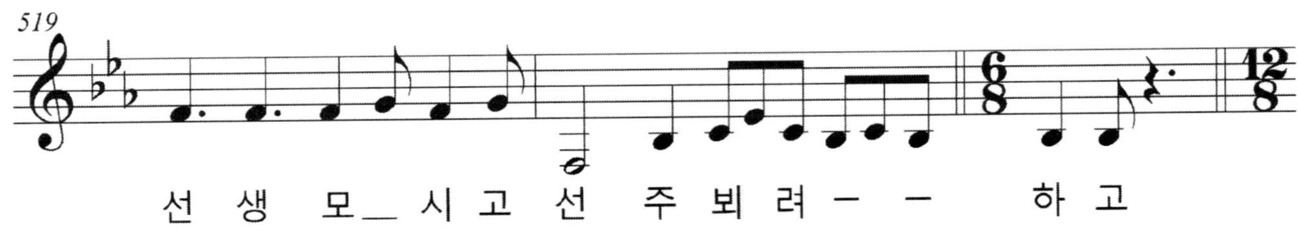

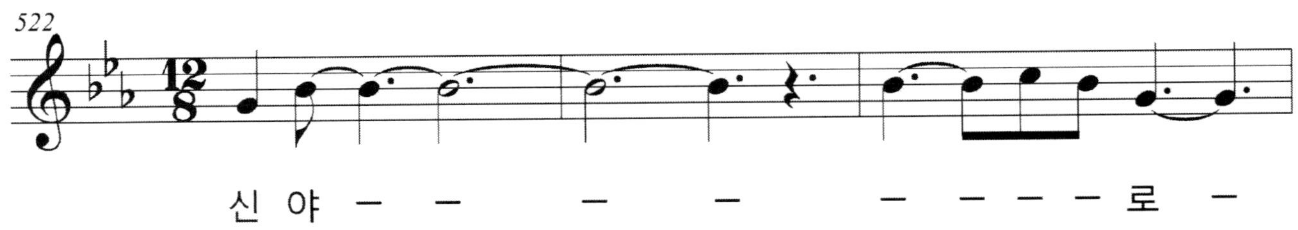

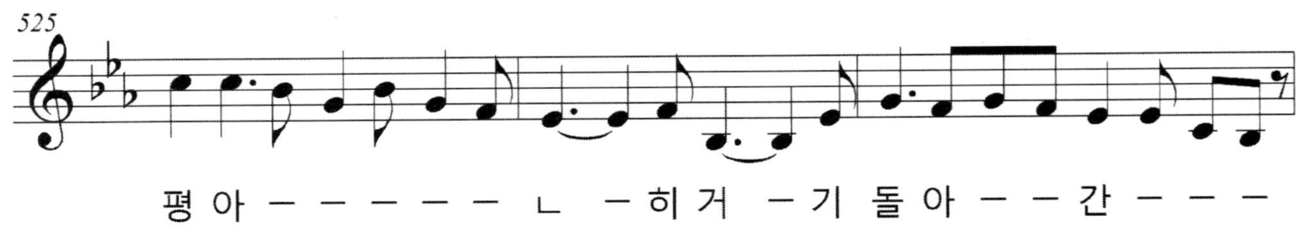

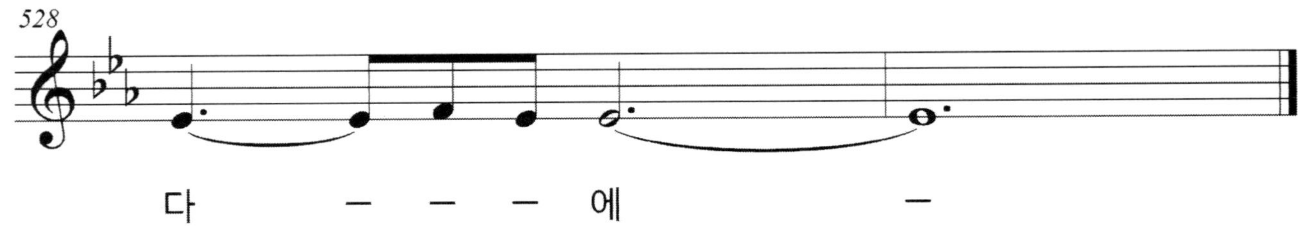

개 구 리 타 령

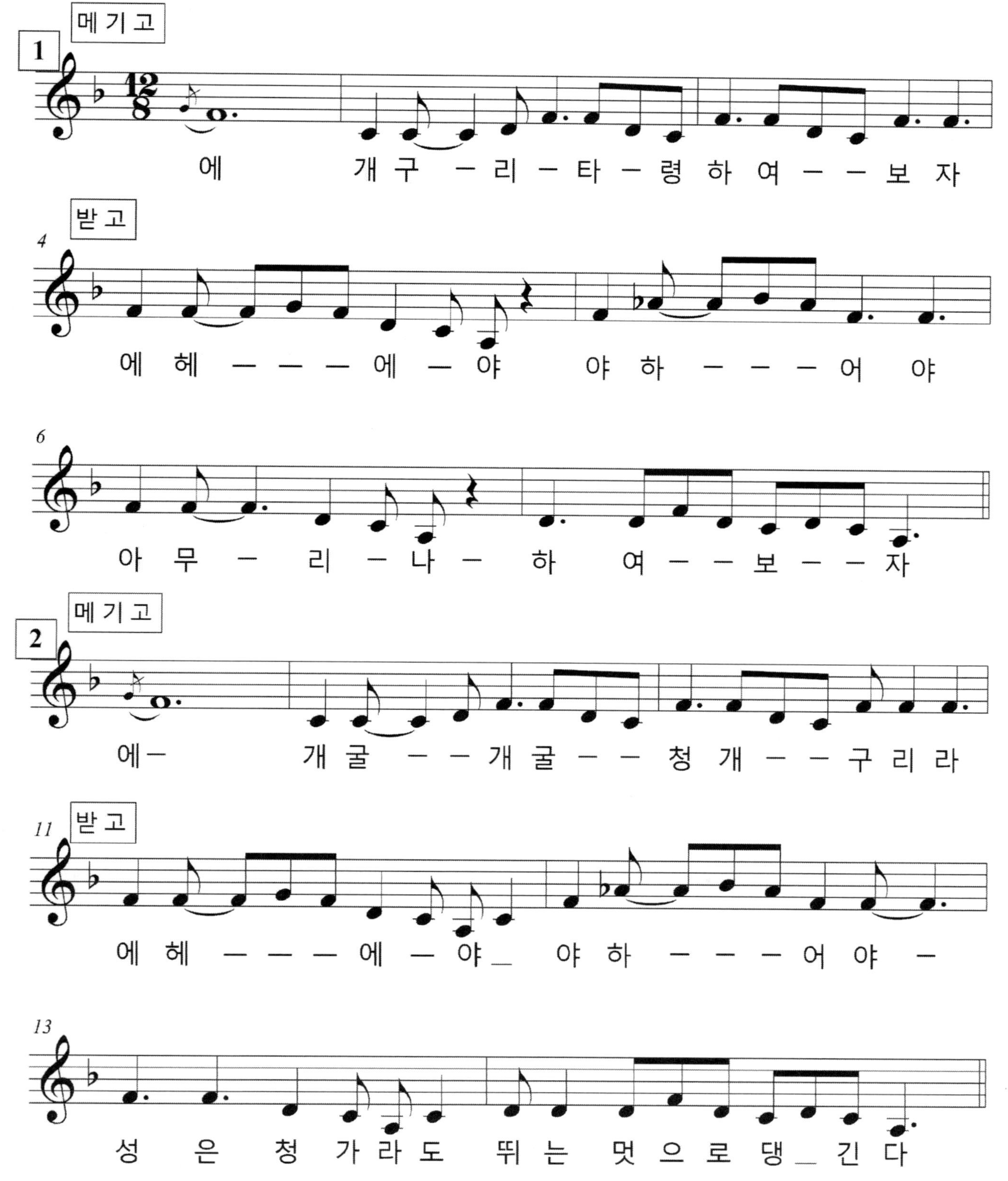

메기고
1
에 개구 ─ 리 ─ 타 ─ 령 하 여 ─ ─ 보 자
받고
에 헤 ─ ─ ─ 에 ─ 야 야 하 ─ ─ ─ 어 야
아 무 ─ 리 ─ 나 ─ 하 여 ─ ─ 보 ─ ─ 자
메기고
2
에 ─ 개 굴 ─ ─ 개 굴 ─ ─ 청 개 ─ ─ 구 리 라
받고
에 헤 ─ ─ ─ 에 ─ 야 야 하 ─ ─ ─ 어 야 ─
성 은 청 가 라 도 뛰 는 멋 으 로 댕 긴 다

개구리타령

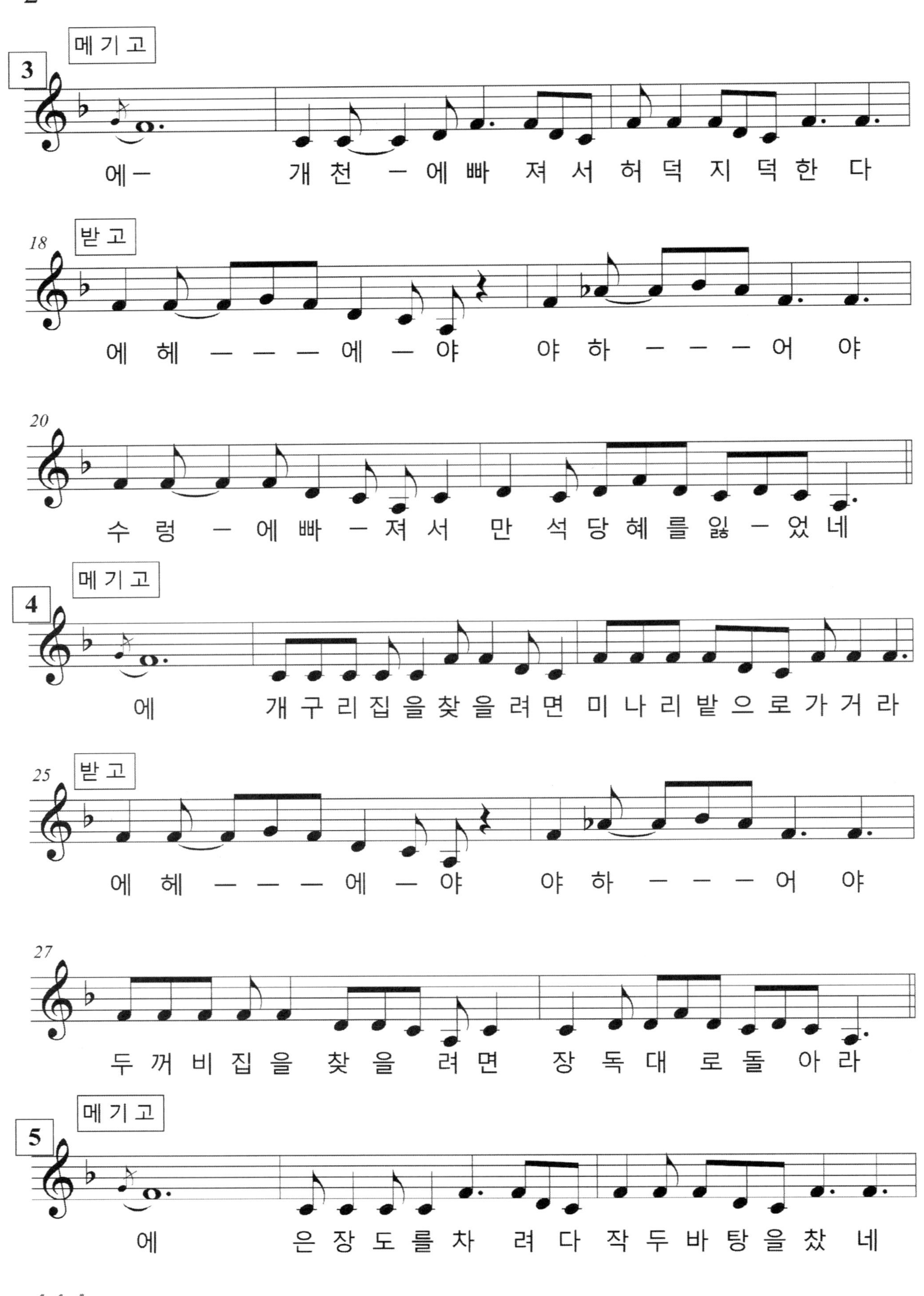
메기고
에 — 개 천 — 에 빠 져 서 허 덕 지 덕 한 다
받고
에 헤 — — — 에 — 야 야 하 — — — 어 야
수 렁 — 에 빠 — 져 서 만 석 당 혜 를 잃 — 었 네
메기고
에 개 구 리 집 을 찾 을 려 면 미 나 리 밭 으 로 가 거 라
받고
에 헤 — — — 에 — 야 야 하 — — — 어 야
두 꺼 비 집 을 찾 을 려 면 장 독 대 로 돌 아 라
메기고
에 은 장 도 를 차 려 다 작 두 바 탕 을 찼 네

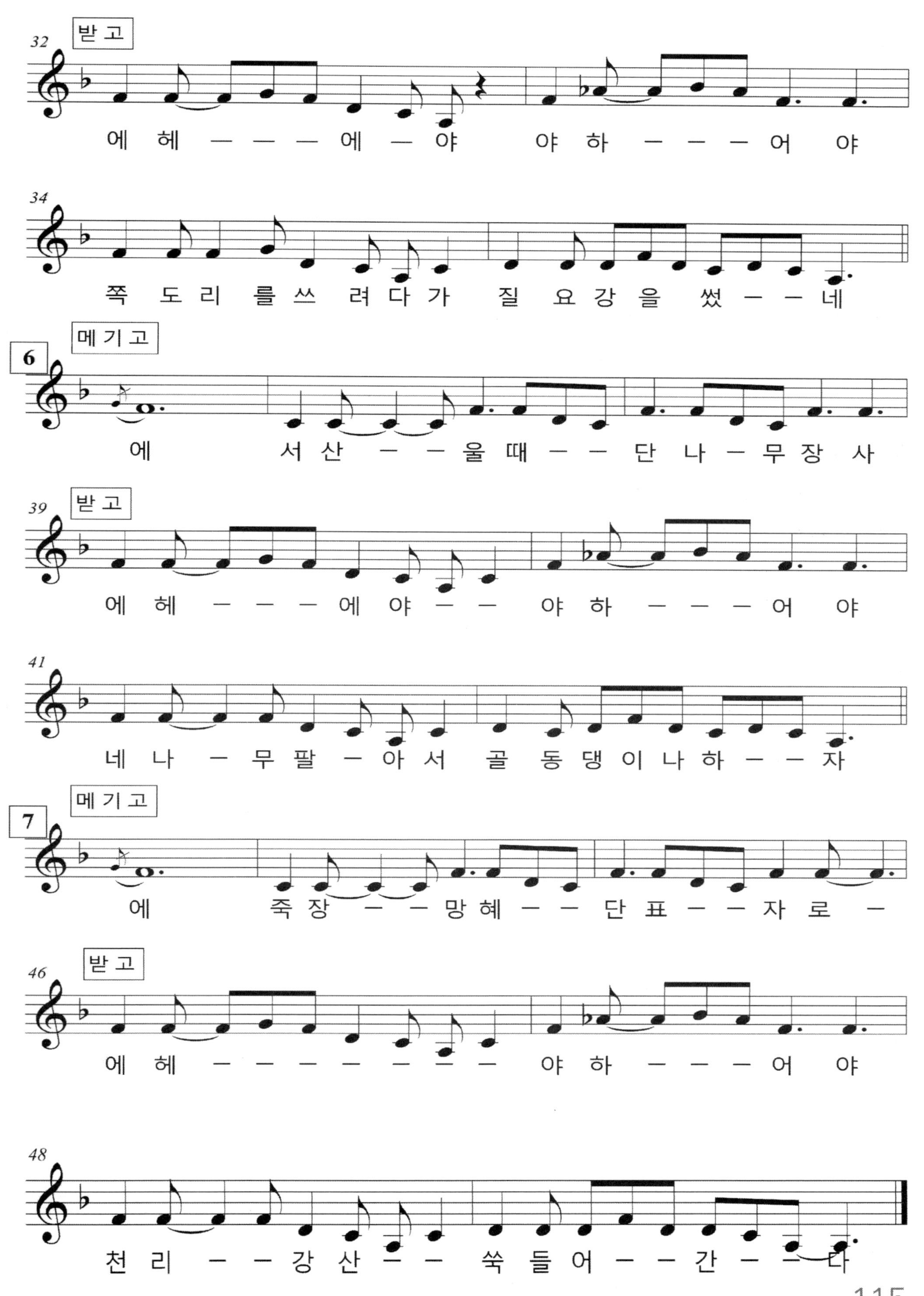
받고
에 헤 — — — 에 — 야 야 하 — — — 어 야
쪽 도 리 를 쓰 려 다 가 질 요 강 을 썼 — — 네
메기고
에 서 산 — — 울 때 — — 단 나 — 무 장 사
받고
에 헤 — — — 에 야 — — 야 하 — — — 어 야
네 나 — 무 팔 — 아 서 골 동 댕 이 나 하 — — 자
메기고
에 죽 장 — — 망 혜 — — 단 표 — — 자 로 —
받고
에 헤 — — — — — — 야 하 — — — 어 야
천 리 — — 강 산 — — 쑥 들 어 — — 간 — — 다

참고문헌

장휘주·김혜리,『선소리산타령』(국립문화재연구소, 2008).

장사훈·한만영,『국악개론』(서울대출판부, 1975).

이창배,『한국가창대계』(홍인문화사, 1976).

황용주,『한국 경·서도 창악대계』(선소리산타령보존회, 1992).

유대용,『경기 12잡가』(민속원, 2012).

임정란,『경기소리전집』(한국경기소리보존회, 2001).

백대웅,『경기·서도·남도 잡가』(한국예술종합학교, 2001).

류의호,『묵계월 경기소리 연구』(깊은샘, 2003).

손인애 외 7명,『경기잡가』(경기도문화의 전당, 2006).

신재효,『흥부전/변강쇠가』, 김태준 역주, (고려대민족문화연구소, 1995).

박은희,「경기 산타령과 서도 산타령의 비교연구」(중앙대 대학원 석사논문, 2000).

방영기,「근대 시기의 선소리 연구」(중앙대 대학원 석사논문, 2002).

이강근,「범패와 선소리(立唱)」(동국대 문화예술대학원 석사논문, 2003).

전미경,「서도 선소리산타령 연구 : 놀량, 뒷산타령, 경발림을 중심으로」(이화여대 대학원 석사논문, 2009).

유금선,「경기선소리 자진산타령 교수학습법 연구:초등학생을 중심으로」(중앙대 국악교육대학원 석사논문, 2012).

유영환,「황용주 선소리산타령 선율분석」(진주교대 교육대학원 석사논문, 2018).

방 글,「서도 선소리 경발림의 교수 학습법 연구 : 초등학생을 중심으로」(중앙대 교육대학원 석사논문, 2013).

권미영,「경기선소리 개고리타령을 활용한 음악극 지도방안 연구:초등학생을 중심으로」
        (중앙대 국악교육대학원 석사논문, 2013).

금영애,「코다이 교수법을 적용한 경기 선소리 개구리타령 지도방안 연구:초등학교 6학년을 대상으로」
        (중앙대 국악교육대학원 석사논문, 2015).

홍주연,「유아 국악교육을 위한 경기 선소리 뒷산타령의 교수학습법 연구」(동국대 문화예술대학원 석사논문, 2016).

박미순,「선소리산타령을 활용한 노인의 사회성 향상에 관한 연구:경기 뒷산타령을 중심으로」
        (중앙대 국악교육대학원 석사논문, 2017).

이장학,「선소리산타령 놀량 연구:최창남 경기놀량과 오복녀 서도놀량 비교를 중심으로」
        (중앙대 국악교육대학원 석사논문, 2013).

김영순,「경기민요 선소리 <산타령>에 관한 연구:<놀량>을 중심으로 」(동방문화대학원대 석사논문, 2016).

박은혜,「놀량사거리 연구」(한양대 대학원 석사논문, 2016).

백대웅,「18, 19세기 서울의 도시문화 변천에 따른 음악문화의 변화양상」(민족문화연구 제31집, 1998년).

이형대,「선소리 산타령을 통해 본 잡가의 텍스트 변이와 미적 특질」(韓國 詩歌硏究, Vol.19 No. 2005).

신현남,「경기산타령의 음악적 특징」,『한국전통음악학 제10집』(한국전통음악학회. 2009).

손태도,「근대 초창기 공연집단의 계통들과 선소리산타령」,『한국전통음악학 제10집』(한국전통음악학회, 2009년).

최상화, 「경기산타령(선소리)의 장단에 관한 연구」, 『한국전통음악학 제11집』(한국전통음악학회, 2010년).

이보형, 「중요무형문화재 제19호 선소리산타령의 전승과 발전 방향」『한국전통음악학 제10집』
        (한국전통음악학회, 2009년).

이형환, 「경기 선소리 산타령 창법에 관한 고찰:앞산타령을 중심으로」『한민족문화연구 35권』
        (한민족문화학회, 2010).

이용식, 「경기 선소리 산타령의 음악문화사적 의의와 현대적 의미」『藝術論集, 제12집』(전남대 예술연구소, 2012).

백대웅, 「잡가발생의 시대적 당위성과 전개과정:경기잡가에서 판소리까지」『한국공연예술연구논문선집』제5집,
        (한국공연예술연구회, 2002).

이보형, 「무형문화재 전수실태 조사」(9),『월간 문화예술』통권 100호 (한국문화예술진흥원, 1985).

황용주, <황용주 선소리산타령>, (서울:한성음반, 2001).

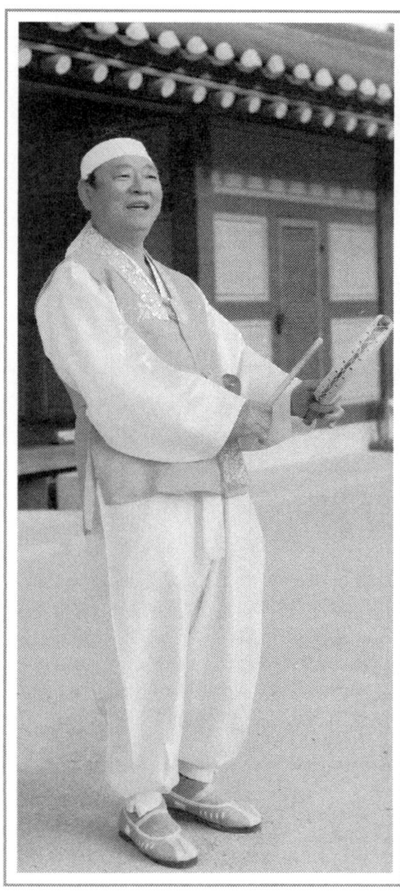
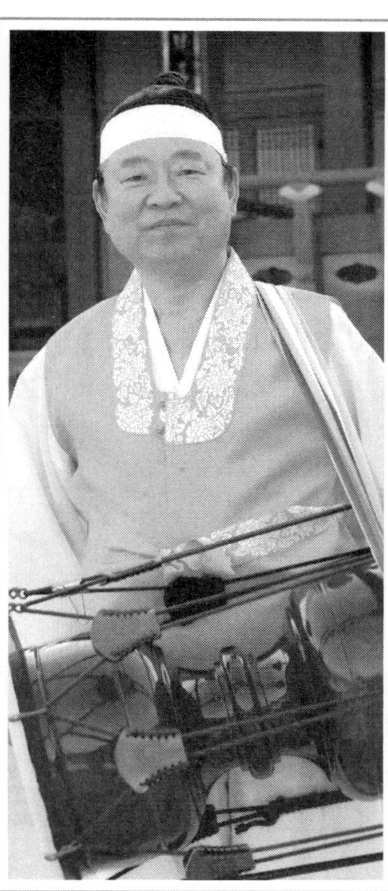
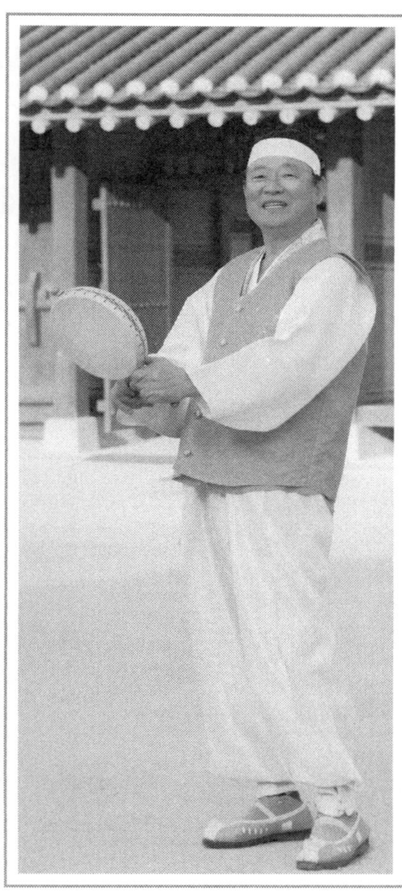

편저자 유영환 약력

■ 주요 학력

· 초당대학교 실용음악과 졸업
· 진주교육대학교 교육대학원 문화예술교육 전공 졸업
  교육학석사

■ 주요 자격

· 문화예술교육사 2급 자격 취득
· 선소리산타령 지도 강사 자격 취득
· 사회복지사 2급 자격 취득
· 국악 교육지도사 1급 자격 취득

■ 주요 경력

· 국가무형문화재 선소리산타령 이수자
· 사)한국국악협회 대의원
· 사)한국전통예술협회 부이사장
· 사)한국국악협회 경기도지회 이사
· 사)선소리산타령보존회 이사
· 사)선소리산타령 수원지회 지회장
· 2009 제2회 상주 국악경연대회 심사위원
· 2013 제1회 문학산 경기12잡가 심사위원
· 2014 제13회 복사골 국악대제전 심사위원
· 2014 제8회 하남시 국악경연대회 심사위원
· 2014 제2회 문학산 경기12잡가 심사위원
· 2015 제9회 하남시 국악경연대회 심사위원
· 2015 제15회 복사골 국악대제전 심사위원
· 2015 제1회 경기도 실버국악제 심사위원
· 2016 제22회 경기 국악경연대회 심사위원
· 2017 제13회 홍성 가무대회 심사위원
· 2017 제23회 경기 국악경연대회 사회
· 2018 제18회 인천 국악대제전 심사위원
· 2018 제26회 안산 경서도소리 경연대회 심사위원
· 2018 제18회 부평 국악대축제 심사위원
· 2018 제17회 복사골 국악대전 심사위원
· 2018 안산 경서도 입창대회 심사위원
· 2019 제25회 경기 국악제 심사위원
· 2019 제8회 민요만담 경연대회 심사위원
· **2020 제11회 아차산 전국국악경연대회 심사위원**
· **2021 제9회 청주아리랑 전국경연대회 심사위원**
· **2022 제13회 아차산 전국국악경연대회 심사위원**
· **2023 대한만국예술축전 충청북도예선 국악부문 심사위원**

■ 수상 경력

· 2009 제18회 한국국악협회 해남경연대회 입상
· **2010** 전국 국악예술 경연대회 선소리 산타령 대상
· 2012 제19회 부산 국악대전 민요명창부 장원
· 2013 제12회 복사골 국악대회 명창부 종합대상 (국회의장상)
· 세계문화예술대상 수상
· 경기도 국악협회 도의회의장상
· 미국 UCAL대학교 감사장
· 중국 연변대학교 공로상
· 2017 경기도 국악공로상

■ 공연 경력

· 2004 용인 신갈박물관 공연
· 2005 서울국악제 공연
· 2006 평창 어르신 위안공연
· 2007 소암 황용주 50주년(세종문화회관) 공연
· 2008 미국 UCLA 대학 학술강연 및 국악 초청공연
· 2008 미국 AL월셔 이벨극장 초청공연
· 2010 미국 UCAL대학 학술강연 및 국악공연
· 2010 미국 AL 초등학교 초청 국악공연
· 2010 미국 AL 문화원 초청 국악공연
· 2010 제12회 한중 전통음악교류회 초청공연
· 2011 소암 황용주 예악생활 55주년(세종문화회관) 공연
· 2011 한중 전통음악교류회 연변대학 초청공연
· 2012 미국 UCAL 대학 학술강연 및 국악공연
· 2012 미국 AL 문화원 초청공연
· 2012 제14회 한중 전통음악교류회 초청공연
· 2012 한중 예술교류 연변예술원 초청공연
· 2014 우즈베키스탄 초청공연
· 2015 미국 뉴욕 한국문화원 초청공연
· 2015 제19회 전주무형문화원 국립 유산원 국악공연
· 2015 제4회 경기소리축제(소월아트홀) 국악공연
· 2016 황용주 예악생활 60주년(장충체육관)공연
· 2016 캐나다 토론토 한인문화원 초청공연
· 2016 벽파 이창배 선생 동상 제막식 축하공연
· 2017 공감예무(경남 문화예술회관) 공연
· 2018 서울역사박물관 초청공연
· 2018 공감예무(국립국악원 예악당) 공연
· 2019 유영환과 함께하는 제1회 선소리산타령 발표공연
· 2020 국제 국악 키르키즈스탄·카자흐스탄 초청공연
· 2020 유영환과 함께하는 제2회 선소리산타령 발표공연
· 2020 국립민속박물관 초청공연
· 2021 유영환과 함께하는 제3회 선소리산타령 발표공연
· 2021 국립민속박물관 초청공연
· 2022 유영환과 함께하는 제4회 선소리산타령 발표공연
· 2022 불가리아 초청공연
· 2023 제12회 경기·서도산타령축제 출연
· 2023 국가무형문화재 선소리산타령 공개행사 출연
· 2023 유영환과 함께하는 제5회 선소리산타령 발표공연

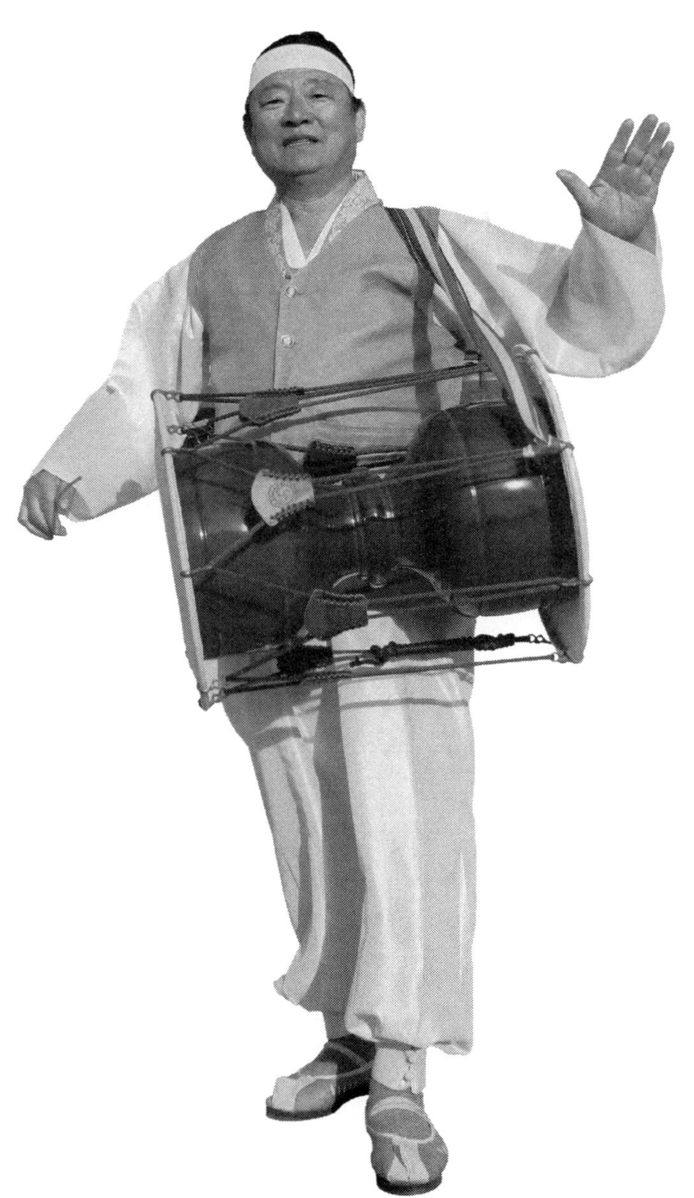